刑事诉讼监督的
——理论与实践

张永进　郑雁冰　著

The Theory and Practice of
the Supervision over Criminal Procedure

人民出版社

责任编辑：茅友生

图书在版编目（CIP）数据

刑事诉讼监督的理论与实践 / 张永进　郑雁冰　著．——
　　北京：人民出版社，2024.2
ISBN 978 - 7 - 01 - 025822 - 5

I.①刑⋯　II.①张⋯②郑⋯　III.①刑事诉讼 - 司法监督 - 研究 - 中国
　　IV.① D925.204

中国国家版本馆 CIP 数据核字（2023）第 135383 号

刑事诉讼监督的理论与实践

XINGSHI SUSONG JIANDU DE LILUN YU SHIJIAN

张永进　郑雁冰　著

人民出版社 出版发行

（100706　北京市东城区隆福寺街 99 号）

北京盛通印刷股份有限公司印刷　新华书店经销

2024 年 2 月第 1 版　2024 年 2 月北京第 1 次印刷
开本：710 毫米 × 1000 毫米 1/16　印张：20
字数：296 千字　印数：0,001–5,000 册

ISBN 978 - 7 - 01 - 025822 - 5　定价：99.00 元

邮购地址 100706　北京市东城区隆福寺街 99 号
人民东方图书销售中心　电话（010）65250042　65289539

目　录

前　言

　　人民检察院是我国的法律监督机关，党的二十大报告专门强调要加强检察机关法律监督工作，这在党的工作报告历史上是第一次，这充分体现了党中央对全面依法治国，对发挥检察机关法律监督职能作用的高度重视、殷切期望。刑事诉讼法律监督是新时代检察机关法律监督工作的重要组成部分。《中共中央关于加强新时代检察机关法律监督工作的意见》对提升刑事诉讼法律监督质量和效果，维护司法公正提出了具体要求，这为我们今后开展刑事诉讼监督提供了重要遵循。《刑事诉讼监督的理论与实践》一书，立足于检察机关捕诉合一的改革背景，深入探讨了刑事诉讼法律监督的重大理论和实践问题，全书具有三个"新"。

　　一是理论新。作为四大检察之一的刑事检察，是检察机关的传统业务，但是却面临着办案与监督、检察与监督方面的困惑，特别是刑事诉讼法律监督的内涵和外延，仍然在理论上存在争议。对此，全书区分了刑事诉讼法律监督的方法和内容，厘清了刑事诉讼法律监督的范畴。即将提前介入、检察建议、检察听证、补充侦查等作为刑事诉讼法律监督的方法，将立案监督、侦查活动监督、审判监督、执行监督、两法衔接作为刑事诉讼法律监督的内容，进而为实现精准监督奠定理论基础。

二是数据新。刑事诉讼法律监督既是严肃的理论话题，也是鲜活的实践命题。全书既结合近年来中国法律年鉴、最高人民检察院工作报告等全国性刑事诉讼法律监督数据，展现刑事诉讼法律监督的司法现状和发展趋势，也注重结合刑事诉讼法律监督的指导性案例、典型案例等司法个案，展现个案监督的法律智慧和监督方法，实现了宏观和微观的有序融合。

三是方法新。全书通过文献整理、实证分析、历史发展等方法，全景式、全范围、多角度地对刑事诉讼法律监督的问题进行了探讨。全书坚持问题导向，始终围绕人民群众反映强烈的有法不依、执法不严、违法不究、司法不公等突出问题，强化刑事诉讼法律监督，加强对立案、侦查、审判、执行活动精准监督，推动行政执法与刑事司法无缝对接、双向衔接，共同促推执法司法公正。

全文共计约 29 万字，其中张永进同志撰写 19 万字，郑雁冰同志撰写 10 万字。当然文中还有很多不足，本着文责自负的原则，还希望各位读者批评指正。

第一章　捕诉合一改革

一、捕诉合一改革的历史回溯

我国检察机关捕诉机制的发展大致上可以分为：1979—1996 年的捕诉合一时期、1996—2006 年的"捕诉分离"时期、2006—2018 年的试点与过渡时期，以及 2018 年以来的捕诉合一全面推行时期。

（一）捕诉合一时期（1979—1996）

1979 年 7 月，第五届全国人民代表大会第二次会议通过了《中华人民共和国人民检察院组织法》，首次明确检察机关实行捕诉合一制度。该法第 1 条规定"中华人民共和国人民检察院是国家的法律监督机关"，这是有关我国检察机关法律性质的规定。第 20 条，"最高人民检察院设置刑事、法纪、监所、经济等检察厅，并且可以按照需要，设立其他业务机构。地方各级人民检察院和专门人民检察院可以设置相应的业务机构。"①1979 年 8 月，最高人民检察院设立包括刑事检察厅在内的八大内设机构，其中刑事检察厅主要负责审查批捕、提起和支持公诉等工作②。由此可知，逮捕和起诉职能可由同一部门检察官行使。其后，刑事检察厅名称虽又变为"第一检察厅"，但是有关职能并无任何变化。1983 年 7 月，中央提出"严打"刑事政策，此次严打主要集中在刑事犯罪和经济犯罪领域，要求依法从重从快打击严重刑事犯罪活动，并严惩严重经济犯罪活动③。在案件数量剧增、要求快速结案的背景下，捕诉合一有其必要性，为提高办案效率、完成严打任务提供了重要制度保障。

（二）捕诉分离时期（1996—2006）

党的十四大报告提出，中国经济体制改革的目标是建立社会主义市场经济体制。伴随着市场经济的发展，公民的个人权利意识也在觉醒，而诞生于 1979 年的《中华人民共和国刑事诉讼法》与时代变革的需求存在较大反差。由此，修改《中华人民共和国刑事诉讼法》的呼声日益高涨。1996 年 3 月，《中华人民共和国刑事诉讼法》进行了首次修改，重点对国家司法权力进行了调整，并赋予检察机关立案监督职责。1996 年 7 月，最高人民检察院提出，调整地方检察机关内设

---

① 邱学强：《恢复重建以来检察机关内设机构改革的历史经验与启示》，《检察日报》2018 年 11 月 13 日第 3 版。

② 马文静：《刑事检察部门架构问题探究》，《山西省政法管理干部学院学报》2016 年第 4 期。

③ 参见《1988 年最高人民检察院工作报告》（第七届全国人民代表大会第一次会议 1988 年 4 月 13 日决议通过）。

机构及其职能。其中，省级检察院必设机关包括审查批捕处与审查起诉处，市县级检察院必设机构由省级检察院确定。① 随后，最高人民检察院将刑事检察厅分设为审查批捕厅和审查起诉厅，检察机关捕诉分离实现全国普遍化。2000 年 2 月，最高人民检察院制定《检察改革三年实施意见》，明确"科学调整检察机关内设机构，根据业务归口的原则，进一步调整检察机关业务部门的职责范围，精简基层检察院的内设机构"。同年 8 月，最高人民检察院将审查批捕厅改称为侦查监督厅②，又于 2001 年将审查起诉厅改称为公诉厅③，这使得检察机关的机构职能定位更加精确。由此，捕诉分离开始在全国范围内推行和实施。

（三）捕诉合一的试点与过渡时期（2006—2018）

早在 2006 年，部分地方检察机关就在未成年人犯罪案件中探索实行捕诉合一制度改革。④2012 年 10 月 29 日，最高人民检察院综合此前地方检察机关的改革经验，发布了《关于进一步加强未成年人刑事检察工作的决定》，指出要设立未成年人刑事检察独立机构，实行捕、诉、监、防一体化工作模式，由同一承办检察官负责同一案件的批捕、起诉、诉讼监督、预防帮教工作⑤。2013 年 12 月，最高人民检察院制定的

---

① 《最高人民检察院关于地方各级人民检察院机构改革意见的实施意见》（1996）。
② 杨振江：《侦查监督工作三十年回顾与展望》，《人民检察》2008 年第 23 期。
③ 甄贞：《检察机关内部机构设置改革研究》，《河南社会科学》2013 年第 1 期。
④ 张建阳：《未成年人案件"捕、诉、防"合一》，《检察日报》2007 年 7 月 25 日第 3 版。
⑤ 《最高人民检察院关于进一步加强未成年人刑事检察工作的决定》（2012）。

《人民检察院办理未成年人刑事案件的规定》第8条，[①] 要求地方检察机关设立独立的未成年人刑事检察机构，成立专门办案组或指定专人办理未成年人刑事案件。2015年，吉林省检察机关首创内设机构"大部制"（即"大部门体制"）改革，对省检察院和市检察院的内设机构进行整合，其中把侦查监督处和公诉处整合为刑事检察部。[②] 截至2018年4月，全国已有200家检察院实行捕诉合一，绝大部分为基层检察院。[③]

（四）捕诉合一全面推行时期（2018年以来）

2018年7月25日，最高人民检察院检察长在出席大检察官研讨班会议时指出，要以内设机构改革为突破口、切入点，重组专业化刑事办案机构，统一履行审查逮捕、审查起诉、刑事诉讼监督等职能[④]。此次研讨班的举办标志着捕诉合一改革从理论争论到实践统一。随后，最高人民检察院根据此次会议要求对内设机构职能进行整合优化。2019年1月3日，国务院新闻办公室举行新闻发布会，最高人民检察院作了有关调整内设机构、全面履行法律监督职权的主题情况说明，并首次公布了改革后的最高人民检察院职能配置及内设机构设置，即最高人民检察院下设十个检察厅，承

---

① 《人民检察院办理未成年人刑事案件的规定》第8条："省级、地市级人民检察院和未成年人刑事案件较多的基层人民检察院，应当设立独立的未成年人刑事检察机构。地市级人民检察院也可以根据当地实际，指定一个基层人民检察院设立独立机构，统一办理辖区范围内的未成年人刑事案件；条件暂不具备的，应当成立专门办案组或者指定专人办理。对于专门办案组或者专人，应当保证其集中精力办理未成年人刑事案件，研究未成年人犯罪规律，落实对涉案未成年人的帮教措施等工作。"

② 陈凤超：《吉林检察机关司法责任制改革的探索与实践》，《人民检察》2017年第2期。

③ 高一飞、陈恋：《检察改革40年的回顾与思考》，《四川理工学院学报（社会科学版）》2018年第6期。

④ 张军：《贯彻落实全面深化司法体制改革推进会部署　在转机中推动新时代检察工作创新发展》，《检察日报》2018年7月26日第1版。

办案件的检察厅各自对自己管辖范围的案件承担审查逮捕和审查起诉的检察工作。[①] 这意味着原侦查监督厅、公诉厅被重组，统一由所属检察厅负责，捕诉合一从机构设置上得到落实。2019 年 3 月 12 日，最高人民检察院检察长在最高人民检察院工作报告中提出，要把内设机构改革作为检察工作创新发展的突破口。针对批捕、起诉职能关联性强，分别行使影响办案质效的问题，改为"捕诉一体"，同一案件的批捕和起诉由同一检察官或办案组织负责到底。[②]2019 年底，省以下检察院内设机构改革基本完成。[③]2019 年 12 月 30 日起正式施行的《人民检察院刑事诉讼规则》第 8 条规定，在同一检察院管辖范围内，同一刑事案件的同一检察官或办案组负责审查逮捕、审查起诉等职责。[④] 同时，以单独的第十章统一规定了审查逮捕和审查起诉，进而实现了职能重塑、机构重组和机制重构。

二、捕诉合一改革的理论争议

关于检察机关捕诉合一改革，理论界与实务界都给予了较大关注，

[①] 陈菲：《新设十大检察厅！最高检内设机构迎来重塑性变革》，《楚天法治》2019 年第 3 期。

[②] 陈超然、吴夏一：《捕诉一体办案机制下审查逮捕与审查起诉的衔接》，《中国检察官》2021 年第 15 期。

[③] 戴佳：《内设机构改革一年间："四大检察"齐头并进 检察生产力充分释放》，《检察日报》2020 年 4 月 14 日第 2 版。

[④] 《人民检察院刑事诉讼规则》（2019）第 8 条："对同一刑事案件的审查逮捕、审查起诉、出庭支持公诉和立案监督、侦查监督、审判监督等工作，由同一检察官或者检察官办案组负责，但是审查逮捕、审查起诉由不同人民检察院管辖，或者依照法律、有关规定应当另行指派检察官或者检察官办案组办理的除外。人民检察院履行审查逮捕和审查起诉职责的办案部门，本规则中统称为负责捕诉的部门。"

并且存在不少争议，形成了捕诉合一支持和反对两种不同观点。反对者主要观点如下：一是捕诉合一可能会弱化检察机关的法律监督。一方面，会降低对侦查活动的监督效果，为冤假错案的形成埋下隐患，同时也导致犯罪嫌疑人及辩护人的辩护空间被进一步压缩；另一方面，逮捕的证明标准低于公诉的证明标准符合诉讼规律，捕诉合一会导致两个标准混同，使得逮捕丧失独立价值①。二是捕诉合一难以保障检察机关的中立性。由不同部门分别实施审查逮捕和起诉，并进行"重复阅卷"是为了保证公平。司法改革真正应该关注的是优化资源配置，而非简单地以牺牲公正为代价换取效率，并且，捕诉合一会导致逮捕证明标准过高②，对犯罪嫌疑人的"事前预防"难度加大。此外，强化侦查中心主义，也会导致批捕权的中立性丧失。捕诉合一会导致承办检察官不再中立，弱化对违法侦查的监督效果。三是捕诉合一会导致审查逮捕失去正当性基础。该制度导致实质意义上的审查起诉环节的丧失，并且可能因为"侦、捕、诉一体"导致错误逮捕甚至发生冤假错案③。四是增加权力滥用的可能性。审查批捕和审查起诉两职能存在目的上的区别。审查批捕的主要及根本目的在于进行羁押必要性审查，判断犯罪嫌疑人是否具备社会危险性④；而审查起诉则以追诉犯罪请求法院判处刑罚为价值追

---

① 北京大学法学院教授陈瑞华在《异哉，所谓捕诉合一者》一文中表示捕诉合一的改革设想将作为强制措施的逮捕与作为国家追诉权的公诉混为一谈，违背基本诉讼规律，否定了逮捕的独立价值。参见祁彪：《百家争鸣：法学专家眼中的捕诉合一》，《民主与法制周刊》2018年第36期。

② 谢小剑：《检察机关捕诉合一改革质疑》，《东方法学》2018年第6期。

③ 汪海燕：《检察机关审查逮捕权异化与消解》，《政法论坛》2014年第6期。

④ 《人民检察院刑事诉讼规则》（2019）第134条："人民检察院办理审查逮捕案件，应当全面把握逮捕条件，对有证据证明有犯罪事实、可能判处徒刑以上刑罚的犯罪嫌疑人，除具有刑事诉讼法第八十一条第三款、第四款规定的情形外，应当严格审查是否具备社会危险性条件。"

求，重点放在现掌握的事实证据能否认定犯罪嫌疑人构成犯罪，以及能否影响量刑。基于此，如果公诉人掌握批捕权，会导致权力过于集中，因而增加批捕权被滥用的风险。五是捕诉合一影响案件公正处理。捕诉合一意味着承担审查批捕工作的同一名检察官又承担了后续的审查起诉工作，与《刑事诉讼法》所确定的回避制度立法精神相违背，可能影响案件的公正审理①。总而言之，捕诉合一不利于检察机关中立性的保持，也不利于案件公平与法律监督的实现，并且会导致犯罪嫌疑人及辩护人的正当权利被压制，进而增加了冤假错案发生的可能性。

支持者认为：在制度层面，捕诉合一与以审判为中心的诉讼制度改革方向相协调，有利于缓解人案矛盾，提高诉讼效率，也有利于精简内部环节，促成以案件类型划分内部职能部门的改革，促进职能整合。一方面，减少内部制约环节更有助于发挥刑事诉讼程序内的制约功能，同样可以保证案件质量。同时，侦查与检察机关的审查起诉在控诉职能上具有一致性，公诉提前介入侦查有利于引导侦查活动，锁定证据收集②。另一方面，由同一检察官或办案组对审查批捕、起诉实行全流程负责能够降低司法成本，防范退回补侦等程序倒流，填补审查批捕与审查起诉之间存在的侦查活动监督真空地带。此外，捕诉合一有利于承办检察官或办案组对自己负责的案件进行更为全面准确的了解，进而降低冤假错案发生的可能性，也有利于保证刑事辩护的连贯性，减少沟通成本。而且，捕诉合一也有助于与监察体制改革相协

---

① 《中华人民共和国刑事诉讼法》第29条："审判人员、检察人员、侦查人员有下列情形之一的，应当自行回避，当事人及其法定代理人也有权要求他们回避：……（四）与本案当事人有其他关系，可能影响公正处理案件的。"

② 张建伟：《捕诉合一的改革是一项危险的抉择？——检察机关捕诉合一之利弊分析》，《中国刑事法杂志》2018年第4期。

调，更好地促进刑事诉讼法与监察法的衔接①。总而言之，支持捕诉合一的学者认为其符合我国的基本国情，同其他改革方向相一致，可以促进职能整合，提高诉讼效率，降低司法及沟通成本，发挥侦查活动监督作用，保证办案质量，减少冤假错案的发生，也有利于保障犯罪嫌疑人的人权。

三、捕诉合一改革的主要内容

（一）捕诉合一的概念

理论界捕诉合一的名词使用非常繁杂，大致可分为以下几种：或称为捕诉合一的工作模式②，或称为捕诉合一的办案模式③，或称为捕诉合一的制度④，又或者简单称之为捕诉合一⑤。在实践方面，最高人民检察院则表述为实行"捕诉一体"的办案机制。故此，理论与实践中多称为捕诉合一。⑥ 宏观的制度需要办案机制的细化与落实，故而捕诉合一改革需从制度层面设计，并通过具体的办案机制落实。⑦ 根据《中华

---

① 洪浩：《我国捕诉合一模式的正当性及其限度》，《中国刑事法杂志》2018 年第 4 期。
② 王拓：《未成年人"捕、诉、监、防"一体化工作模式初论》，《预防青少年犯罪研究》2013 年第 4 期。
③ 叶青：《关于捕诉合一办案模式的理论反思与实践价值》，《中国刑事法杂志》2018 年第 4 期。
④ 童伟华：《谨慎对待捕诉合一》，《东方法学》2018 年第 6 期。
⑤ 韩东成：《司法责任制改革视角下的检察机关捕诉合一》，《犯罪研究》2018 年第 5 期。
⑥ 《国新办举行 2019 年首场新闻发布会最高检领导就内设机构改革答记者问》，《检察日报》2019 年 1 月 4 日第 2 版。
⑦ 张正伟等：《捕诉合一：从制度到机制》，《中国刑警学院学报》2020 年第 4 期。

人民共和国刑事诉讼法》的规定①，批准逮捕权和提起公诉权均由检察机关行使。捕诉合一与捕诉分离的不同之处体现在两项程序是否可由同一部门同一检察官负责。具体而言，捕诉合一即在刑事诉讼中，除特殊情形外，由检察机关内设机构的同一职能部门的检察官或检察官办案组对本院管辖的同一刑事案件承担包括审查批捕、审查起诉、出庭支持公诉在内的全过程工作，并履行法律监督职责的一种办案机制。捕诉合一的核心目标在于节约诉讼资源，提升案件质量，缩短办案时间。捕诉分离则是指批准逮捕权与提起公诉权由不同检察官行使，保证各环节起到相互监督、相互制约的作用。

（二）捕诉合一改革的核心

首先，部门合一。即对现有的内设机构不再划分审查批捕部门和审查起诉部门，而是整合为一个部门。检察机关内设机构的设置关系检察权的运行和司法办案的质量。针对上下级检察机关及同一级检察机关存在的内设机构模式相差大、名称不统一不规范等问题，最高人民检察院进行了广泛调研，并听取各方意见，提出内设机构改革方案。2018 年 12 月 4 日，中央正式印发《最高人民检察院职能配置、内设机构和人员编制规定》文件，最高人民检察院带头开展机构整合工作，并要求地方检察机关跟进。②

---

① 《中华人民共和国刑事诉讼法》第 3 条规定："检察、批准逮捕、检察机关直接受理的案件的侦查、提起公诉，由人民检察院负责。"第 90 条规定："人民检察院对于提请批准逮捕的案件进行审查后，应当根据情况分别作出批准逮捕或者不批准逮捕的决定。"第 169 条规定："凡需要提起公诉的案件，一律由人民检察院审查决定。"

② 最高人民检察院要求省级检察院在 2019 年 1 月前形成内设机构改革方案，市级、基层检察院要在 2 月前形成内设机构改革方案，3 月底前基本完成内设机构改革任务。详见《2018 检察故事 9 内设机构改革　改出高质高效》，《检察日报》2019 年 3 月 11 日第 4 版。

在最高人民检察院的内设机构改革中，没有沿用以往的权力类型划分方法，而是采用类型案件划分法，即以数字序号依次命名设立了十个检察厅，分别负责不同类型的案件，并且案件所属的检察厅各自负责自己厅内案件的审查逮捕、审查起诉工作。地方检察机关的机构设置则要求与上级一致，保持对应，并且主要业务部门应统一叫"部"。

部分地方检察机关内设机构设置一览表

最高人民检察院	十个检察厅	第三检察厅负责对国家监委会移送的由最高人民检察院办理的职务犯罪案件的审查批捕、审查起诉等工作
北京市人民检察院	十二个检察部	第三检察部负责对监委会移送的由北京市检察院办理的职务犯罪案件及检察院立案侦查的职务犯罪案件的审查批捕、审查起诉等工作
北京市人民检察院第一分院	九个检察部	第三检察部负责对侦查机关移送的由本院办理的有关破坏社会主义市场经济犯罪案件的审查批捕、审查起诉等工作
海淀区人民检察院	九个检察部	第三检察部负责对侦查机关移送的由海淀区检察院办理的轻罪类案件的审查批捕、审查起诉等工作
丰台区人民检察院	八个检察部	第三检察部负责对由本区检察院办理的轻罪类案件的审查批捕、审查起诉等工作

其二，办案主体的合一。即由原不同部门的不同承办检察官分别行使审查逮捕权、审查起诉权变为由一个检察官或者一个检察官办案组负责同一案件全过程的审查逮捕与审查起诉工作。需注意的是，捕诉合一只是将审查批捕、审查起诉的职能进行了集中，两项工作由一个承办检察官或办案组分别进行，而非合并为一个环节。[①]

其三，权力和责任的合一。在责任承担问题上，捕诉分离很容易导致各部门互相推诿，而捕诉合一同司法责任制的"谁办案、谁决定、谁负责"精神相统一，一个案件的审查逮捕与起诉工作均由同一个检察官或检察官办

[①] 赵祖斌：《论捕诉合一的边界》，《中国人民公安大学学报（社会科学版）》2020年第3期。

案组完成，因而其要监督案件的全过程，做到"谁批捕、谁公诉、谁负责"，从而可以明确责任。具体来说，以前实行的是"检察官——部门负责人——检察长或检委会"的三级审批制办案模式，即由检察官承办，经办案部门负责人审核，最后由检察长或检委会决定。实践中也存在检察官承办案件以后先经办案小组讨论的"四级审批制"①。层层审批使得一个案件实际上经过了多重人员的参与，责任主体比较分散，一旦出现问题，可能所有人都要牵连其中。并且，因审查逮捕与审查起诉属于不同的部门负责，中间还有一段空窗期，在案件出现问题需要追责时，很难查清是哪个部门以及具体人员的责任，各部门考虑到自己的利益不可避免地会相互推诿，也加剧了责任认定的困难。捕诉合一赋予了检察官更多的权力，也要求其承担更为明确的责任，根据《人民检察院刑事诉讼规则（2019）》第4条的规定，刑事案件由检察官、检察长、检委会在各自职权范围内对办案事项作出决定并承担相应责任。除重大事项外的其他事项，检察长可以自行决定或委托检察官决定②。《人民检察院司法责任追究条例》第13条、第15条则作了进一步规定，独任检察官对其承办并作出决定的案件承担司法责任；主办检察官、检察官对检察官办案组承办的案件共同承担司法责任；检察长对

---

① 沈威、郑昱：《冲突与平衡：基层侦监检察官办案责任制之重构——以检察工作一体化与检察官独立原则的适用为视角》，《主任检察官办案责任制——第十届国家高级检察官论坛论文集》（2014）。

② 《最高人民检察院关于完善人民检察院司法责任制的若干意见》：16. 检察长统一领导人民检察院的工作，依照法律和有关规定履行以下职责：（一）决定是否逮捕或是否批准逮捕犯罪嫌疑人；（二）决定是否起诉。17. 检察官依照法律规定和检察长委托履行职责。检察官承办案件，依法应当讯问犯罪嫌疑人、被告人的，至少亲自讯问一次。下列办案事项应当由检察官亲自承担：（一）询问关键证人和对诉讼活动具有重要影响的其他诉讼参与人；（二）对重大案件组织现场勘验、检查，组织实施搜查，组织实施查封、扣押物证、书证，决定进行鉴定；（三）组织收集、调取、审核证据；（四）主持公开审查、宣布处理决定；（五）代表检察机关当面提出监督意见；（六）出席法庭；（七）其他应当由检察官亲自承担的事项。

其职权范围内作出的有关办案事项的决定以及改变检察官决定的部分承担司法责任。在权责明晰的情况下，锁定具体案件办理中检察官的职权范围及决定较为容易，进而更有利于实现"谁办案，谁负责"的权责合一。

最后，全方位的法律监督。捕诉合一意味着检察官要在整个案件的承办过程中真正发挥监督实效，做到"在监督中办案，在办案中监督"。审查批捕、审查起诉期间，捕诉部门要全面审查涉及犯罪嫌疑人有罪无罪、罪刑轻重的证据，并对侦查活动中是否存在违法行为进行监督，必要时可以介入公安机关重大、疑难、复杂案件的侦查。若发现存在非法取证的行为，应排除非法证据，并不得作为批准逮捕、提起公诉的依据。同时，可以要求公安机关另行指派侦查人员重新取证。人民检察院批准逮捕的，要求公安机关立即执行并送达执行回执；不批准逮捕的，公安机关应立即释放犯罪嫌疑人或变更强制措施。若公安机关在批准逮捕犯罪嫌疑人后执行期间2个月内未实质性开展侦查工作，人民检察院可不批准延长侦查羁押期限。在侦查阶段，捕诉部门认为无需继续羁押犯罪嫌疑人，应建议公安机关释放或变更强制措施，审查起诉阶段可直接采取措施。对于没有犯罪事实或不应追究刑事责任的，要求公安机关根据法律规定撤销案件或终止侦查。

四、捕诉合一改革的价值功能

（一）有助于进一步推进司法改革

捕诉合一并非短时间思考的结果，而是经过充分的试点实践检验并在改革中不断优化选择，符合我国司法体制改革的整体方向。深化司法体制改革，优化司法职权配置，对于保证审判机关、检察机关依法独立公正地行使审判权、检察权具有重要价值。2012 年 11 月 8 日，党的十八大报告提出要进一步深化司法体制改革。[①] 党的十八大以来，我国司法体制改革不断向纵深发展。2014 年 10 月 23 日，党的十八届四中全会通过了《关于全面推进依法治国若干重大问题的决定》，提出要完善主任检察官办案责任制，落实谁办案谁负责，推进以审判为中心的诉讼制度改革。人民检察院捕诉合一办案机制改革正是司法体制改革不断深入的产物。此外，开展捕诉合一改革也是同以审判为中心的诉讼体制改革相适应。2015 年，试点之一的吉林省检察机关首创内设机构"大部制"，对省检察院和市检察院的内设机构进行整合，其中侦查监督处和公诉处整合为刑事检察部。[②] 2017 年党的十九大召开，习近平总书记进一步指出，要深化司法体制综合配套改革，全面落实司法责任制。[③] 同年 11 月，最高人民检察院在第十二届全国人民代表大会常务委员会第三十次会议上作了《关于人民检察院全面深化司法改革情况的报告》，提出"以基层检察院为重点，稳步开展内设机构改革"，并表示要加快推进省以下检察院内设机构的改革。[④] 2017 年 11 月 24 日，最高人民检察院内设机构改革落地，重组后的检察厅开始按照新的职能办公。地方检察机关的内设机构改

---

①　胡锦涛：《坚定不移沿着中国特色社会主义道路前进　为全面建成小康社会而奋斗——在中国共产党第十八次全国代表大会上的报告》，人民出版社 2012 年版，第 27 页。

②　陈凤超：《吉林检察机关司法责任制改革的探索与实践》，《人民检察》2017 年第 2 期。

③　习近平：《决胜全面建成小康社会　夺取新时代中国特色社会主义伟大胜利——在中国共产党第十九次全国代表大会上的报告》，人民出版社 2017 年版，第 39 页。

④　曹建明：《最高人民检察院关于人民检察院全面深化司法改革情况的报告》，《检察日报》2017 年 11 月 3 日第 2 版。

革也持续、同步铺开。由此看出，内设机构改革是充分考虑我国当下国情的产物，与党中央所要求的深化司法体制改革、优化司法职权配置相契合，符合精简机构、统一职能、优化组织结构的精神。捕诉合一作为内设机构改革主要内容之一，有助于检察官办案责任制的推行与落实。

2007年党的十七大：深化司法体制改革

2014年党的十八届四中全会：完善主任检察官办案责任制

2015年：吉林省检察机关首创内设机构"大部制"

2018年4月：全国已有200家检察院实行"捕诉合一"

2018年12月24日：最高人民检察院内设机构改革落地

捕诉合一改革进展表

（二）有助于进一步提升司法效率

捕诉合一和捕诉分离的区别在于具有审查批捕权及审查起诉权的

主体是否统一。在捕诉分离的时期，审查批捕权与审查起诉权分别由检察机关内不同的内设机构部门及承办检察官负责。在审查批捕阶段，侦查监督部门负责审查侦查机关移送的案卷材料及证据，并可参与公安机关对重大案件的讨论；可以讯问犯罪嫌疑人、询问证人等诉讼参与人，听取辩护律师的意见，并可根据情况作出批准逮捕或者不批准逮捕的决定，不批准的，也可以要求公安机关补充侦查；对于公安机关侦查活动中的违法行为，检察机关有权要求其纠正。[①] 而在审查起诉阶段，公安机关侦查终结后，再次将案卷材料、证据移送检察机关公诉部门审查起诉，负责的部门检察官应当讯问犯罪嫌疑人，听取辩护人（值班律师）、被害人及其诉讼代理人的意见；可要求公安机关提供法庭审查必需的证据材料，需要补充侦查的，可以退回公安机关补侦。[②] 对比两阶段可以发现，两部门的审查工作存在很大程度的重合，在案多人少的司法现实下，检察机关工作效率被牵制，从而提高了司法成本，也从客观上延长了案件办理周期。捕诉合一改革则很好地改善了这种情况，因同一案件原则上由同一承办检察官或办案组负责包括审查批捕、审查起诉在内的全流程工作，"空窗期"问题不再存在。并且，检察官可以在提起公诉这一明确目标指引下，督促、引导侦查部门收集、固定证据，满足起诉标准的要求，减少补侦次数，从而大大缩短了办案周期，节省了司法资源。[③]

---

① 参见《中华人民共和国刑事诉讼法》第87至第100条。

② 参见《中华人民共和国刑事诉讼法》第162条、第173条、第175条。

③ 司法实践中检察机关进行内设机构改革后办案效率明显提高。如五峰县检察院同类案件办案时间平均缩短5至7个工作日。参见郭清君等：《湖北宜昌：搭建捕诉合一的专业化办案组以"裁判"标准全面收集审查证据》，《检察日报》2018年7月16日第3版。

全国检察机关"案—件比"情况表[①]

年　份	案—件比
2018 年	1：1.895
2019 年	1：1.87
2020 年	1：1.43

（三）有助于进一步提升办案质量

捕诉分离主要依靠检察机关内部不同部门的相互制约机制实现对权力的制衡[②]，即侦查监督部门和审查起诉部门各自负责审查侦查机关移送的案卷材料能够起到一定的牵制作用。侦查监督部门对案件进行审查后，认为不符合逮捕标准的，作出不批准逮捕的决定，从而将案件限制在该阶段内，不再继续下一步的审查起诉程序；对于侦查监督部门作出批准逮捕决定的案件，审查起诉部门认为不符合起诉标准也可选择捕后不诉，从而对侦查监督部门形成制约。但是，这种内部制约的作用是有限的，而且可能因为部门间利益的考量互相推卸责任，不利于案件最终的办理。

捕诉合一因精简了内设机构，减少了内部制约的环节，更加方便上级检察机关对下级检察机关的领导监督，也更有利于发挥刑事诉讼程序自身的制约机制。根据我国《刑事诉讼法》及相关司法解释的规定，

---

① 蒋安杰：《司法改革："案—件比"——检察抓住了纲》，《法治日报》2021 年 3 月 8 日第 1 版。
② 1999 年 2 月 8 日起施行的最高人民检察院《关于印发〈检察工作五年发展规划〉的通知》第 27 项明确要求："建立严密的自我防错纠错的内部监督制约机制，建立审查逮捕和审查起诉之间的互相制约机制，严格上级检察院对下级检察院的监督。"

审查批捕权在检察长，重大案件的审查批捕权在检察委员会，公安机关对于不批准逮捕的决定，可以向负责捕诉的部门申请复议，也可以向上一级检察院提请复核。不起诉的决定由检察长批准，公安机关对于不起诉的决定可以向负责捕诉的部门申请复议，也可向上一级检察院提请复核；被害人也可向作出不起诉决定的检察院或上级检察院提起申诉；被不起诉人若不服因"犯罪情节轻微，依照刑法规定不需要判处刑罚或者免除刑罚"作出的不起诉决定，可向作出不起诉决定的检察院申诉。通过上述手段的采用，也可以对检察院及其捕诉部门达到制约效果。①

此外，检察机关的内部制约其实并未丧失，只是侧重角度有所改变。检察官办案责任制实施以来，各种政策文件不断出台使得这项制度越来越精细和健全。案件终身负责以及各种事中事后的考核评查对检察官都形成了严格的内部监督，因而，捕诉合一不仅没有减少，反而增强了对承办检察官内外双层面的监督制约，提高了检察官的责任意识。基于此，检察官势必更加注重案件的质量和效果，审慎细致地办理案件。

---

① 《中华人民共和国刑事诉讼法》第 89 条："人民检察院审查批准逮捕犯罪嫌疑人由检察长决定。重大案件应当提交检察委员会讨论决定。"《人民检察院刑事诉讼规则》第 290 条："对不批准逮捕的案件，公安机关要求复议的，人民检察院负责捕诉的部门应当另行指派检察官或者检察官办案组进行审查，并在收到要求复议意见书和案卷材料后七日以内，经检察长批准，作出是否变更的决定，通知公安机关。"第 291 条："对不批准逮捕的案件，公安机关提请上一级人民检察院复核的，上一级人民检察院应当在收到提请复核意见书和案卷材料后十五日以内，经检察长批准，作出是否变更的决定，通知下级人民检察院和公安机关执行。需要改变原决定的，应当通知作出不批准逮捕决定的人民检察院撤销原不批准逮捕决定，另行制作批准逮捕决定书。必要时，上级人民检察院也可以直接作出批准逮捕决定，通知下级人民检察院送达公安机关执行。"

（四）有助于进一步保障当事人权利

尊重和保障人权不仅是我国宪法的重要价值，也是刑事诉讼的重要目的。

捕诉合一不仅不会牺牲案件质量，相反能够通过确保证据质量来保证案件质量，进而达到惩罚犯罪和保障人权的统一。一方面，保证证据有效化。捕诉合一要求对于同一检察院的同一案件，由同一承办检察官或检察官办案组负责审查批捕、审查起诉等工作，不再将两阶段分开，如此更有利于检察官履行法律监督的职责。因为要负责案件全流程的工作，承办检察官在审查批捕阶段往往会更加注重发挥侦查监督功能，督促、引导公安侦查[①]，提高对公安机关证据收集与固定以及办案程序的要求。这不仅要满足审查批捕阶段逮捕的证据标准，还要为以后的审查起诉做好准备，尽可能充分全面地了解案件事实，并在较短的时间内采集证据，避免时间过久导致证据的灭失、损毁，同时也注重非法证据的排除，使其不作为批捕、起诉的依据，发挥监督作用，保证证据有效性。如此，更有助于检察官在提起公诉时保持主动，不至于因证据灭失导致法官无法公正地定罪量刑。而对于收集证据后不符合逮捕标准的案件则不予批捕[②]。另一方面，羁押时间压缩。因为部门工作的整合，客观上减少了检察官的工作量，其可以更有效地发挥监督实效，促使案件流程进行得更加顺利，犯罪嫌疑人羁押时间得以大幅缩短[③]，并在案件

---

① 最高人民检察院：《今年上半年，全国检察机关共提前介入侦查 68284 件，同比上升 1.1 倍》，资料来源：https://www.spp.gov.cn/xwfbh/wsfbt/202107/t20210725_524723.shtml.2021。
② 参见《最高人民检察院工作报告》（2021）。
③ 《捕诉合一之问：七位法学家对话吉林检察官》，《检察日报》2018 年 8 月 27 日第 2 版。

全过程中，辩护人只需和同一个检察官沟通案件，无需因承办人改变反复重申已经提过的问题，可以更有针对性地将时间、精力放在新证据、新问题的辩护上，减少了交流成本，也提高了辩护质量，从这个角度而言，捕诉合一对犯罪嫌疑人的人权保障能够起到一定的积极作用。

五、捕诉合一改革存在的主要问题

（一）捕诉合一内部监督存在盲点

捕诉合一改革之前，审查逮捕和审查起诉分别由两个部门的不同检察官行使，捕诉合一之后，则由同一检察官行使审查逮捕和审查起诉的职权，这就使得原先存在的内部监督制约关系因为主体的合并而归于消灭。一方面，由于司法责任制改革，捕诉合一增强了独任检察官的职权，但是内部缺乏监督制约，对于不需要检察长或者检察委员会监督的案件，容易降低办案质量，形成瑕疵案件；另一方面，逮捕权与公诉权分属不同权力类型，逮捕权属于准司法性权力，公诉权则属于追诉权，两项权力的重叠则可能压缩被告人辩护空间。从实地调研来看，捕诉合一改革以来，非法证据排除的申请及排除比例都在呈下降趋势。

（二）捕诉合一对辩护空间的压缩

一方面，从形式上看，捕诉合一之前，辩护律师有两次与检察机关正式沟通的机会，并提出辩护意见；捕诉合一之后，辩护律师两次提出意见的机会压缩为一次，从而使得辩护律师与检察官的沟通机会减少。另一方面，从实质上看，随着犯罪结构的变化以及认罪认罚从宽制度的实施，同时承担捕诉职能的检察官从审查逮捕阶段即开始促成认罪认罚，从而为今后提起公诉提供便利。这就容易导致检察官以不批准逮捕或者其他从宽情节为条件，促使犯罪嫌疑人认罪认罚，这极易导致冤假错案的产生。例如，在河北某地，被告人孟某于2004年11月至2016年任村支部书记。2009年5月6日，孟某从镇财政所领取国家补偿款7万元，转入个人农行卡。2009年5月14日，孟某将该款从个人农行卡中支取并借给李某，用于经商牟利，按约定李某以年息5厘的利率向孟某支付利息。案发后，孟某将该机井补偿款7万元于2016年5月5日退回镇财政所，公诉机关指控被告人涉嫌挪用公款罪，被告人认罪认罚，辩护人从轻辩护，法院却判决无罪。[①]

（三）捕诉合一与诉讼监督的失衡

立案监督和侦查监督简称为两项监督，这是诉讼监督的重要内容。捕诉合一改革之前，两项监督由审查逮捕的部门和检察官行使，并辅之以单独的考核指标，在办案中监督，在监督中办案。捕诉合一改革之后，审查逮捕与审查起诉由同一检察官行使，提起公诉成为了硬指标，而诉讼监督成为了软要求，从而造成诉讼监督案件办理数量的断崖式下降。

---

① 《孟某涉嫌犯挪用公款案一审刑事判决书》（2018）冀0430刑初38号。

六、捕诉合一改革的完善

(一) 健全检察机关的内部监督机制

无论是审查逮捕还是提起公诉都是检察裁量权的行使,这种检察裁量权由过去的"检察官——部门负责人——检察长"三级审批进行控制变为现在的由检察官一人行使,造成检察裁量权运行监督的空白。基于司法责任制的改革要求,既不能回到原先的"老路",也不能造成检察权力的失控。对此,应完善检察机关权力监督机制和当事人权利保障机制。一方面,通过检察官联席会议机制规范办案程序,统一检察办案标准,实现繁案精办,简案快办;另一方面,依托数字检察的数据优势,实现对办案流程的自动化留痕、记录、评估和预警,减少瑕疵案件发生的概率。此外,还需要保障当事人的诉讼权利,通过依法保障律师执业权利,实现对检察办案的有效监督。

(二) 增强捕诉职责与诉讼监督职责的均衡发展

我国宪法、刑事诉讼法等法律为检察机关开展刑事立案、侦查监督提供了法律渊源,然而,捕诉合一之后,诉讼监督本身的时间滞后性、程序被动性和激励机制匮乏性造成检察机关捕诉职责与诉讼监督职责之间出现了不均衡。对此,应当按照《中共中央关于加强新时代检察机关法律监督工作的意见》中提出的"强化刑事立案、侦查活动和审判活动监督"要求，通过侦查、检察政法数据共联互通，解决诉讼监督时间滞后的问题；通过畅通当事人诉求反映渠道，解决程序被动的问题；通过优化内部考评指标，增加诉讼监督权重，解决激励机制匮乏问题。

第二章　认罪认罚从宽制度

一、检察环节认罪认罚的基本理论

（一）基本概念

认罪认罚从宽制度指犯罪嫌疑人、被告人自愿如实供述自己的罪行，承认指控的犯罪事实，愿意接受处罚的，可以依法从宽处理。从这一法律定义出发，不难发现，认罪认罚从宽制度是一项具有较强包容性和连接性的制度。除了能够与《刑法》中自首、坦白等法定从宽情节相联系，还能将其他诸如退赃退赔、补偿、谅解、消除不良影响等相关的主客观情节纳入进来，并且随着时代与社会发展其内涵还将不断丰富。认罪认罚从宽制度，是根植于中国特色社会主义法律实践产生的，并非移植于国外。2014年中央《关于深化司法体制和社会体制改革的意见》提出"完善轻微刑事案件快速办理机制"，2014年10月，党的十八届四中全会通过的《中共中央关于全面推进依法治国若干重大问题的决定》提出"完善刑事诉讼中认罪认罚从宽制度"。其中，对于认罪认罚从宽制度提出的要求，用的是"完善"一词，而非构建。完善一词的意义在于，认罪认罚从宽制度在我国以往刑事诉讼法治实践中已经有所体现，自有其渊源所在。回顾我国刑事法律发展历程，坦白从宽政策始终占有一席之地。2018年修改的刑事诉讼法将认罪认罚从宽确立为一项明确的制度，其同时也是一项重要原则，自此该制度在程序法上有了明文规定，形成了认罪认罚从宽的制度激励和程序保障，从程序法角度完善了认罪认罚从宽制度。从制度定位讲，认罪认罚从宽制度就是对坦白从宽、宽严相济刑事政策的制度化和深化发展。

（二）主要内容

1. 认罪

所谓认罪，即指"自愿如实供述自己的罪行，承认指控的犯罪事实"。2003年颁布的《最高人民法院、最高人民检察院、司法部关于适用普通程序审理"被告人认罪案件"的若干意见（试行）》第1条规定："被告人对被指控的基本犯罪事实无异议，并自愿认罪的第一审公诉案件，一般适用本意见审理。"从宽应以认罪认罚为基础，而认罪又处于最前沿的位置，是整个制度适用的前提。[①] 上述司法文件都强调要求自愿原则，即被追诉人、犯罪嫌疑人必须积极主动地供述自己的罪行，而非因为侦查机关、公诉机关或者审判机关的胁迫。

---

① 赵恒：《"认罪认罚从宽"内涵再辨析》，《法学评论》2019年第4期。

从理论角度来看，目前学界对于认罪的标准包括"认事说""认事+认罪说""认事+认罪+认罪名说"三类，主要的争议焦点在于被追诉人、犯罪嫌疑人除了承认被指控的犯罪事实以外，是否还要承认其行为构成犯罪以及认可罪名[①]；从法律规定来看，认罪主要包括如实供述罪行、承认犯罪事实两个方面。即"认事"相当于如实供述罪行，"认罪"相当于承认犯罪事实。从这个角度来看，我国法律对于认罪的界定倾向于采取"认事+认罪说"。

但是由于检察环节的特殊性，在检察环节构成认罪的要求也有特殊之处。审查起诉阶段初期承接侦查阶段，根据我国《刑事诉讼法》第120条和第162条规定的精神来看，侦查阶段的认罪表现为自愿如实供述涉嫌的犯罪事实。因此在审查起诉阶段初期由于承接侦查阶段，犯罪嫌疑人、被追诉人只要自愿如实供述自己的罪行就构成认罪。在案件被侦查机关移送起诉之后，《刑事诉讼法》第173、174条规定检察机关应当讯问犯罪嫌疑人，犯罪嫌疑人认罪认罚的，检察机关应当告知其享有的诉讼权利和认罪认罚的法律规定，就涉嫌的犯罪事实和罪名及适用的法律规定、从宽处罚的建议和认罪认罚后案件审理适用的程序等事项听取犯罪嫌疑人及其辩护人或者值班律师等人的意见；犯罪嫌疑人"自愿认罪"，同意量刑建议和程序适用的，应当在辩护人或者值班律师在场的情况下签署认罪认罚具结书。[②]

综合来看，在侦查阶段和审查起诉阶段初期，犯罪嫌疑人、被告人只要自愿如实供述自己的罪行，就构成"认罪"，但在签署《认罪认罚具结书》、提起公诉时以及案件进入审判阶段以后，"认罪"的犯

---

① 王迎龙：《认罪认罚从宽制度基本原则的教义学分析——以"自愿性"和"真实性"为视角》，《湖北社会科学》2020年第7期。

② 孙长永：《认罪认罚从宽制度的基本内涵》，《中国法学》2019年第3期。

罪嫌疑人、被告人必须同时承认检察机关指控的犯罪事实，对于其中适用速裁程序和简易程序审理的案件，还必须认可指控的罪名，才符合适用认罪认罚从宽制度的"认罪"条件。即检察阶段的"认罪"，以《认罪认罚具结书》为分界点，在此之前，只要求如实供述罪行即可，但在签署《认罪认罚具结书》的程序之后，则必须承认犯罪事实。

2.认罚

"认罚"应当理解为犯罪嫌疑人、被告人在认罪的基础上自愿接受所认之罪在实体法上带来的刑罚后果。[①] 从广义上讲，"认罚"的对象应是指被追诉人愿意接受处罚，包括法律规定的刑罚、非刑罚后果（不起诉决定）以及其他限制性要求，不局限于量刑建议。被追诉人所认之"罚"当然包含了刑罚（类型、数量或者幅度），除此之外，还包括两个方面的内容：其一，刑罚执行方式，包括禁止令、缓刑等，进一步扩大犯罪记录封存制度的适用范围；其二，非刑罚的方式，如部分试点单位探索社区服务制度，将其与不起诉制度联系起来。在检察环节，"认罚"的内涵也具有特殊性。同样以《认罪认罚具结书》为分水岭，在此之前的审查起诉阶段初期，由于承接了侦查阶段的工作，在如实供述罪行的基础上，只要求犯罪嫌疑人主观上具有"愿意接受处罚"的意愿即可构成"认罚"。但是在签署《认罪认罚具结书》之后，则还需要其在此基础上"同意量刑建议"。目前各学说分歧之处主要在于认罚是否还要认程序，是否还要退赔退赃或达成民事和解，审查起诉阶段认罪认罚，判决之后再次上诉如何定性等内容。

---

① 陈卫东：《认罪认罚从宽制度研究》，《中国法学》2016 年第 2 期。

第一，从实体上来看，同意检察院的量刑建议，是检察环节成立认罚的必备内容。从程序上来看，对于案件适用何种程序，犯罪嫌疑人、被告人即使反对也不影响"认罚"的成立。

第二，退赔退赃、达成民事和解、赔偿被害人损失等属于"认罚"的选择性内容。但是，有能力、有条件但拒不退缴赃款赃物、赔偿被害人经济损失的，或者隐匿、转移财产逃避财产刑执行的，不属于真实的"认罚"。

第三，关于审查起诉阶段认罪认罚，判决之后上诉如何定性问题。通过中国裁判文书网以"认罪认罚""上诉人""抗诉机关"为关键词进行检索之后，截至 2023 年 5 月，搜索到 2000 余件案件。在这些抗诉案件中，公诉机关提出抗诉、上级检察机关支持抗诉的理由高度一致，认为被告人在审查起诉阶段认罪认罚，并在辩护律师或者值班律师在场见证的情况下签署了《认罪认罚具结书》，一审法院适用简化的诉讼程序审理后对被告人作出了从轻处罚，但被告人提出上诉表明其不认罚，不再符合认罪认罚从宽制度的适用条件，原判决量刑畸轻或者偏轻，应予改判。其结果有采纳，也有驳回但多数采纳。被追诉人所认之"罚"应当是控辩双方达成协议的内容，被追诉人享有上诉权但该权利原则上受到限制，由此方能协调公正与效率的紧张关系，如果要求以接受审判后的判决为准，恐怕存在混淆"认罚"与"接受判决"界限的风险，也在无形之中压缩了被追诉人选择合理诉讼行为的空间。[1] 即便实践中出现分歧，我国刑事诉讼法并未对认罪认罚被告人的上诉权作出限制，究其原因，一方面是为了防止检方与被告人协商不充分，认罚自愿性欠缺。

---

[1]　周新：《认罪认罚从宽制度立法化的重点问题研究》，《中国法学》2018 年第 6 期。

根据我国目前的刑事诉讼构造模式，控辩双方极不平等，在检察环节尤甚。另一方面，检察机关对于认罪认罚的从宽后果并未做到明确告知，被告人很难通过衡量后果来决定是否认罪认罚，即便签署《认罪认罚具结书》也并不代表完全了解认罪认罚的性质和后果。

3. 从宽

对于认罪案件从宽从简的处理业已成为当前各国刑事司法改革的基本思路之一。认罪案件从宽主要包括实体从宽和程序从简两个方面。一方面，实体法意义上从宽的逻辑前提是认罪。一般来说，认罪越早，表明醒悟得越早，从宽幅度也应当越大。从前文分析来看，在检察环节认罪时间越早，认罪的标准也越低。实体从宽的内容包括对认罪认罚案件决定相对不起诉或附条件不起诉，以及特殊情形下经最高人民检察院核准后决定撤销案件或不起诉。从我国 2018 年《刑事诉讼法》修改和新增的条文来看，我国从宽更加注重"放弃正式审判"的类型，仅在第 182 条规定了特别不起诉，对于如何扩大相对不起诉的适用并没有明确规定。从实践来看，以不起诉方式处理的认罪认罚案件在所有认罪认罚案件中的占比稳中有升。最高人民法院在《认罪认罚从宽制度试点中期报告》也指出，认罪认罚案件犯罪嫌疑人被不起诉处理的已占到全部认罪认罚案件的 4.5%。在个别地方，认罪认罚案件的不起诉率甚至高达 13%[①]。另一方面，程序从简体现在适用简易程序、适用当事人和解

---

① 周强：《最高人民法院、最高人民检察院关于在部分地区开展刑事案件认罪认罚从宽制度试点工作情况的中期报告——2017 年 12 月 23 日在第十二届全国人民代表大会常务委员会第三十一次会议上》，《中华人民共和国最高人民检察院公报》2018 年第 2 期。

程序以及适用速裁程序等方面。部分学者则使用程序从宽一词，认为如果将简易程序、速裁程序的使用称为程序从宽，则意味着普通程序对于当事人不利，明显不合逻辑。适用简易程序和速裁程序的主要目的是追求效率，相对于普通程序来说，侵犯被追诉人、犯罪嫌疑人基本权利的隐忧仍在，这种程序从简显然也难以称为从宽。另外《关于适用认罪认罚从宽制度的指导意见》中使用的也是程序从简一词。从理论上讲，程序选择权深深植根于"获得普通程序审判是被追诉人应当享有的一项基本诉讼权利"这一现代法治观念，那么如果承认犯罪嫌疑人享有普通程序审判的权利，犯罪嫌疑人自愿选择速裁程序、简易程序的动力何在？对此，应当根据不同的简式审判程序，通过限制最高宣告刑的方式进行功能分区，并根据其最高量刑权限设定法庭审理程序允许简化的具体程度①，以此实现轻罪分流。关于从宽的几个问题的讨论：

第一，关于从宽的价值，即合作性价值与恢复性价值。概括而言，认罪认罚从宽制度以合作性司法理念为基础，注重引导控辩双方在审前阶段的沟通与具结，以实现程序简化、案件快速处理的效果。在这一过程中，被追诉人主动放弃若干诉讼权利，选择简捷的诉讼方式处理己案，据此，国家可以简化乃至省略诉讼环节，从而有利于节约司法资源、巩固司法裁判效果。②同时，认罪认罚从宽制度还涉及被害人权益保护方面的因素，而通常被害人保护制度以恢复性司法理念为基础，这就使得合作性司法理念与恢复性司法理念具有了互通互融的空间。长期以来，我国的司法传统是鼓励被追诉人对被害人进行赔偿与救济，并将其视作独立的量刑从宽情节，例如，谅解、和解或者退赃退赔。因此，

---

① 吴宏耀：《认罪认罚从宽制度的体系化解读》，《当代法学》2020年第4期。

② 熊秋红：《认罪认罚从宽的理论审视与制度完善》，《法学》2016年第10期。

在确定量刑从宽幅度方面，立法者既要通过刑罚从宽的方式"激励"被追诉人尽早认罪认罚、退赃退赔，又要适度区分认罪认罚与退赃退赔等情节的异同关系，合理确定不同情节的从宽效力。

第二，关于认罪认罚的从宽幅度。认罪认罚与自首、坦白的从宽幅度相近，前者甚至要高于后两者。因为对认罪认罚从宽的幅度比一般的自首、坦白更大一些，以表示对其鼓励。通常认为，认罪认罚与自首均属于从宽效果较大的量刑情节。它们既有共同的法律价值，如及时惩罚犯罪、提高办案效率等，又有不同的功能预期。之所以确立自首情节，是因为立法者旨在鼓励犯罪之人主动归案，以期其悔过自新，在及时发现犯罪的同时实现惩罚犯罪、维护社会安定的目标；之所以将认罪认罚从宽作为一项基本原则，是因为立法者希望可以在保障被追诉人合法权利的同时，提高诉讼效率，合理配置司法资源，真正实现司法公正与司法效率的统一。可见，作为量刑情节，认罪认罚与自首具有类似的功能，但又各有侧重。对此，我们可以适当参考 2021 年《关于常见犯罪的量刑指导意见（试行）》中对自首、坦白的规定，审慎地考虑认罪认罚情节的最高从宽幅度，原则上不超过 40%，在此基础上，确定与诉讼阶段、诉讼节点相联系的量刑从宽层级方案。[①] 此外，一旦出现被追诉人既可能符合自首、又可能符合认罪认罚的情形，办案人员尤其是法官需要运用自由裁量权来确定各自从宽幅度，在避免重复评价的同时，阐释确定减损比例的理由。

第三，关于特殊情形下的撤销案件和不起诉。2018 年《刑事诉讼法》第 182 条专门规定，允许公安机关撤销案件，允许检察机关作出不起诉

---

① 赵恒：《论量刑从宽——围绕认罪认罚从宽制度的分析》，《中国刑事法杂志》2018 年第 4 期。

决定，以及对涉嫌数罪中的一项或者多项不起诉。这属于认罪认罚语境下特殊的从宽处罚规则，并远超出"认罪认罚"的范畴，是兼顾"有重大立功""案件涉及国家重大利益""经最高人民检察院批准"等若干条件之后的结果。而且，"重大立功或者案件涉及国家重大利益"的判断标准应当从严限制和把握。

第四，关于办案机关的释法说理义务。长期以来，量刑说理性不足是我国刑事司法的一项痼疾，尤以判决书通常不说理或者说理粗疏化现象为甚。2018年《刑事诉讼法》第120条、第173条仅要求办案机关告知法律规定、法律后果以及听取意见，没有规定办案人员需结合个案证据和情节加以说理。这种立法方式难以保证被追诉人充分理解认罪认罚从宽制度的内涵，也难以保证其供述、选择与具结的明知性。对此，应当明确办案人员释法说理的义务。具言之，在控辩具结阶段，检察官除了向被追诉方提供证据清单之外，还应拟定量刑比例清单，尤其是列明认罪认罚、自首、坦白等情节的量刑比例，阐释量刑建议的主要理由。在审判阶段，法官在完成审查判断是否构成认罪认罚的活动，裁量确定给予减损的刑罚结果时，还应在判决书中做出针对性的解释。

(三) 检察环节认罪认罚的意义

一是可以有效激励当事人认罪悔罪、积极改造。从认罪认罚从宽制度设置看，对认罪认罚的犯罪嫌疑人、被告人依法给予程序上从简、实体上从宽的处理，有利于犯罪嫌疑人、被告人自愿、真诚认罪悔罪；有利于犯罪嫌疑人改过自新，回归社会；有助于更好发挥刑罚的教育警示作用，促使更多的犯罪人员认罪服法。

二是可以更好保护被害人权益，挽回受损权益。在对抗式刑事诉讼中，被害人权益保护和受损权益修复容易被忽视。认罪认罚从宽制度引入合作、和解、恢复性司法等现代化的司法理念，通过开展认罪认罚工作，促使犯罪嫌疑人、被告人向被害人赔礼道歉、赔偿损失，促使犯罪嫌疑人、被告人积极补救受损的国家和社会公益，有助于被害人和人民群众获得更丰满的公正体验。

三是更有助于促进社会和谐，推进社会治理。通过开展认罪认罚工作，促成犯罪嫌疑人、被告人与被害人之间的和解，有助于最大限度消弭社会戾气，化解社会矛盾，促进社会和谐。大部分案件可以通过对立双方合作、协商的方式来解决，而不是在对抗中以强行裁判的方式来解决，这是国家治理能力现代化在刑事司法领域的具体体现。

二、检察环节认罪认罚的主要问题

全国认罪认罚从宽制度适用情况（2018—2022）

年　份	适用认罪认罚从宽制度办理案件人数	适用认罪认罚从宽制度审结人数占同期审结人数比例	对检察机关提出的量刑建议，法院采纳人数占同期提出量刑建议数比例
2018	—	—	—
2019	971038	48.30%	—
2020	1550451	86.80%	94.90%
2021	—	85%	97%
2022	—	90%	95%

（一）认罪认罚下的错案风险

关于认罪认罚制度下是否存在错案频发的风险，我们仍需持客观谨慎的态度。根据以往的司法经验，错案曝光具有一定的滞后性，申诉、发现、纠正均需要相当长的时间，因此认罪认罚从宽制度未有错案报道，并不意味该制度绝对安全可靠。如果将视线投向适用辩诉交易时间更长的美国，我们会发现肩负繁简分流责任的辩诉交易也并不完全可靠，在美国"全美冤案统计中心"所统计的 2088 起冤案中，有 384 起是通过辩诉交易定罪的。①

在笔者收集到的 366 个无罪判决案件中，共有 345 个案件被告人在原审中做出了有罪供述，占据 95% 以上，上述案件分为事实认定错误和法律适用错误两种。现有错案中，原审存在辩护人的比例略有差异，但整体上并不超过 50%，这一数据基本还原了我国认罪错案中缺少对抗的诉讼格局，从而使得很多错案的庭审实质上成为了控审"二人谈"，这也为我国认罪认罚从宽制度的实施敲响警钟。

一方面，事实认定出错的案件，本质上是在对涉案证据的查证和适用中出现错误，进而影响对案件事实的整体认识，将未达到证明标准的案件错误定罪，造成错判无辜的法律结果。在很多错案中，办案人都得到了看似较为符合案件事实的口供，甚至在刑讯逼供类和假案类的错案中，这些口供还包含着较多作案细节，让以口供为主的证据链条显得颇为合理。但是，这些错案也都存在明显的天然缺陷，那就是无法在脱离被告人认罪口供的情况下形成闭合的证据链条，缺少客观性较强的证据

---

① 董凯：《认罪认罚从宽制度中的错案风险——以 206 起认罪错案为考察对象》，《北方法学》2021 年第 5 期。

支撑，甚至在原审中看似可靠的鉴定意见也出现了各种错误，最终导致原审法院的错误裁判。另一方面，在法律适用出错的案件中，很多案件是在被追诉人认罪的前提下，办案人错误地理解犯罪构成要件，针对那些本达不到追诉条件或证明标准的案件作出了有罪裁判。总之，无论事实认定的错案还是法律适用的错案，被追诉人的认罪口供都起到了它们本不该起到的决定性作用，让办案人忽视了认罪自愿性的查证，放弃了对客观性证据的搜集，放松了对鉴定意见的审查，放宽了对证明标准的把控，最终导致错判无辜。

（二）实体真实原则与控辩合意的矛盾冲突

在实践中，控辩双方关于"罪"与"罚"的合意，并不总是符合证据裁判原则和实体真实原则，相反，两者之间经常会发生矛盾或者冲突。其主要表现为检察机关基于"合意"的量刑建议所依据的事实、情节（如犯罪较轻、主观恶性较小、从犯、自首、认罪认罚等），经法院审理后被认为不能成立或者确有错误。

其中，余某交通肇事案中二审法院否定控辩双方一致认可的自首情节就是一个典型的例证。北京市人民检察院第一分院的支持抗诉意见是：原判量刑确有错误，北京市门头沟区人民检察院提出抗诉正确，应予支持，建议二审法院予以改判。主要理由如下：1.余某符合适用缓刑的条件。余某酒后驾车交通肇事属过失犯罪，主观恶性小，犯罪情节较轻，余某具有诸多法定、酌定从轻、减轻量刑情节，可能被判处三年以下有期徒刑，余某认罪悔罪态度好，没有再犯罪的危险，宣告缓刑对所居住社区没有重大不良影响；2.门头沟区人民检察院提出的量刑建议适当，一审法院不采纳量刑建议无法定理由；3.一审法院曾判处类似案件的被告人缓刑，本案判处实刑属同案不同判；4.对余某宣告缓刑更符合诉讼经济原则，也能取得更好的社会效果。但是在二审审理后，法院认为：上诉人余某违反交通运输管理法规，驾驶机动车发生重大事故，致一人死亡，并负事故全部责任，且在肇事后逃逸，其行为已构成交通肇事罪，依法应予惩处。余某因在交通运输肇事后逃逸，依法应对其在三年以上七年以下有期徒刑的法定刑幅度内处罚。鉴于余某在发生本次交通事故前饮酒，属酒后驾驶机动车辆，据此应对其酌予从重处罚。其在案发后自动投案，认罪认罚且在家属的协助下积极赔偿被害人亲属并取得谅解，据此可对其酌予从轻处罚。北京市门头沟区人民检察院及北京市人民检察院第一分院有关原判量刑错误并应对余某适用缓刑的意见均不能成立，本院均不予采纳；上诉人余某所提应对其改判适用缓刑的理由及其辩护人所提原判量刑过重，请求改判两年以下有期徒刑并适用缓刑的意见均缺乏法律依据，本院均不予采纳。原审人民法院根据余某犯罪的事实、犯罪的性质、情节以及对于社会的危害程度所作出的判决，认定余某犯交通肇事罪的事实清楚，证据确实、充分，定罪正确，审判程序合法，但认定余某的行为构成自首并据此对其减轻处罚，以及认定余某酒后驾驶机动车却并未据此对其从重处罚不当，本院一并予以纠正。①

认罪认罚从宽制度，实际上是国家和刑事被告人之间的一种妥协：被告人放弃抗辩权包括不被强迫自证其罪的权利，并完成特定的法律义务及控方请求，然后国家收缩其刑罚权，让渡一定的诉讼利益。从

---

① 《余某交通肇事案二审判决书》（2019）京 01 刑终 628 号。

本案情况看，检察机关代表国家与被告人达成协议，被告人认罪认罚，同时尽其能力补偿被害人亲属，获得谅解，本意在获得缓刑，检察机关也建议缓刑。而一审法院经审查认为协议不当，否定量刑建议并作出实刑判决，这实际上是在被告人履行协议义务的行为不撤销的情况下，"国家"一方单方面的不履行协议承诺。这对当事人不太公平，不过这与我国法律在设计认罪认罚从宽制度时存在的漏洞有关，即并未明确认罪认罚从宽的协议被否定后，对被告人的补救措施。该处空白造成被告人认罪供述有效，但国家让渡其刑罚利益的承诺无效的不合理状态。二审法院的裁判似乎并未明显体现认罪认罚从宽的程序利益。因为如果终审判决的认定，肇事后逃逸，以三年为起点刑，有酒后驾车的从重处罚情节，且被害人无过错，被告负全责，但被告人具备自动投案、充分赔偿并获得谅解、认罪悔罪等从轻情节，那么，综合轻重情节量刑，判处三年半徒刑亦属正常。但本案属于适用认罪认罚程序的案件，终审判决对此并未否定，却在判决结果中没有体现该程序特有的从宽价值，所以该判决明显有悖于认罪认罚从宽制度，对当事人亦不公平。

控辩"合意"与证据裁判和实体真实原则的矛盾，使得法院在尊重"合意"与坚守法定的证明标准之间陷入两难境地，并且可能会产生损害司法公正和司法效率的严重后果。[1] 首先，如果控辩双方关于认罪认罚的"合意"是基于检察机关错误的事实认定，很可能导致本来无罪的人"自愿认罪认罚"并且最终被定罪判刑，而真正的罪犯却逍遥法外。实践中已经出现一些"认罪认罚"案件因为一审事实认定错误而不得不

---

[1]　孙长永：《认罪认罚从宽制度实施中的五个矛盾及其化解》，《政治与法律》2021 年第 1 期。

通过再审程序宣告无罪或者改判，这有悖于"节约司法资源"的初衷。其次，即使在被追诉人构成指控犯罪的案件中，其合法权益也可能受到损害。因为法院基于实体真实原则否定控辩"合意"时，必然会对案件的事实情节作出不同的认定，进而作出不同于检察机关量刑建议的判决，而当判决结果重于量刑建议或者由于被告人以外的原因决定不适用认罪认罚从宽制度进行审判时，被告人将沦为"合意"制度的直接受害者，因为此时他已经不可能撤回认罪认罚。再次，可能损害司法效率。因为对于法院基于事实证据问题提出的调整量刑建议的意见，检察机关通常会接受，并要求被追诉人重新签署认罪认罚具结书，以便案件继续适用认罪认罚从宽制度。这样，司法效率必然会大为降低，至少节省司法资源的目标不可能按照合意形成时的期待而实现。最后，可能损害司法公信力，因为如果法院基于事实认定的变化最终判处重于量刑建议的刑罚，则侦查、检察人员以及看守所对犯罪嫌疑人所作的认罪认罚从宽教育转化工作事实上就成了一种"善意的谎言"，"认罪认罚从宽"的政策感召力必将大为降低，进而损害司法的公信力。

（三）认罪答辩撤回的法律空白

认罪认罚从宽制度中的认罪答辩撤回是指被追诉人在认罪认罚、同意量刑建议并签署具结书之后，向办案机关提出撤回先前认罪自白的意思表示，它意味着被追诉人对此前认罪决定的反悔。然而，最高人民法院、最高人民检察院、公安部、国家安全部、司法部联合下发的《关于在部分地区开展刑事案件认罪认罚从宽制度试点工作的办法》（以下简称《两高三部试点办法》）并未作出规定，2018 年修正的《刑事诉讼法》对此也并未作出相应发展，基本延续了既有规定。

然而，在部分地方司法机关规范中对于认罪答辩的撤回反倒有所补充。如天津市高级人民法院、人民检察院、公安局、国家安全局、司法局联合印发的《关于开展刑事案件认罪认罚从宽制度试点工作的实施细则（试行）》（以下称《天津实施细则》）；深圳市委政法委组织市直政法各单位、深圳海关缉私局制定的《深圳市刑事案件认罪认罚从宽制度试点工作实施办法（试行）》（以下称《深圳实施办法》）；大连市中级人民法院、人民检察院联合发布的《刑事案件认罪认罚从宽制度试点工作实施办法（试行）》（以下称《大连实施办法》）以及广州市南沙区人民法院、人民检察院等六部门制定的《关于开展刑事案件认罪认罚从宽制度试点工作的实施细则（试行）》（以下称《南沙实施细则》）。

在这些文件中，一类如《天津实施细则》《深圳实施办法》《南沙实施细则》，均以明确的文字表述确定被追诉人有权反悔，可以撤回认罪答辩。另一类则如《大连实施办法》，并未直接、明确规定被追诉人可以撤回认罪答辩，但通过其他方式认可其有权对认罪认罚表示反悔，从而达到实质撤回认罪答辩的效果。《大连实施办法》第 26 条规定，"被告人否认指控的犯罪事实的，案件停止适用认罪认罚从宽制度，转为普通程序审理"。由于被告人否认犯罪指控，案件转为普通程序审理，先前的认罪认罚已失去意义，这事实上起到了撤回认罪答辩的效果。即通过认可被告人的"否认权"或承认被告人可以推翻以前的供述，变相承认被告人有权撤回认罪答辩。[①] 从某种意义上讲，《两高三部试点办法》

[①] 郭松：《认罪认罚从宽制度中的认罪答辩撤回：从法理到实证的考察》，《政法论坛》2020 年第 1 期。

也是采用这种方式确认被追诉人可以撤回认罪答辩，但仅有 2 个条文涉及被追诉人撤回认罪答辩，且内容简略粗疏，明显不够。由此，认罪认罚撤回权仅仅停留在政策宣讲层面，缺乏明确的规范依据，实践中操作性差，各地做法不一，缺乏统一的立法规定。

（四）简易不简、速裁不速

从认罪认罚从宽试点开始到 2018 年 10 月，全国 18 个试点地区适用认罪认罚从宽制度的案件数占刑事案件总数的 50% 左右，试点效果良好。但 2018 年 10 月 26 日修改后的《刑事诉讼法》实施以来，试点地区与非试点地区出现了严重的不平衡。以试点地区南京为例，2018 年 10 月 26 日至 2019 年 4 月 30 日，基层管辖的适用认罪认罚从宽制度的一审案件 3356 件，占案件总数（4751 件）的 70.64%，其中速裁程序 2183 件、简易程序 1115 件、普通程序简化审 58 件，占案件总数的比例分别为 45.9%、23.5%、1.2%。但是非试点地区认罪认罚从宽制度的适用率普遍较低。[①]

根据上述数据，我们不难发现：一方面，非试点地区繁简分流之路依然步履维艰，尚未走出"简易不简"的怪圈，又陷入"速裁不速"的泥潭；另一方面，试点地区的数据表明走出"简易不简""速裁不速"的怪圈是有路可循的。在修改后的《刑事诉讼法》实施将近五年之际，解决试点地区与非试点地区两极分化的问题，探索认罪认罚案件简化路径是当下推进认罪认罚从宽制度落地生根的急迫任务。

---

① 李勇：《认罪认罚案件"程序从简"的路径》，《国家检察官学院学报》2019 年第 6 期。

三、检察环节认罪认罚的完善方向

（一）深化捕诉合一改革

捕诉合一是指将审查批捕和审查起诉机构整合为一个部门，由独任检察官（主任检察官带领办案组中的一名办案人员）负责刑事案件的介入侦查、审查逮捕、审查起诉、出庭支持公诉和审判监督，对办案质量终身负责的办案模式。[①] 捕诉合一能够优化检察机关组织结构和办案方式，在科学合理地重组检察机关职能部门的基础上，改变检察机关行政化的物质配置和人员管理模式，适当优化办案流程，减少重复低效的投入，整体提高诉讼效率，避免诉讼拖沓及案件积压。案件在法定时限内得到公正的审判能够使被破坏的社会秩序得以修复，纠纷得以及时解决；案件久拖不决会破坏司法权威，致使纠纷扩大化，即使最终实现了公正也意味着不公正。就此而言，捕诉合一在提高效率的过程中以最经济的方式实现了公正。

这就需要发挥检察官的主导作用。一方面，检察官在审查起诉阶段发挥着"主持"作用，检察官不仅在传统上被视为其"主场"的审查起诉阶段，通过告知权利、听取双方当事人意见、释法说理，促成加害方与被害方和解、赔偿，依法提出量刑建议，而且可以在适时介入、审查逮捕时即告知当事人相关诉讼权利，引导侦查机关积极运用

---

① 赵祖斌：《论捕诉合一的边界》，《中国人民公安大学学报（社会科学版）》2020 年第 3 期。

该制度收集证据、促进社会矛盾化解；另一方面，在延长侦查羁押期限审查期间，应重点关注侦查活动进展和当事人态度变化，对于已经符合起诉条件的，不批准延长期限并建议侦查机关尽快移送审查起诉。此外在审判阶段，检察机关应围绕认罪认罚合法性、自愿性这一核心问题，履行指控犯罪、法庭教育等职能，确保量刑建议被法院所认可。[①] 总之，在认罪认罚从宽制度实践中，检察官应当让正义以看得见的方式充分、迅速实现。

（二）加强人工智能技术融合应用

认罪认罚从宽制度是一种程序激励制度，检察机关的精准量刑对于被告人的权益保护产生着十分重要的影响。人工智能通过将相关案件信息的大量录入并整理，找出量刑情节和具体刑罚刑期之间的关系，基于算法得出罪与刑的均衡点。对量刑情节的分析不仅需要定性还要定量。人工智能将量刑情节予以归纳量化，评定罪犯的人身危险程度，从而提出适宜的量刑，更有利于量刑的科学化。此外，人工智能相比于检察官个人而言，在保持量刑的客观程度和控制错误偏差方面往往有较大的优势。[②]

随着量刑规范化的深入推进，司法大数据供给"活着的"量刑规律与理性。依托大数据分析技术、人工智能技术以及算法规则，相比于过往司法人员认识与总结的传统做法之局限性等弊端，借助刑事司法智能化释放的技术优势，可以更及时、全面并准确"发现""获知""统合"

---

① 叶青：《"捕诉一体"与刑事检察权运行机制改革再思考》，《法学》2020 年第 7 期。

② 程路芸：《人工智能视野下的认罪认罚量刑研究》，《经济师》2021 年第 8 期。

认罪认罚案件司法大数据中"隐藏"的"量刑经验与规律",同时固化为"实践中的量刑规律与经验理性"。这可以为认罪认罚案件的量刑协商提供值得信赖的"前见"。[①] 在此前提之下,研发与设计认罪认罚案件中精准预测量刑的人工智能辅助系统,可以建立理论预测与数据预测并轨的应用模型,分别从一般量刑理论以及从司法大数据提炼、获取并输出精准的预测意见。这两个环节相互"匹配"与验证,同时配置必要的人工干预机制,确保输出具有理论基础、数据支撑、预测验证、人工介入共同分析与决定的精准量刑建议。

(三) 完善值班律师制度

新冠疫情期间,因受值班律师难以到位的影响,认罪认罚从宽制度适用率一度有所下降,故此,健全值班律师制度,对于检察环节认罪认罚制度的完善具有重要意义。

一是推进检察环节值班律师的有效参与。在律师资源短缺的地方,国家要统筹调配律师资源,并鼓励退休法官、检察官作为志愿者提供法律帮助。要防止值班律师只到场见证、不听取(发表)意见。二是健全检察环节值班律师的权利保障。要落实经费保障,使值班律师的报酬与其付出相适应,以提高值班律师实质参与的积极性。要明确值班律师法律帮助的范围和程度,并制定法律帮助的最低标准,以确保"有效帮助"。[②]

[①] 孙道萃:《人工智能辅助精准预测量刑的中国境遇——以认罪认罚案件为适用场域》,《暨南学报(哲学社会科学版)》2020 年第 12 期。

[②] 朱孝清:《深入落实认罪认罚从宽制度的几点建议》,《人民检察》2020 年第 18 期。

（四）健全公诉人值班制度

公诉人值班制度是指检察机关针对集中开庭的一批案件只指派一名公诉人集中出庭，即使其中某些案件不是这名公诉人在审查起诉阶段办理的，也由该公诉人代为出庭，从而节约司法资源，提高效率。这种出庭公诉人与办案检察官分离的公诉人值班制度具有法理、法律和实践依据。其一，基于检察一体化原则，检察官的职权具有可转移性（职权转移原则），对案件进行审查的检察官职权，在出庭公诉阶段可以转移给其他检察官。其二，根据《刑事诉讼法》第189条的规定，"人民法院审判公诉案件，人民检察院应当派员出席法庭支持公诉。"这里的派员出庭的检察官未必一定是审查起诉阶段承办案件的检察官。其三，在司法实践中速裁程序庭审几乎省略了全部中间程序，庭审形式意义大于实质意义。公诉人原则上只需要摘要宣读起诉书和量刑建议，因此即使在庭前没有审查过该案件的检察官，其出庭支持公诉也并无困难。如果被告人反悔，则休庭转为普通程序，再由原承办检察官出庭即可。为进一步推进全流程简化，针对可能判处有期徒刑1年以下的速裁程序案件，可以尝试在公安机关执法办案中心设置速裁法庭，检察机关和审判机关可以定点派驻人员"现场办公"，快速办理。例如，北京市海淀区在公安机关设置速裁法庭，对一些速裁程序案件实现48小时内走完刑事诉讼全部流程。①

---

① 李强：《刑事速裁：公正与效率一个都不能少》《人民法院报》2017年3月11日第7版。

第三章　检察听证制度

一、何为检察听证

听证源于英美法系的自然公正原则和正当程序原则。听证原意是指诉讼上应听取他方当事人意见，即法院在审查事实或法律问题时要以公开举行的方式听取证人和当事人的意见以保证裁判公平进而实现正义。在世界大多数法域内，听证程序以通行的范式存在于司法、行政、立法三者之中。随着我国依法治国战略目标的确立，程序正义的价值不断凸显并为人们所接受，1996 年通过的《行政处罚法》使听证制度第一次出现在我国法律制度体系中，现行的《立法法》《价格法》《行政处罚法》《行政许可法》都对听证做了详细规定。将听证制度引入立法、司法和行政管理等公共决策过程，有助于公民有序的政治参与，提高立法和决策的民主化、科学化。

检察听证是检察机关对案件的审查方式之一，是检察机关履行法律监督职能的职权，具有负责刑事诉讼、民事诉讼和行政诉讼三种程序中的事实认定、法律适用和案件处理等审查职能。2020 年出台的《人民检察院审查案件听证工作规定》（以下简称《听证规定》）是将检察听证程序规范化制度化的正式规范性文件，该文件第二条对检察听证的概念作出了明确规定①。在此之前，检察听证作为审查案件的方式最早见于刑事申诉案件这一案件类型当中，随着检察听证制度不断发挥良好作用，逐渐拓展到不起诉案件、民事诉讼监督案件、羁押必要性审查案件等案件类型当中。该文件的正式发布，对适用范围、参与主体、听证流程进行了统一规定，解决了以往地方检察机关对检察听证制度适用不统一的问题，进而方便了人民群众通过检察听证制度化解矛盾。

二、检察听证制度的文本分析

（一）检察听证制度的法律发展

从检察听证的立法脉络上看，最高人民检察院在 1998 年出台了《关于在全国检察机关实行"检务公开"的决定》，该决定第一次提出了"检务公开"的概念，明显看出检察系统在思想上开始了转变，这是全国检察系统乃至司法体系进步的一个里程碑，明确指出要将检察活动公开

---

① 《人民检察院审查案件听证工作规定》第 2 条规定："本规定中的听证，是指人民检察院对于符合条件的案件，组织召开听证会，就事实认定、法律适用和案件处理等问题听取听证员和其他参加人意见的案件审查活动。"

化，自觉接受监督，为之后的检察听证工作的出台开展打下了坚实基础。2000 年，《人民检察院刑事申诉案件公开审查程序规定（试行）》（下文简称《试行》）出台，明确"公开听证"是检察机关审查案件的主要途径，这是"听证"的字样首次出现在最高人民检察院的官方文件当中，从《试行》出台到 2012 年 1 月 11 日《人民检察院刑事申诉案件公开审查程序规定》颁布，在这个时期中，检察听证的实践应用大多局限于刑事申诉中，其主要目的是确保检务公开，使得检察工作让社会一般公众所了解，增加检察系统工作透明度，但是在此阶段中，检察听证处于起步阶段，制度不健全是其主要特征。检察听证的独立价值在于对检察工作的行使施加具体限制以保证司法活动的公正进行和实体法的正确适用，其检察听证本身的独立价值并没有凸显，且没有包含审查逮捕以及羁押必要性审查等迫切需要检察听证的环节，这还需要进一步发展完善。

2012 年，《刑事诉讼法》修改中诸多新增条文凸显了程序正义：如不得强迫自证其罪、建立非法证据排除制度，这些新增条款体现出我国司法建设越来越重视程序法本身的独立价值。对应在检察听证方面上，最高人民检察院在 2013 年和 2014 年相继通过了《人民检察院民事诉讼监督规则》与《人民检察院办理未成年人刑事案件的规定》。刑事检察听证的适用范围扩展到民事监督案件和未成年人案件当中，在 2012 年到 2020 年这个时期中，检察听证制度呈现出积极发展、不断探索的良好态势，但与此同时由于地方检察机关的探索缺乏统一规范的指导，一方面，在具体规范上，何种案件需要举行听证且是否需要公开听证都缺乏上级检察机关以及立法机关的统一规定。另一方面，在听证参加人的构成上，各地方检察机关邀请何种主体参与听证，在实践中均存在较大差异，有些检察机关力求听证公正民主化，邀请了人大代表、政协委员参与听证；另一部分地区的检察院为求检察听证工作专业化，主要邀请法学专家、社会学专家担任听证人员，听证程序的不统一无疑有损检察公信力。

2020 年 10 月 20 日出台的《人民检察院审查案件听证工作规定》（以下简称《听证规定》）是检察听证程序将前期各项探索的经验成果集大成之作，标志着经过二十年的实践探索，检察听证制度的独立价值已经得到了最高检察机关的高度认同，其明确细化了检察听证的案件适用范围、参与主体的种类、在何种媒体平台上进行转发、如何主持程序以及如何推进程序等，统一规范了听证工作的开展形式，解决了大部分以往实践中的问题。

（二）地方检察机关听证制度的实践探索

在最高人民检察院出台《听证规定》之前，从案件范围上明确适用公开检察听证的只有刑事申诉案件、民事诉讼监督、未成年人刑事案件这三种类别，最高人民检察院在案件范围上规定较少并不足以覆盖各个领域，因此各地方检察机关制定了一系列检察听证规则，这也是检察听证制度发展的现实需要。

地方人民检察院检察听证规范概况

序号	规范性文件	时间	制定部门	内容
1	《听证制度暂行规定》	2010	福建省长乐市检察院	规定了听证范围、对象与程序开展
2	《关于不起诉适用检察庭听证及宣告的实施意见（试行）》	2013	上海市徐汇区检察院	规定了不起诉案件的检察听证程序

续表

3	《审查逮捕案件公开听证制度》	2014	四川省平武县检察院	规定了审查逮捕案件的检察听证程序
4	《审查逮捕公开听证实施办法》	2015	福建长泰县检察院	规定了审查逮捕案件的检察听证程序
5	《逮捕公开审查工作实施办法（试行)》	2016	宿迁市沭阳县检察院	规定了审查逮捕案件的检察听证程序
6	《公开听证实施办法（试行)》	2020	甘肃省人民检察院	适用公开听证机制的案件范围

基于检察听证的接受监督、公开程序以及化解信访难题等多方面的考量，各地检察机关进行了积极探索，并制定了相应规范性文件与非规范性文件。典型的如 2013 年上海市徐汇区检察院颁布的《上海市徐汇区人民检察院关于不起诉适用检察庭听证及宣告的实施意见（试行)》，2015 年福建省漳州市长泰县人民检察院颁布的《审查逮捕公开听证实施办法》，二者将检察听证程序适用范围拓展到审查批准逮捕案件和不起诉案件之中，丰富了检察听证程序的适用范围。这些"地方经验"不断丰富着检察听证程序的内涵，间接推动了统一《听证规定》的颁布进程。

在地方探索的共性方面，体现了公开性和程序性。公开性是检察机关推进司法公开，保证司法公正的基本要求。无论检察系统内部还是中共中央都对检察机关行使各项职能提出了公开性要求，中共中央全面推进依法治国要求保障人民群众参与司法，坚持人民司法为人民，依靠人民推进公正司法。最高人民检察院最早在 1998 年就决定在全国检察机关范围内普遍实行检务公开，并且检务公开作为检察机关行使职权的基本要求不断贯彻落实。虽然检察机关履行检务公开职责，即通过广播、报刊、电视媒体等方式向人民群众汇报检察工作的进展，但从人民群众的反响上来看，仍然存在相当一部分人民群众对我国检察系统的职能感到神秘，神秘性体现在检察机关在办理审查逮捕、审查起诉、刑事申诉等部分事项上，由于这部分事项不对社会公开，参与主体过于局限，致使社会公众没有参加和直接发表意见的机会。为了破除这种神秘化，各地听证规定相继出台使人民群众通过检察听证程序切身体会到检察机关受理案件范围内各项程序的实施，这正是公开性的必然要求。

在程序性方面，"程序是交涉过程的制度化"。程序性是检察听证的运行属性，宪法从国家权力的分配上授予检察系统依法独立公正运用检察权的权限，对检察机关履行职责提出了程序性要求。检察听证作为检察机关具体职能，程序性要求检察听证在启动方式、程序推进、交换意见、结论得出等具体流程上做到"依法独立公正"，"依法"说明听证主持人在听证程序中要严格依照法律规定的流程推进程序开展，依照法定范围选任听证人员、人民监督员和其他诉讼参加人。"独立"要求案件承办检察官和主持人在听证过程中保持独立地位，不偏倚一方，不受行政机关、社会团体和个人的干涉作出决定。"依法"和"独立"是"公正"的前提和保障，"公正"是必然结果，这要求检察听证的实施过程是符合程序正义价值的，只有在这种基础上，检察听证才能满足该程序设立的目的。

此外，各地听证规定具有多样性。检察听证制度的多样性体现在听证参加人的确定范围、适用案件范围、公开方式等多个方面。在听证参加人的确定上，各地并不一致，案件诉讼参与人、人民监督员以及与案件无利害关系的社会人士都可以依照规定参与到听证程序中，体现出参与主体的多样性；在适用范围方面，各地检察机关根据实际情况进行适用范围上的扩张，检察听证恰恰为检察环节落实"全过程人民民主"提供了技术性供给；在公开方式上，各地规定中明确可以邀请公民、媒体旁听，并且经过批准可以通过网络或者其他媒体渠道对听证会的内容进行直播或录播，这体现出检察听证程序向社会公开的强烈意愿，也体现了公开方式的多样性。

三、检察听证制度的行政型模式

检察听证制度的价值不仅仅在于司法公正与司法公信的双向提升，更在于人权保障方面，面向人民群众，使得案件防微杜渐，不会"拖"成群体性事件。从目前司法实践中来看，检察听证程序运行过程中存在检察办案行政化、在听证程序的启动以及运行过程中偏离了司法构造、公开性不足、程序设计的简单化、听证人员的选任不确定化、流于形式等问题，没有做到完全中立，没有能够公平公正、同等对待双方当事人，进而形成了行政型检察听证模式。同时，行政型检察听证与两个概念要作区分，一方面，行政型检察听证中的"行政型"与实践中检察机关拥有的司法行政权不同，司法行政权表现在外部管理如人事、经费、物资以及信息管理等方面，该权力与检察机关履行检察职能相区分；另一方面，行政型检察听证不同于行政检察听证，后者属于检察听证适用范围的一种。因此，在理解行政型检察听证概念的基础上才能更好地分析该问题的内在原因，探索解决办法。

（一）检察听证的公开性不足

一是缺乏听证前公示，听证会参加人员覆盖面窄。有学者统计了101

例公益诉讼听证案例，这101份案例覆盖了27个省级行政单位，发现在听证前公示的案件数量上，只有15%的案件在检察听证开始之前通过媒体平台如微信或官网公告发布了通知，余下案件旁听人员的选拔由案件承办检察官个人或检察机关联络部门进行私下联系，社会公众获取听证信息渠道过于狭窄。在人民群众参与旁听问题上，实践中人民法院官网均有开庭公告以及相应的旁听规则向社会公众进行公示，有意愿参与的人民群众易获取旁听信息，只需遵守地方法院的旁听规则便可参与到庭审当中，反观我国大多数地方检察机关只在本院官网上给予了检察听证官网的链接，并没有在本院官网上公示本院的检察听证信息，也无相应的听证规则，对一部分利用网络检索不熟练的公民参与旁听设置了障碍，普通群众并不知晓并且无法获知听证的渠道。

二是听证活动公开直播的不多。《听证规定》对媒体直播做出了细化规定①，采取直播听证的方式可以让检察听证信息化、公开化、透明化，增强检察听证的公信力，扩大检察听证的影响力，但实践中检察机关普遍直播积极性不高。以河北省检察系统为例，通过分析最高检官网检察听证栏目提供的检察听证直播回顾得知，从2020年12月9日到2022年9月8日，近两年时间共有12个案件在中国检察听证网上进行了直播，其中有11场听证直播主办方均为两个地区的人民检察院，分别为唐山市路北区检察院和沧州市海兴县检察院，最高检检察听证栏目作为官方直播平台直播率尚且如此之低，更遑论其他地方检察机关通过邀请其他媒体进行的旁听转播，这反映出检察听证实

---

① 《人民检察院审查案件听证工作规定》第19条规定："公开听证的案件，公民可以申请旁听，人民检察院可以邀请媒体旁听。经检察长批准，人民检察院可以通过中国检察听证网和其他公共媒体，对听证会进行图文、音频、视频直播或者录播。"

际运行中直播听证形式的缺位。

三是缺乏媒体参与，检察机关邀请积极性低。根据规定要求，检察听证可以邀请媒体旁听，用"可以"而不是"应当"的字样，且需要检察长批准，意味着检察机关在邀请媒体进行监督上拥有较大的裁量空间，从司法现状来看，受限于案多人少的现实压力，对外联络媒体和申请检察长的批准会牵扯到听证主持人的办案精力，且检察系统对于听证直播率无考核指标与奖励机制。因此办案人员倾向于"多一事不如少一事"，从而造成了检察听证媒体参与率极低的现象。

（二）检察听证程序内容的短缺性

一是未明确应听证案件范围。《听证规定》第 4 条规定了可举行听证的案件范围，却没有规定"应然"听证的案件范围。并且《听证规定》第 9 条规定了听证程序的两种启动方式，一是检察院自行决定，二是当事人申请听证，检察院依据当事人申请作出决定。此两项规定，未明确应予启动检察听证的案件范围，承办检察官有充足的自由裁量权进行决定，受限于案多人少的现实压力，在办案环节上承办检察官对部分案件① 召开听证还要求经检察长批准，这些现实条件都增加了办案人员的"无形压力"，必然难以满足案件当事人日趋增长的公开听证诉求。事实上，部分案件涉案人数众多，牵扯利益面广，检察听证程序有必要应听

---

① 《人民检察院审查案件听证工作规定》第 4 条规定："人民检察院办理羁押必要性审查案件、拟不起诉案件、刑事申诉案件、民事诉讼监督案件、行政诉讼监督案件、公益诉讼案件等，在事实认定、法律适用、案件处理等方面存在较大争议，或者有重大社会影响，需要当面听取当事人和其他相关人员意见的，经检察长批准，可以召开听证会。"

尽听，发挥解决纠纷的职能，防微杜渐，防止演变成社会群体性事件，因此明确应然听证范围是迫切的。

二是主持人人选缺乏中立性。对于主持人的任命，《听证规定》第13条规定了主持人的选择范围，即案件承办人。另外，《听证规定》第15条对主持人的任务进行了细化规定，主持人在听证程序占主导作用，推动听证程序的进行，并在听证会收尾阶段归纳焦点，进行总结，因而主持人决定着听证会举办的实际效果。但检察听证的目的在于保证司法公正与公信，司法的主要特征是中立性，中立性的基本要求是检察机关能够以公正第三方的视角主持听证，根据听证的开展归纳争议焦点，不受外来因素干扰，做出听证结果的认定。实践中承办检察官担任听证主持人，削弱了听证程序的中立性，因此对主持人人选的选择机制还需进一步探索完善。

三是听证申请人范围过窄。根据规定，当事人及其辩护人、代理人都能作为听证申请人，其中可以看出当事人的近亲属和与案件有关的利害关系人是排斥在申请人范围之外的，我国检察听证的出发点在于提升司法公信，落实普法责任，促进矛盾化解，在我国检察听证的适用范围并不只是刑事案件，民事诉讼监督案件和行政诉讼监督案件都囊括其中，相较于其他诉讼程序的申请人范围，检察听证规定的申请人范围是狭窄的，不利于检察听证程序履行其法律监督职责，检察听证申请人范围的拓宽是保证司法公正，提升司法公信力的重要途径。

四是未规定决定期限，复议权缺失。《听证规定》并没有规定当事人在申请检察听证时，检察机关作出决定的期限是多久，在被检察机关拒绝后应该如何复议，只是简单地表述为检察机关"应当及时作出决定"，该表述较为模糊，各级检察机关适用不一，造成自由裁量空间过大。另外，在拒绝开展听证程序的情况下，只规定检察机关向当事人说明拒绝理由即可，没有规定当事人是否拥有听证复议权，这与司法公信力的提升背道而驰。

五是检察听证与法律援助值班律师制度衔接不畅，从最高人民检察院的检察听证栏目来看，目前实务中法援律师出席检察听证率较低，这是由两个方面原因造成的，一是部分法援律师对检察听证是否属于法律援助的范围还存在疑虑，二是当事人不了解法律援助可以协助他们参加检察听证，因此需要对此明确规定，鼓励支持法援律师参与到检察听证活动中来，同时为当事人消除疑虑。

六是检察听证缺乏案情公示。检察听证程序大致表现为"主办检察官作为主持人介绍案件，当事人及其他参加人补充说明——听证员提问，讨论并发表意见——主持人总结"三个流程，这种流程的弊端在于大部分听证员没有事先对案件进行充足的了解，且检察机关当天在听证会议上介绍案情，不可能面面俱到，根据最高检的检察听证直播回顾来看，听证一般持续 15 分钟到 30 分钟，这能够给他们留下多少思考案件时间呢？给听证员以及人民监督员留下的思考时间不多，进而提出的意见对检察机关参考意义不大，未免有"走马观花"之嫌，使得听证成为检察机关对参与主体的单方面信息灌输，影响听证效果。

（三）检察听证人员的选任机制尚存问题

一是参与主体较为单一。现行规范只规定了社会人士作为听证员，没有明确规定社会团体或机关单位是否能作为听证员，在参与主体的规定方面较为单一。

检察听证人员类别占比①

人员类别	人大代表	政协委员	人民监督员	当事人所在单位或居委会、村委会代表、人民调解员以及有关技术专家、法学教授等社会各界人士
占比（%）	10.3	8.1	17.9	27.5

其中，当事人所在单位或居委会、村委会代表、人民调解员以及有关技术专家、法学教授等社会各界人士占比约为 27.5%，人民监督员占比 17.9%，人大代表占比 10.3%，政协委员占比 8.1%。以行政诉讼监督中检察机关主导化解行政纠纷为例，部分行政主体由于在作出具体行政行为的过程中存在越权、违规现象，导致行为过程中与行政相对人产生较大矛盾并损害政府公信力，此时检察机关除可邀请作为当事人的行政主体和无行政主体资格的被委托组织第三人外，还可以邀请上级行政机关和同级人民政府派员参加，听证人员主体层次的多元化对于安抚群众情绪、释法说理、调解矛盾有积极作用。并且《听证规定》明确参加听证会的听证员一般为三至七人，数量明显过少，相较于《行政许可法》《行政处罚法》，这两部法律都不对听证人员的数量做上限要求。

二是听证员选任存在恣意性。通过分析地方检察机关检察听证活动数据情况得知，检察机关在邀请听证人员时存在两种方式：第一种是案件承办检察官自行邀请人大代表、政协委员、行政机关负责人等。此方式有利有弊，好处在于，邀请简便，节约时间，并且听证参与人员社会地位较高，其发表的意见具有一定权威性。但坏处也显而易见，私下点

---

① 史红美：《既解"法结"又解"心结"！最高检新闻发布会关注"看得见的正义"》，https://www.spp.gov.cn/zdgz/202106/t20210610_521208.shtml。

对点邀请，双方感情方面必然熟络且碍于"情面"，对案件发表意见大多建立在办案检察官的思想基础之上，很少提出质疑或反对意见，缺乏中立性，主观性过强，且存在部分人大代表与政协委员经常被许多地区和不同级别的检察机关邀请、疲于应付的情况，导致听证意见质量不高。另一种方式是从检察机关出发，检察机关作为主体进行邀请，但由于没有建立听证人才库，缺乏奖励机制，特定专家型人才参与率低，许多听证只有社会人士作为听证人员发表对部分案件的意见，专业性不强，参考价值不大，因此体现了听证人才短缺的问题。

三是检察听证与专家咨询论证会职能混同。在检察听证活动如火如荼的开展过程中，许多地方检察机关为使听证会的开展起到"典型示范"作用，强调听证员普遍具有高水平高素质。但是，对专家这一特定群体需要慎重对待，一方面来说，专家意见必不可少，因为在特定案件领域，专家能够凭借其专业知识对事实做出合乎逻辑的推断，具有重要的参考价值，符合检察听证落实普法责任的出发点，但是听证的价值评判也不能只有专家的意见，检察听证的一个效果就是要综合社会不同群体的价值评断来帮助检察机关审查案件。因此，虽然专家意见必不可少，但是为了"典型示范"效用而一味强调只有专家参与，这与检察听证设立的初衷相违背的，实际上，受限于成本，也达不到全专家参与。因此，检察听证不能与专家咨询论证会混同。

四是听证参加人的权利与范围模糊。《听证规定》第6条①规定了听证参加人的范围，但对参加人的权利没有规定，在检察听证程序

---

① 人民检察院应当根据案件具体情况，确定听证会参加人员。听证会参加人员除听证员外，可以包括案件当事人及其法定代理人、诉讼代理人、辩护人、第三人、相关办案人员、证人和鉴定人以及其他相关人员。

中，对听证员与主持人的权利义务都进行了规定，听证参加人的权利与义务是否可以参考庭审过程中诉讼参与人的权利进行"微调整"来规定，在检察听证程序的立法上需要进一步明确。另外，听证参加人中其他相关人员是否包括当事人的近亲属？将当事人的近亲属囊括进听证参加人中也是落实普法责任的需要，近亲属作为听证参加人没有类似听证员的提问权和发表意见权，不会影响检察机关对于事实确认和法律适用的认定，其作为听证参加人进行旁听、参与到听证过程中，可以直观全面地了解案件进展，并可在一定程度上降低信访事件发生的可能性。

（四）检察听证与科学技术的融合不够

一是线上听证机制融入不足。随着《人民检察院检察听证室设置规范》《检察机关听证室建设技术指引》《中国检察听证网建设方案》相继出台，检察听证工作逐步走向正规化，但检察机关往往受限于场所狭小、经费有限，无法容纳大量人员进行参与旁听，因此探索线上线下相结合的听证形式是符合现实需要的，这样即使在疫情防控中人们出行受限的背景下，仍能保障听证工作正常开展，更好地发挥检察听证职能，打破空间的限制。

二是现代宣传机制融入不足。当前，微信、微博等平台在消息传播方面相较于报纸、电视等传统的传媒手段时效性更强、影响力更大。检察机关没有将微信、微博等平台利用起来进行听证宣传，这是与融媒体的发展潮流相违背的，只有将这些平台利用起来才能实现"办理一案，治理一片"的效果。

四、检察听证制度的司法化改革

（一）提高检察听证的公开化

一是增加听证前公示，扩大听证会参加人员覆盖面。在听证员的选任上规定人员比例，如确定普通公众的参与比例不少于听证员数量的一半，以普通群众作为"社会一般公众的价值判断"帮助检察官来对案件事实认定提供参考，尤其是在行政公益诉讼案件上，由于部分行政机关的不作为或乱作为影响公众较多，处理不当易演化为群体性事件。吸收普通公众的大量参与不但避免了某些与办案检察官私交不错的听证人员在实践中走过场，也避免了检察官只进行"点对点的邀请"造成对案情判断的专断。在邀请公民旁听上，一方面，可从宣传手段入手，充分利用信息资讯类平台进行宣传，如通过自媒体、地方媒体和地方检察院官网醒目的提示来扩大影响；另一方面，应该制定统一的检察听证旁听规则，从设置本院的检察听证安排栏目、公示本院的检察听证信息这两方面入手才能提升听证旁听人员的数量，提升司法公信，落实普法责任。当前在不同的地区，公民参与检察听证的标准设置亦有不同，甚至存在恣意性，影响司法公信力。因此亟需参考《听证规定》，制定配套的听证旁听规则，保证社会一般公众能够合法充分地参与到听证中来，切实发挥检察听证的普法作用。

二是提高直播听证利用率。通过对检察听证网提供的直播回顾进行统计，不难发现在实践中地方人民检察院听证直播率过低，更遑论邀请其他媒体进行转播，因此，最高人民检察院应当设定直播听证的标准，在涉及群体事件和社会影响重大的案件上应当进行直播，以在社会面安稳公众情绪，保障公众的知情权。

三是明确媒体参与，方便公众旁听。为减少部分听证主持人对邀请媒体旁听直播的排斥，纠正"多一事不如少一事"的错误倾向，人民检察院可以从内部出发，给予听证主持人一至两天邀请媒体旁听的必要准备时间，从而有更多的精力做好听证准备工作。此外，地方检察机关可参照最高人民检察院颁布的《检察人员考核工作指引》，根据媒体参与的数量与质量，来对听证主持人员进行绩效奖金分配、评优奖励、职务职级晋升。

（二）细化检察听证的程序设置

一是明确应予启动检察听证的案件范围。在面对案情影响人数众多，处理不当易演化为群体性事件进而减损司法机关公信力的案件时，应当启动检察听证。另外，检察官启动检察听证有其合理性，检察官根据自身办案条件，如经费支出，听证场所等现实因素来对待不同案情决定听证，有检察官的客观考量，但也存在不同程度的主观擅断，造成了听证决定的自由裁量权过大的后果，因此明确应予听证案件范围，进而制衡检察官决定权是必不可少的。针对涉案人数众多，受害者范围较广，案件类型上应当启动检察听证程序。

二是探索异地交流主持人制度，加强中立性。检察听证作为检察机关公开审查案件的办法，由本机关派人主持听证符合情理，但在检察权司法化的大趋势下，同样也会削弱中立性，因此探索异地或内部不同部门检察官担任主持人是符合司法权中立性要求的，有学者指出也可探索由社会公众来担任听证主持人，但是这种观点经不起推敲，一方面，听证主持人属于检察机关公开审查案件的职权，另一方面，听证主持工作要求行为人具有一定的法律专业知识，没有法律专业基础是无法主导听证工作开展的，无法合理对案情进行阐述以及归纳争议焦点得出结论。因此听证主持人异地交流或异部门交流能够最大限度做到中立，这是正当程序的应有之义。

三是拓宽听证申请人范围。规定仅载明当事人及其辩护人、代理人能作为听证申请人，不利于检察听证程序履行其法律监督职责。检察听证申请人范围的拓宽是保证司法公正、提升司法公信力的重要途径。因此，将第九条听证申请人的范围扩大至当事人的近亲属以及与案件有利害关系的第三人是符合现实需要的。

四是设置决定期限，明确复议权。确定决定日期是提升检察听证效率的必然要求，因此，确定决定日期以及通过立法给予当事人申请听证复议权是必要的，可参照检察机关在各个诉讼阶段行使法律监督权进而赋予当事人相应的申诉权，如承办检察官应予听证而不予听证，当事人可向检察机关进行申诉，检察委员会或检察长要求承办检察官说明理由，如果理由不充分，检察委员会应当要求承办检察官决定听证。

五是完善检察听证与法律援助的衔接机制。在司法实践中，值班律师能否在刑事案件中协助当事人参与到检察听证中来存在争议，有观点认为值班律师不具有辩护人身份，检察听证程序不在法律援助范围之内，也有观点认为根据《法律援助值班律师工作办法》第6条规定，值班律师可以对案件处理提出意见，因此在检察院工作站的值班律师可以为刑事案件犯罪嫌疑人提供听证服务。法律援助的原则是"应援助、尽援助"，在任何环节都应当告知符合条件的当事人享有法律援助权与值班律师帮助权。在司法实务中，各地都已存在值班律师积极参与检察听证帮助当事人解决案件问题的实例，因此立法中应当明确当事人可在检察听证中取得值班律师帮助，从而使得各方主体明晰权利义务，实现法律援助全覆盖，彰显司法公正。

六是检察听证程序的诉讼化改造。因大部分听证员没有事先对案件进行充足的了解，容易受听证主持人和其他听证员的影响，造成"走过场，随大流"的现象，因此，对于检察听证进行诉讼化改造是迫切的。在检察听证中形成对抗式听证构造，如在检察听证程序开始以后，听证参加人双方按照"双方就所主张的事实举证——主持人归纳双方问题焦点——参加双方进行辩论——听证人员发表听证意见——听证主持人进行总结"五个步骤来推进，只有当事人之间或者当事人及其诉讼代理人与作为听证参加人的相关办案人员形成平等的对抗地位，才能使作为社会一般公众的听证员在理解证据基础上根据法律事实发表正确的意见。

（三）完善听证人员的选任机制

一是选任主体的广泛性。听证员在结构上只有社会人士作为听证员，主体较为单一，在检察机关面临民事诉讼监督、行政诉讼监督、公益诉讼案件时，难免会因为听证主体的单一造成听证效率的降低，对此，我们可以将社会团体和机关单位增添到听证员的行列之中，这种主体的增加会有显而易见的好处，检察机关除可邀请作为当事人的行政主体和无行政主体资格的被委托组织第三人外，还可以邀请上级行政机关和同级人民政府派员参加，这对于安抚群众情绪、释法说理、调解矛盾有积极作用。在听证人员的数量上，规定三到七名听证员数量明显较少且固定，易导致参与人员相对固化，对听证人员的数量应当根据听证内容的不同进行分类规定，在社会影响性较大，当事人众多及人民群众呼声较大的案件中，应该参考《行政许可法》《行政处罚法》的规定，对听证人员不做上限要求，这样才能确保检察机关获得全面的听证意见，确保司法公信力。

二是创新邀请方式，明确听证参加人的权利。为避免因为检察官或检察机关自行邀请造成涉众面狭窄、听证意见参考价值低等问题，可采取灵活的方式邀请听证人员。在未建立统一的听证人才库时，可根据不同案件类型调整邀请范围，这样可以降低成本，提高听证效率，使得社会各行各业都有机会参与进来。如在未成年人附条件不起诉案件中，可邀请当地的妇联工作人员以及教师队伍来参与听证，在涉及企业案件中，可邀请当地工商协会的成员进行参与，在邀请方式上注重灵活，并不拘泥于现有的邀请名单，以调动整个社会对听证活动的积极性。

三是避免与专家咨询论证会职能混同，灵活构建听证人才库。第一，针对不同类型的案件，根据事实认定存在疑虑还是法律认定上存在模糊，进行不同比例的邀请。针对涉众范围广的案件，在认定事实上较为简单，并无过多复杂技术性难题，应当加大普通社会公众参与听证的比例；在疑难复杂案件上，如重大安全生产事故类案件，因为影响巨大，案情认定复杂，波及面广，所以相关领域的专家必不可少，可调高专家参与比例。针对不同案情来调整听证专家比例可使检察机关灵活应对听证需要，减少成本。第二，可参照人民法院的人民陪审员制度来构建听证员库，借鉴现有的经验，比较进行，使得听证人员的选拔规范化、制度化，保证检察机关的独立性与中立性。

四是明确听证参加人的权利与范围。检察听证的一个重要目的在于落实普法责任，促进矛盾化解，检察听证程序是审查案件的手段，在对听证参加人的权利与范围规定上，可参考庭审过程中诉讼参与人的权利进行"微调整"，在审查案件中将诉讼参加人权利义务进行明确规定符合程序正义的要求，在权利义务清晰的基础上有利于检察机关更好地审查案件。在听证参加人上，适当扩大范围，如可将当事人的近亲属囊括其中，这也是落实普法责任的需要，其作为听证参加人进行旁听、参与到听证过程中，可以直观全面地了解案件进展，这种直观的感受是通过委托律师告诉和被动等待司法机关通知来了解案情进展比拟不了的，这对于安抚家属情绪、缓和社会矛盾具有积极作用。

（四）加强检察听证与现代科技的深度融合

一是以线上听证打破场所限制。在疫情防控背景下，部分地区面临着成为风险地区的可能，在此情况下线下参与听证是不现实的，并且某些检察机关设施老旧，场所狭小，在面对涉案人数众多的案件时力不从心，因此检察机关必须采取线上模式进行听证。《人民检察院检察听证室设置规范》《检察机关听证室建设技术指引》《中国检察听证网建设方案》的相继出台符合了现实需要，使得检察机关检察听证的成本降低，并且可容纳更多的听证参与人，使得检察听证工作正常开展，打破时空的限制。

二是利用多种形式的媒体平台进行宣传。在当今，传统的报纸、电台等宣传媒介时效性与波及范围远不如微博、微信、抖音等新媒体平台，此类平台是宣传方式的大势所趋，在此类平台上发表代表性案例，能够吸引到全层次，全年龄段的社会公众，达到"办理一案，治理一片"的效果。

第四章 检察建议制度

一、检察建议的基本理论

（一）检察建议的概念

检察建议是人民检察院依法履行法律监督职责，参与社会治理，维护司法公正，促进依法行政，预防和减少违法犯罪，保护国家利益和社会公共利益，维护个人和组织合法权益，保障法律统一正确实施的重要方式。习近平总书记在党的十八届四中全会上作出完善检察建议工作机制的重要指示。最高人民检察院部署将推进检察建议刚性化建设作为重点工作和司法改革的项目之一。2018 年 10 月 26 日修订后的《人民检察院组织法》明确规定：检察建议是检察机关履行法律监督职责的重要方式，对检察机关依法提出的检察建议，有关单位应当予以配合，并及时将采纳检察建议的情况以书面形式回复检察机关。

（二）检察建议的类型

《人民检察院检察建议工作规定》将检察建议划分为再审检察建议、纠正违法检察建议、公益诉讼检察建议、社会治理检察建议、其他检察建议五类，这种划分的业务条线化色彩浓厚，便于检察机关业务操作，但过于零散、琐碎。而检察理论界对检察建议的分类标准则各有不同，有的从建议权实现的角度把检察建议分为纠错检察建议、整改检察建议和处置检察建议三种[①]；有的以是否有法律明文规定的角度将检察建议分为诉讼型检察建议和治理型检察建议，诉讼型检察建议又分为实体型检察建议和程序型检察建议[②]；有的以实现的作用不同将检察建议分为法律监督类检察建议和综合治理类检察建议[③]。由此可见，检察理论界对检察建议的分类并不统一，虽然都有其理论意义和实践价值，但却存在相关概念界定不清，或内容相互混淆的问题。

河北省大名县人民检察院 2022 年检察建议制发情况

类　型	个案纠违检察建议（份）		社会治理检察建议（份）		公益诉讼诉前检察建议（份）		再审检察建议（份）	
	侦查活动	审判活动	刑事检察	其他	民事	行政	民事	行政
制发送达	54	13	18	25	12	108	12	6
回复整改	50	13	7	17	10	78	10	5
回复率（%）	0.9	1.0	0.4	0.7	0.8	0.7	0.8	0.8

---

① 张智辉：《论检察机关的建议权》，《西南政法大学学报》2007 年第 2 期。
② 罗欣等：《检察建议做成刚性的内涵及路径》，《人民检察》2019 年第 7 期。
③ 杨书文：《检察建议基本问题研究》，《人民检察》2005 年第 9 期。

检察建议的类型划分，对于检察建议法治化改革具有重要意义。一方面，如果不进行类型区分，检察建议很难进行区别化程序设计，也很难与三大诉讼法匹配协调；另一方面，如果检察建议类型划分不科学、不周延，则无法有效发挥检察机关在国家治理体系中的法律监督职能。对此，2019年颁布的《人民检察院检察建议工作规定》将检察建议划分为再审检察建议、纠正违法检察建议、公益诉讼检察建议、社会治理检察建议、其他检察建议五类。对于上述分类，还应依据法律地位和社会功能上的差别，将检察建议的类型分为社会综合治理类、诉讼法律监督类和公共利益保护类更为合理。对于个案违法检察建议，有利于纠正司法机关执法办案行为，保障当事人以及辩护人权利行使，促进司法公正具有重要意义；对于公益诉讼检察建议，既可以履行检察职能，也促使被建议单位合法履职，维护公益目的；对于社会治理检察建议，针对的多是行业漏管、监管不足等问题，有助于实现通过一案实现治理一片的目的。

二、检察建议的历史溯源

（一）检察建议的雏形

我国检察建议制度由革命根据地时期检察办案实践、苏联检察机关抗议书和提请书以及新中国检察制度实践所形成，是中国特色社会主义检察制度的重要组成部分。我国的检察监督制度以及与之相适应的专门检察监督方式，是在吸收苏联检察制度经验并结合根据地检察制度的实际情况不断发展和变革而形成的。在革命根据地时期，检察机关不仅具有一般监督职能，而且具有诉讼监督职能。检察机关并没有照搬苏联的抗议和提请两种监督方式，而是在实践中运用检察建议的监督方式行使一般监督职能，这种专门监督的文书形式被称为建议书。自此，检察建议成为我国检察机关履行监督职能的专门方式之一。[①]

1931 年 11 月，中华苏维埃第一次全国代表大会通过了《工农检察部的组织条例》，不仅规定了工农检察部的组织系统和各级工农检察机关的任务，也规定了各级工农检察机关的工作方式和工作人员，是中国共产党领导人民制定的首部检察"组织法"。根据该法规定，工农检察部在监督工作中发现的其他机关及其工作人员的违法问题，可以提出监督建议并制定监督文书，这些建议以及相应的建议书，主要适用于两种情形：第一，适用于其他机关和具有行政管理职能的单位在执行法律过程中出现的问题。检察机关制作建议文书要求产生问题的机关和单位予以改正，并将改正结果公布，若该单位不执行建议，则将建议文书送达同级执行委员会，由执行委员会以命令的方式要求其改正，以保障法律的正确实施，维护工农群众的利益。第二，适用于建议同级执行委员会撤换或处罚违法违纪的国家工作人员。工农检察委员部具有组织群众法庭审理违纪案件的权力，开除工作人员职权的权力，实地调查核实的调查权，督促相关单位正确贯彻执行法律、政策的检查督促权等，这些监督权的行使也常常采用建议文书等方式。

---

① 顾楠：《检察建议的历史发展》，厦门大学 2019 年硕士学位论文，第 17 页。

（二）检察建议的发展

新中国成立后，虽然 1954 年《宪法》和 1979 年《人民检察院组织法》均把检察机关定位为法律监督机关，但是并无"检察建议"的法律表述。直到 1985 年，最高人民检察院的工作报告中才明确出现，区别于关于劳改劳教检察工作、不追究刑事责任的轻微犯罪国家工作人员的处理等其他"建议"的"检察建议"一词。从 1990 年代中后期开始，随着检察机关职能范围的扩展，法律监督的概念也逐渐清晰，"法律监督是指专门的国家机关根据法律的授权，运用法律规定的手段对法律实施情况进行监察、督促并能产生法定效力的专门工作。"[①]

（三）检察建议的完善

现行法律规范中关于"检察建议"的表述

序　号	标　题	时效性	发布机构
1	中华人民共和国妇女权益保障法（2022 修订）	现行有效	全国人大常委会
2	中华人民共和国民事诉讼法（2021 修正）	现行有效	全国人大常委会
3	中华人民共和国社区矫正法	现行有效	全国人大常委会
4	中华人民共和国检察官法（2019 修订）	现行有效	全国人大常委会
5	中华人民共和国人民检察院组织法（2018 修订）	现行有效	全国人大常委会
7	中华人民共和国行政诉讼法（2017 修正）	现行有效	全国人大常委会
8	中华人民共和国民事诉讼法（2017 修正）	已被修改	全国人大常委会

[①]　张智辉：《法律监督三辨析》，《中国法学》2003 年第 5 期。

2017 年习近平主席在致第 22 届国际检察官联合会年会暨会员代表大会贺信中指出：检察官作为公共利益代表，肩负着重要责任。中国检察机关是国家的法律监督机关，承担惩治和预防犯罪、对诉讼活动进行监督等职责，是保护国家利益和社会公共利益的一支重要力量。[①] 习近平主席的发言是对检察机关角色和职能的准确定位，并对新时代检察工作提出了新要求。以"四大检察"职能为核心的新时代法律监督格局，为检察建议制度的发展提供了法理和制度基础，促进检察建议制度的价值更加丰富、功能更加完善。在保证社会治理和诉讼监督的前提下，检察建议制度成为新时代检察机关推进国家治理现代化的重要抓手，在有效实现法律监督的同时，对维护公共利益、监督法治实施、制约公共权力、保护私人权利等方面起到重要作用。

在检察建议制度的形成上，我国检察建议制度由革命根据地时期检察办案实践、苏联检察机关抗议书和提请书以及新中国检察制度实践所形成，是中国特色社会主义检察制度的重要组成部分。在制度完善方面，最高人民检察院先后在 2009 年制定了《人民检察院检察建议工作的规定（试行）》，2019 年制定了《人民检察院检察建议工作规定》，进一步增强了检察建议的刚性化和程序化。在检察建议的实践方面，2018 年至 2021 年，最高人民检察院先后发布七份检察建议，进一步增强了检察建议制度在提升国家治理体系和治理能力现代化的作用。

---

① 《习近平致信祝贺第二十二届国际检察官联合会年会暨会员代表大会召开》，《人民日报》2017 年 9 月 12 日第 1 版。

三、检察建议的主要问题

（一）检察建议的程序匮乏

检察建议作为检察机关法律监督的履职方式之一，应当具备相应的程序规范，包括检察建议的主体、检察建议的适用对象、检察建议的适用方式、检察建议的落实机制、检察建议的保障机制等内容。然而，纵观现行的检察建议程序，虽然规定了检察建议的对象、时间要求，但是对于建议书内容、落实机制、保障机制等内容并无相关规定。例如，在文号编排上，不区分检察建议的类型，所有检察建议的文号单独排序，又如，在反馈要求上，有的要求五日内反馈，有的是十五日，还有的是三十日等，存在内部混乱。此外，现有的规定只限于法律和司法解释，没有相关的配套机制和综合措施，以至于难以形成监督合力。部分检察建议质量不高，不少监督意见发出后没有跟进落实，司法不规范问题时有发生。

（二）检察建议的内容质量不高

由于检察建议书并没有列入正式的法律文书，以至于检察建议书的制发程序不严谨，制发内容质量不高。一方面，检察建议的可操作性不强。从调研来看，部分检察建议存在内容上追求"大而全"，文字上爱喊"口号"、讲"漂亮话"的问题，忽略对发案特点、发案规律的深度挖掘和精确总结，建议事项泛泛而谈、流于形式，缺乏操作性。另一方面，检察建议缺乏"建议"性。很大一部分检察建议在于完成上级制定的"建议"考核数量，多是针对具体问题进行建议，缺乏系统性、类型化、精准性建议，难以发挥检察建议的预防、预警和预测功能。

（三）检察建议的刚性不足

检察建议的刚性是指检察机关的检察建议应当得到被建议单位认真对待，被建议单位应解决建议提出的问题，并按规定及时回复和整改。2018 年 10 月修订的《中华人民共和国人民检察院组织法》（以下简称《组织法》）第 21 条规定："人民检察院行使本法第二十条规定的法律监督职权，可以进行调查核实，并依法提出抗诉、纠正意见、检察建议。有关单位应当予以配合，并及时将采纳纠正意见、检察建议的情况书面回复人民检察院。"最高人民检察院 2018 年 12 月制定的《人民检察院检察建议工作规定》（以下简称《规定》）第 19 条规定："人民检察院提出检察建议，除另有规定外，应当要求被建议单位自收到检察建议书之日起两个月以内作出相应处理，并书面回复人民检察院。"但在实践中，影响检察建议工作开展的最大问题就是刚性不足，主要表现为检察建议回复难、采纳难、落实难。[①] 一方面，检察建议的回复难。对于检察建议的回复规定，《人民检察院组织法》只是做出了原则性规定，具体则由发出检察建议的检察机关自行规定，且规范效力为司法解释，很难对被建议单位形成约束。另一方面，检察建议的采纳难。由于检察建议本

---

① 戴仲川：《汇聚监督合力增强检察建议刚性》，《检察日报》2020 年 12 月 14 日第 3 版。

身的针对性不强、跟踪性不足、督促性不够，导致检察建议一发了之，难以被采纳。此外，由于缺乏对被建议单位的规制，检察建议的落实进展、落实措施、落实实效等难以进行动态评估和跟踪。

四、检察建议的未来改革

（一）完善检察建议的程序

基于法律规定和监督功能，在科学划定检察建议类型的基础上，分类设定社会综合治理类、诉讼法律监督类和公共利益保护类检察建议的适用范围、制发程序、调查取证、法律效力，并在三大程序法修改时进行无缝衔接。首先，在适用范围上，诉讼法律监督类检察建议应当具有程序法依据，体现程序法定原则，注重个案性、程序性问题；社会综合治理类检察建议应当围绕检察办案进行，体现检察机关的法律监督职能，注重一般性、普遍性问题；公共利益保护类检察建议应当立足检察机关公共利益保护者这一新的功能定位，在公共利益"等内等"有效作为，在"等外等"积极探索。其次，在制发程序上，应当实现由办事模式向办案模式的转变，遵循司法责任制改革所确定的"谁办案谁负责、谁决定谁负责"的原则。对于诉讼法律监督类检察建议一般由独任检察官负责，对于社会综合治理类和公共利益保护类则采取由检察官承办，检察长（检察委员会）审批的办案模式。再次，在调查取证上，应当贯彻任意性调查和强制性侦查原则，实现调查措施的合比例原则。

（二）增强检察建议的刚性

强制力是法律规范实施的基本保障，也是与其他规范区别的重要特征。检察建议作为《人民检察院组织法》等法律规范确定的检察机关行使法律监督职权的方式之一，应当体现法律的强制力，即程序刚性。基于检察建议的刚性不足，应当围绕检察建议的程序结构综合施策，在法律效力上，应当确保诉讼法律监督类检察建议刚性到位，社会综合治理类检察建议柔性有度，公共利益保护类检察建议程序转换到位。一方面，健全检察建议的法律规范体系。针对目前检察机关主要停留在法律原则和司法解释的规范现状，可先通过完善地方立法，发挥地方立法的法治协调、综合施策、协调联动机制的效用，在条件成熟时再单独进行检察建议专门立法，实现检察建议的法治化。另一方面，建立程序建议的持续跟踪机制。对于检察建议，不能止步于收到被建议机关的书面回复，还应当对其是否整改、整改效果、整改实效进行持续跟踪评估，并及时反馈检察机关。对于简单应付、整改不到位的，检察机关可向其上级机关进行书面反馈，建议给予相应处理。此外，完善检察建议实施的保障机制，赋予检察机关必要的检察建议调查权，确保检察建议的针对性、深入性和科学性。

（三）督促检察建议落实到位

检察建议公开送达后，不能一发了之，应要求被建议单位一个月内必须回复，并持续跟进，加强沟通跟踪。

一是建立检察建议落实评估机制。通过及时跟进、专人跟进、动态跟进等方式，全面准确客观评估落实情况，对于没有整改或整改不到位的及时向上一级单位反映情况。

二是建立检察建议落实的保障机制，对于检察机关制发检察建议后，被建议单位在法定时间内并未回复的，也没有落实采纳的，应当及时向该单位所属的上一级党组织或行政管理部门进行反映，同时与检察公益诉讼职能衔接，确保取得实效。

第五章　检察机关提前介入制度

一、检察机关提前介入的基本理论

（一）提前介入的概念

提前介入是检察机关派员参加侦查机关重大、疑难、复杂案件的侦查活动，并对证据调取、事实认定、法律适用和侦查行为的合法性提出意见和建议，引导公安机关进行调查、收集证据的一项制度。从检察机关的法律监督宪法定位来看，检察机关提前介入侦查是检察机关行使侦查监督权的具体体现，也是检察机关行使法律监督权的应有之义。检察提前介入侦查脱胎于 20 世纪饱受诟病的"一长代三长""联合办案"方式，后经司法实践的不断探索和改造，逐渐发展完善，其功能是为提升办案质效、强化侦查活动监督[①]。1989 年，最高人民检察院在工作报告中首次指出，提前介

[①]　董坤：《检察提前介入监察：历史流变中的法理探寻与机制构建》，《政治与法律》2021 年第 9 期。

入工作开展情况，"与公安机关密切配合，普遍实行了提前介入对重大刑事案件的侦查、预审活动的制度。据北京、天津、上海、辽宁、浙江、江苏、湖北、山东、广东、广西等 10 个省、自治区、直辖市检察院的统计，1988 年提前介入侦查活动 16950 多次。提前介入侦查、预审活动，取得了好的效果，有利于互相制约、互相配合，正确执行法律，保证办案质量，准确地打击罪犯；同时，有利于加强对侦查活动的法律监督。"[①] 此后，提前介入作为检察机关"严厉打击刑事犯罪"的重要方式予以运用。

（二）检察机关提前介入的范围

现行法律规范并未对检察机关提前介入的范围进行限定，从当前提前介入的案例来看，提前介入的案件范围主要包括：杀人案件、新型经济犯罪案件、涉众型经济犯罪案件、黑恶势力犯罪案件等重大、疑难、复杂案件；危害国家安全的犯罪案件；严重危害公共安全的犯罪案件；严重破坏市场经济秩序的犯罪案件；严重扰乱社会秩序的犯罪案件；故意杀人、故意伤害、抢劫、绑架、强奸等严重暴力犯罪案件；取证难度较大或者法律适用存在较大争议的案件；有重大社会影响或者引起社会关注的案件等。

（三）提前介入的方式方法

一是提前介入的方式。检察机关提前介入的方式有两种：第一种是

---

① 《最高人民检察院工作报告》（1989）。

受侦查机关、纪委监委的邀请进行介入；第二种是主动介入。《人民检察院刑事诉讼规则》和《公安机关办理刑事案件程序规定》，都对公安机关、纪委监委邀请检察机关提前介入做出了规定，特别是纪委监委邀请的提前介入能达到80%以上，这主要因为：一方面，纪委监委的体制正式确立时间不长，对纪委监委的调查方式和司法案件的调查方式经验不足；另一方面，职务犯罪案件，这类案件影响大，如何做到事实清楚、证据确凿充分，能够经得起历史的检验，这与政治方面是有密切联系的。2018年国家监察体制改革以后，国家监察委员会和最高人民检察院逐步完善了提前介入调查工作的工作机制。公安机关、纪委监委邀请的方式既可以书面邀请也可以口头邀请，在这方面没有明文规定，对检察机关的介入不产生实质性的影响，但要认真地对案件各个方面进行审查，对案件的整体进行了解。根据情况信息通报，检察机关认为属于重大疑难复杂案件可以选择主动提前介入；另一种方式就是在信息、网络、群众举报发现的重大疑难复杂案件中进行提前介入。例如，在某地检察机关大门前发生的报复社会杀人案件，这类案件社会影响恶劣，检察机关第一时间提前介入是发挥检察职能的最佳方式。

二是提前介入的方法。提前介入的方法包括现场勘查、提前阅卷、参加预审、案件讨论等内容。其中，现场勘查非常重要，这对案件侦查方向的确立很关键，现场勘查的证据最为客观，尤其是物证，例如现场作案工具、现场痕迹等。若犯罪嫌疑人的供述与被害人的陈述不一致，在法律适用方面要有利于犯罪嫌疑人。提前介入要阅卷，把所有的案卷材料审查完才能做到知己知彼。参加预审、制定预审预案、旁听公安机关的审讯，在旁听过程中检察机关不能发表意见，如果提出意见就是联合办案。讨论过程中检察机关要针对案件整体以及案件事实和证据存在的问题发表意见建议，同时对接下来的取证方向提出意见建议。

（四）提前介入的时间

提前介入的时间节点主要分为两种情况：一是审查批准逮捕阶段的提前介入；二是审查起诉阶段的提前介入。例如，1991 年《最高人民检察院工作报告》中指出，要"坚持实行对重大、特大犯罪案件提前介入制度。在审查批捕环节上提前介入五万一千二百零六件次；在审查起诉环节上提前介入一万六千零七件次"①。首先，立案前的提前介入。在司法实践中还存在一种提前介入，即在案件发生后立案前的提前介入，案件发生后立案前的提前介入，检察机关应当进行现场勘查，和公安机关研究侦查方向，制定侦查策略，此时提前介入案件的多为当地影响较大的案件。对于立案后逮捕前的提前介入，一般是因为公安机关立案后侦查进入瓶颈，这类案件检察机关也应当提前介入。其次，逮捕阶段的提前介入。提前介入会提高案件逮捕质量，查明有没有社会危害性、案件证据是否全部获取。遇到重大疑难复杂的案件，提前介入更有利于与公安的精干力量沟通，有利于推进案件进展。审查起诉前的提前介入应当注重时间节点，纪委监委的提前介入要求在移送起诉前的 15 日，而公安机关侦查的案件并没有时间限制，因为逮捕后的两个月期间做出的决定都要求公安机关继续侦查，批准逮捕后要继续侦查；不批准逮捕要补充侦查。性质、文书样式不同但是任务相同，都要求公安机关对案件事实证据进行全面调取。再次，审查起诉阶段的提前介入。捕诉合一改革后谁

---

① 《最高人民检察院工作报告》（1991）。

逮捕谁起诉，两个月之内对要求公安机关继续侦查的内容应进行跟踪监督，通常以 7 天或 10 天为一个时间节点进行督促、询问公安机关的侦查进度，确保事实证据能够达到法律文书上的要求。同时可以对公安机关新的调查取证的材料进行审查监督。需要注意的是审查起诉是诉讼法定阶段，提前介入的意见不能作为审查起诉的意见，也不能取代审查起诉的意见，如果两者不一致的应及时与侦查机关沟通。

二、检察机关提前介入的历史发展

（一）提前介入机制的初创时期

20 世纪 70 年代末我国作出了实行改革开放的重大决策，伴随着国家法律体系不断完善的时代背景之下，出于"快捕快诉、提高效率"的需要，全国多地检察机关开展了提前介入公安机关刑事侦查的活动。[①]1979 年《刑事诉讼法》实施之后，一些地方的检察机关把审查批捕、审查起诉、侦查活动监督等工作提前到侦查阶段进行，以求提高办案效率，最高人民检察院还转发过相关的工作经验，这可视为提前介入机制的渊源。[②] 在 1983 年之后，全国越来越多的检察机关开始开展提前介入工作。1987 年，党中央提出社会治安综合治理要坚持

---

① 冯仁强、张海峰：《检察机关提前介入刑事侦查的思考》，《公安学刊（浙江警察学院学报）》2011 年第 3 期。

② 武延平、张凤阁：《试论检察机关的提前介入》，《政法论坛》1991 年第 2 期。

"打防并举，标本兼治"，对各种严重刑事犯罪分子要继续贯彻"从重从快"方针，并提出在贯彻"双从"方针中，公检法三机关要"互相配合，对大要案件要提前介入"。[①]"联合办案"逐渐被摒弃，"提前介入"机制被保留且限定了介入范围，这其实暗含着对公检法三机关"分工负责"这一宪法原则的确认。

为了促进这一工作机制的规范化发展，1988 年最高人民检察院与公安部联合出台了《关于加强检察、公安机关相互联系的通知》，要求对于特别重大的案件、重大集团案件、复杂的要案、影响大的反革命案件、重大的涉外案件、公安机关要求或者检察机关认为有必要的案件，检察机关要提前介入。这一时期开展提前介入工作，主要目的是节约办案时间，提高办案效率，提高打击犯罪的能力。但是，此举在实践中极易发生偏差，即检察机关在提前介入中不是注重加强对侦查活动的监督，而是形成了公检两机关共同办案的局面，"这样做极易导致公、检二机关在侦查中职责混淆不清，不仅破坏了分工负责的原则，而且会大大削弱甚至抵消相互制约的作用"。[②]

（二）提前介入机制的发展时期

1996 年《刑事诉讼法》修改后，最高人民检察院提出了"引导取证"，一些地方检察机关开始探索提前介入、引导取证、强化监督的工作机制。2001 年河南省淮阳县公安局设立了全国首家"检察指导侦查室"。[③]

---

① 胡宗银：《"提前介入"之我见》，《政法论坛》1992 年第 3 期。
② 张仲麟、傅宽芝：《关于"提前介入"的思考》，《法学研究》1991 年第 3 期。
③ 牛学理：《从"三三制"到"检察引导侦查"》，《检察日报》2002 年 7 月 5 日第 5 版。

公安机关实行"侦审合一"改革,内部预审部门被取消,公安机关和检察机关的业务关系由原来的"预审报捕"变成了"多头报捕",办案质量得到提升。为了在审前阶段打牢证据基础,更好地履行批捕、起诉职责,最高人民检察院在全国检察机关第一次侦查监督工作会议上提出了"引导取证"的概念,要求检察机关"全面履行职责,加强配合,强化监督,引导取证"。最高人民检察院召开的全国刑事检察工作会议明确提出了:"坚持、巩固和完善适时介入侦查、引导侦查取证、强化侦查活动监督"等改革措施,进一步完善检察机关提前介入制度。但是,不少学者担心,在"侦查中心主义"的诉讼结构中,"检察有时为了与侦查形成合力不得不在某些侦查监督方面妥协让步"[①]。并且,"引导侦查"在实践中并没有明确的法律依据,引导效果有赖于公安机关的配合以及检察人员水平等因素的制约,实施效果并没有达到想要达到的水平,部分地方的引导取证工作往往停留在"案件分析研讨"层面。[②]故此在2007年,北京海淀区出台了全国首个《检警关系指导规则》,进一步规范了侦检部门之间的关系和工作原则。

此后,随着聂树斌、佘祥林等一系列具有重大社会影响的冤假错案引起社会强烈讨论,如何防止出现冤假错案成为社会公众关注的焦点。检察机关提前介入已经成为回应公众关切、重塑司法形象的必然要求。全国各地的检察机关纷纷探索建立了针对重大案件特别是命案的提前介入机制,检察人员在案发第一时间参与现场访问、现场案情分析会、讯问犯罪嫌疑人、辨认现场、侦查实验等侦查活动,从源头上引导公安机关合法、充分取证。

---

① 董邦俊:《检察引导侦查之应然方向》,《法学》2010年第4期。
② 戚拴平、王有志:《"提前介入"的制度化构想》,《陕西检察》2004年第2期。

2012 年最高人民检察院修订的《人民检察院刑事诉讼规则（试行）》在第十一章"审查起诉"的"审查"一节中增加了检察提前介入侦查的条文，从条文所处的章节看，检察提前介入侦查具有服务公诉的效果和作用。2013 年，中央政法委出台了《关于切实防止冤假错案的规定》（中政委〔2013〕27 号），最高人民检察院和最高人民法院也紧随其后出台了落实意见。中央政法委在《关于切实防止冤假错案的规定》第四条中指出："人民检察院依法对侦查活动是否合法进行监督，及时提出收集、固定和完善证据的意见和建议，必要时指派检察官参加侦查机关对重大案件的讨论和对犯罪有关的场所、物品、人身、尸体的复验、复查。"最高人民检察院在《关于切实履行检察职能防止和纠正冤假错案的若干意见》第十八条中也规定："对命案等重大复杂案件、突发性恶性案件、争议较大的疑难案件、有重大社会影响的案件，应当与侦查机关协商，通过介入现场勘查、参加案件讨论等方式，引导侦查机关依法全面收集、固定和完善证据。"以上规定可以看出，检察机关开展提前介入工作的主要目的仍是确保侦查取证的合法性和充分性，但介入范围变得更加广泛，除了可以参加公安机关的案件讨论，还可以直接参加现场勘查、旁听讯问等侦查取证活动。2015 年 6 月，最高人民检察院《关于加强出庭公诉工作的意见》提出，检察机关对于重大、疑难、复杂的案件要积极介入侦查引导取证。

（三）提前介入机制的细致规范时期

一方面，对于普通犯罪的提前介入。捕诉合一前，侦查监督和公诉部门均可以提前介入，审查逮捕阶段提前介入成效并不必然覆盖审查起诉阶段，重复介入情况非常普遍。此外，审查逮捕阶段承办人所关注的取证要点并不一定是审查起诉承办人认为所必要的，导致检察机关的引导侦查意见并不完全一致。捕诉合一改革之后，提前介入的案件承办检察官是后续审查逮捕和起诉程序的承办人，在后续的诉讼程序中承担主导责任，所提出的意见、建议更有说服力，提前介入引导能力增强。[①]2021 年 10 月，最高人民检察院、公安部联合出台了《关于健全完善侦查监督与协作配合机制的意见》，意见明确：公安机关办理重大、疑难案件，可以商请人民检察院派员通过审查证据材料等方式，就案件定性、证据收集、法律适用等提出意见建议。对于人民检察院派员审查提出意见的案件，公安机关应当全面介绍案件情况，提供相关文书和证据材料，及时向检察机关通报案件侦查进展情况，配合人民检察院的审查工作；根据人民检察院提出的意见建议，进一步收集、固定证据，完善证据体系；对人民检察院提出的证据瑕疵或取证、强制措施适用违反规定程序等确实存在的问题，应当及时进行补正、纠正。人民检察院应当指派具有丰富刑事法律实务经验的检察官对重大疑难案件审查提出意见建议，就公安机关开展侦查取证等工作提出的意见建议应当必要、明确、可行。

另一方面，对于监察机关职务犯罪审查活动的提前介入。2019 年12 月 30 日，最高人民检察院制定的《人民检察院刑事诉讼规则》，在第 256 条第 2 款规定"经监察机关商请，人民检察院可以派员介入监察机关办理的职务犯罪案件"，这是检察机关提前介入监察机关办理的职务犯罪案件的工作机制首次在公开的法律文件中被提及，标志着该

---

① 梁春程、曹俊梅：《捕诉合一背景下检察机关提前介入工作研究》，《犯罪研究》2020 年第 4 期。

项机制正式上升为法律制度。2021 年 6 月 15 日，中共中央印发的《关于加强新时代检察机关法律监督工作的意见》第 7 条明确，要加强检察机关与监察机关办案衔接和配合制约，完善监察机关商请检察机关派员提前介入办理职务犯罪案件工作机制，不断增强依法反腐合力。2022 年 3 月 31 日，国家监察委员会与最高人民检察院首次联合发布 5 起行贿犯罪典型案例，这 5 起经典案例中均出现了提前介入引导取证或者监检在调查阶段就取证方向积极沟通的做法，表明了国家监察机关和检察机关对提前介入机制的重视。

三、域外检警关系的主要模式

（一）普通法法系国家的侦查监督模式

一般认为普通法法系（又称英美法系）国家刑事诉讼模式实行当事人主义，在刑事诉讼中强调控辩双方的平等，程序的正当，偏重对被告人权利的保护，因此，实行弹劾式侦查模式[1]。由于自由主义的传统和市民社会的发达，英美国家认为国家权力作为必要的"恶"的存在，对其存在天然的戒备心，并且反映在刑事侦查监督程序中。例如，在刑事诉讼的初始侦查阶段即强调侦查机关与被告方是地位平等的当事人，不断扩大犯罪嫌疑人的权利来限制侦查机关的侦查权力。

---

[1]　余正琨：《两大法系法官侦查监督权之比较》，《江西社会科学》2001 年第 12 期。

但凡看过美国司法影视作品的人都知道，当美国警察在逮捕嫌疑犯时，常常对嫌疑人告知（Warning）以下权利：

"You have the right to remain silent; anything you say can be used against you in a court of law; you have the right to the presence of an attorney; if you cannot afford an attorney, one will be appointed for you prior to any questioning if you so desire."

即米兰达规则。在侦查程序中被告人人权被称之为刑事司法上的程序正义权。程序正义权乃指一个人在宪法上被赋予的所有权利，这些权利具有不应当被剥夺的保证。在美国，警察是启动刑事司法机器的第一个机构，也是最为重要的机构。警察在刑事侦查活动中必须依据法律执法，他们拥有枪支，也拥有权威。是否追逐嫌疑犯，对嫌疑犯是否动用制式武器，是否逮捕，或者移送等，都属于警察的权力。警察因为拥有这些司法权，他们可以采取行动，也可以不采取行动，犯罪学者称之为裁量权，裁量权影响一个人在刑事司法过程中的命运。为了防止警察的裁量权危害到公民的基本权利，美国的侦查监督制度主要依靠宪法基本人权规则加以保障。1. 排除条款。法律禁止在法庭上使用警察以不法方法所取得的证据。2. 不可避免的发现条款。这是排除条款的例外。如果犯罪的证据终究会被发现，这时法院可以不去理会证据原先是如何取得的。此外，警察在高度信心下所取得的证据，即使后来发现这些证据的取得过程违法，这些证据在法庭上仍旧有效。3. 有充分证据的理由。在警察对人民采取第一步的行动之前，他必须要建立有充分证据的理由。这是指一些事实的集合，或者情境的集合，对一个理性的人来说，他们可以确定犯罪发生的事实。4. 搜索状。警察逮捕嫌疑犯需要有搜索状，它系法院的命令，允许警察可以对特定的地点或人搜索与犯罪有关的资料，如果发现犯罪证据，可以占有该财产或逮捕该人，并且通知发给搜索状的司法机关。5. 紧急原则。当警察有足够的理由相信，犯罪正在发生，这时法律允许警察无须搜索状，便可直接对车子进行搜寻。但有两个例外：一是警察不能随机式地命令一辆移动中的车子停下来，以搜索犯罪证据；二是警察不能在没有搜索状的情况下，搜索一部停放在私有停车场的车子。6. 全部情况法则。法官会评估所有可以取得的资料，并决定是否发出搜索状。通常法官发出搜索状时，他们要认为有很高的概率可以找到犯罪的证据。此外，法官发出搜索状时，他们也需要有充分证据的理由才能给予警察权力进行搜索。7. 无需搜索状的搜寻。但某些情况下，为了避免嫌疑犯使用武器或者破坏证据，警察可以不需搜索状。8. 一臂之长的原则。一旦警察做了逮捕，他们不需要搜索状便可搜索嫌疑犯，但是只有在警察所在的地点，或者他占据之处进行搜查。称为一臂之长的原则。9. 中止与搜身原则。允许警察滞留一位嫌疑犯，并且对其衣物进行检查，以发现是否携带危险的武器。10. 逮捕状。一般情况下美国警察需要有搜索状才可以搜索犯罪证据，他们也需要逮捕状才能逮捕嫌疑犯。警察逮捕状的取得需要有合理的理由作为基础。当然，警察对于现行犯的逮捕不需要逮捕状，但仍必须有合理的理由作为逮捕的依据。然而，对于进入公民住宅的逮捕，即使在紧急的情况下，警察仍然必须持有逮捕令。再者，美国法律规定，警察在没有合理的理由下逮捕，其所造成的损害，警察要负起完全的责任。

在英国刑事诉讼中，对警察机构侦查活动的监督权主要表现在以下几个方面：1. 在强制措施的采用上，警察若要逮捕或者搜查犯罪嫌疑人，首先应向治安法官提出书面申请，待治安法官审查批准后才能持证进行逮捕或者搜查，在紧急情况下，警察基于有合理根据也可以无证搜查或逮捕，但应在采取强制措施后 24 小时内将嫌疑犯移交治安法院（对怀疑从事恐怖活动者可延长至 48 小时，特殊情况下经内政大臣下令还可延长 5 天）；2. 设立人身保护令制度。犯罪嫌疑人在被中立机关羁押期间，应当保证其每 24 小时中有 8 小时休息时间。警察为了获取嫌疑人的口供，对其询问后，必须保证其休息时间，且不可连续询问。如果嫌疑人认为对其羁押不合法或超过法定期限，可以向高等法院申请人身保护令；3. 设立保释制度。① 保释制度是指被羁押等待侦查、审判的人，提供担保并履行必要的手续后予以释放的制度，被告人从羁押时起，直到上诉阶段，都有权要求保释，除极少数法定情形外，法院一般应予保释，但可以附加一定的条件，如：不得干扰证人、不得妨碍诉讼等；4. 证据排除。法官如果发现司法警察提交的被告人有罪供述为警察采用强制等非自愿方法获得或者某一证据是通过非法手段收集的，则有权将该证据排除。

（二）大陆法系国家的侦查监督模式

一般认为在大陆法系国家，由于集权主义的历史传统，其刑事诉讼模式被称之为职权主义，即同英美法系相比更加注重刑事案件的客观真相，侦查监督制度为弱化模式。其主要表现在侦查阶段赋予了侦

---

① 陈瑞华：《刑事诉讼的前沿问题》，中国人民大学出版社 2000 年版，第 289—291 页。

查机关广泛的职权，由于侦检一体化的司法格局，在刑事司法侦查中由受到严格法律训练及遵循客观公正义务的检察官，来控制警察活动的合法性，从而摆脱在侦查活动中沦为"警察国家"的梦魇。在法国，侦查活动根据领导主体的不同，可以分为初步侦查和正式侦查。初步侦查又称之为预侦，在该侦查阶段，根据《法国刑事诉讼法典》第63条的规定："司法警察因侦查之需要，对嫌疑人进行拘留时，应在最短时间内报告给共和国检察官，且拘留上述人员不得超过24小时，如果没有任何迹象怀疑其犯罪或者企图犯罪，对其拘留只能是为称述所必要的时间，根据共和国的检察官指示，认为所收集的材料具有对被拘留人进行追诉的性质，在拘留结束后可以释放被拘留人，或者移送法官决定"，第68条规定，"共和国检察官到达现场后，司法警察即卸去职责，此时共和国检察官即负责完成本章所规定的司法警察所负责的职责，共和国检察官可以指派任何司法警官完成各种活动"。[1] 在正式侦查阶段，对于重罪案件，《法国刑事诉讼法典》规定必须进行预审，轻罪案件则是有选择地进行预审，一旦预审法官来到现场后，共和国的检察官和司法警官即卸去职责，预审法官即可按照法律的规定进行一切他认为有助于查明事实的侦讯。"可以到必要地点进行一切有效的调查，或者搜查，搜查可以在任何可能存有某些如发现将有利于查明真相的物品的一切地方进行，在侦查过程中，有权决定将已查封的物品恢复原状，在重罪或轻罪案件中，如果可能判处的刑罚为二年或二年以上监禁，预审法官为了侦查的必需，可以决定截留、登记和抄录邮电通讯等等"[2]。

---

①　程味秋:《外国刑事诉讼法概论》，中国政法大学出版社 1994 年版，第 147—148 页。

②　余叔通、谢朝华:《法国刑事诉讼法典》，中国政法大学出版社出版 1997 年版，第 172 页。

在德国，检察官乃为侦查程序的主人，刑事司法警察仅为其辅助机构，在刑事案件发生后，检察官即可以自行侦查，也可指挥警察力量进行侦查。[①] 根据《德国刑事诉讼法典》第 163 条之规定："警察机构部门及官员要侦察犯罪行为，做出所有不允许延误的决定，以避免产生调查案件真相困难，警察机构及部门应当不延迟的将案卷材料及证据移交检察院，认为有必要迅速进行系数法官的调查行为时，可以直接向地方法院移交。"第 163 条第 c 款"对犯罪嫌疑人的拘留期间不允许超过查明其身份必要的时间，除非取得法官的决定要比查明身份更长的时间，对被拘留人应当不延迟的押解到拘留地的地方法院，以便对剥夺其自由是否准许及其期限作出裁判。"可见警察机构在一般侦查活动中要受到检察院的侦查监督，而在采取所有涉及公民自由、财产、隐私权的强制措施时则要接受地方法院的司法审查。

四、检察机关提前介入的主要问题

（一）提前介入的定位偏差

目前对于提前介入的规定，主要规范于内部文件，呈现出效力的低位阶、对外的不公开、内容的碎片化和规范的空白化等问题，以至于司法实践中对于提前介入的定位存在偏差。提前介入的根据在于检察机关

---

① 《德国刑事诉讼法典》，李昌珂译，中国政法大学出版社 1995 年版，第 6 页。

的法律监督职能，但是在目的定位上却多为单纯的"打击犯罪"，这与法律监督职能的定位有偏差。

最高人民检察院工作报告中关于提前介入的定位表述（1979—2022）

年份	定位	内容
1989	打击刑事犯罪	普遍实行了提前介入对重大刑事案件的侦查、预审活动的制度。
1993	侦查监督	把提前介入公安、国家安全机关对重大、特大刑事案件的侦查、预审活动，作为加强侦查监督的一项重要措施，并逐步走向制度化，有效地加强了对侦查活动的监督。
2017	严惩电信网络诈骗犯罪	北京、浙江、广东检察机关提前介入侦查，及时批捕起诉张某维等116人、罗某隆等108人、崔某明等129人特大跨国电信网络诈骗案。

在提前介入的定位上，目前主要有两个目标：一是通过相互配合，形成打击犯罪的合力。通过提前介入，引导侦查取证，形成打击犯罪行为的合力，这是提前介入的直接目的。"在党委、政府和公安机关的支持下，克服交通、通讯条件的困难，使提前介入工作有了发展。实行提前介入，缩短了办案时间，提高了办案质量，锻炼了干部，及时、有力地打击了罪行严重的犯罪分子。"[1] 这种有关检察机关提前介入侦查后，打击犯罪的表述在检察工作报告中多为列举。[2] 二是开展侦查监督。基于公安机关与检察机关"分工负责、相互配合、相互制约"的刑事诉讼原则，提前介入还应当兼具诉讼监督和保障人权的职能。在1993年最高人民检察院的工作报告中，对此有所涉及，但是对于"配合职能"和

---

[1]　《最高人民检察院工作报告》（1991）。

[2]　1995年《最高人民检察院工作报告》：坚持"基本事实清楚，基本证据确凿"的原则，坚持提前介入制度，依法快捕快诉，从严惩处。2016年《最高人民检察院工作报告》：严惩电信网络诈骗犯罪，北京、浙江、广东检察机关提前介入侦查。

"快捕快诉"的过分强调,有可能造成提前介入的功能发挥产生偏差。

(二) 检察官引导取证的能力不足

从提前介入的应然功能来看,提前介入有助于侦查机关全面、细致、合法取证,审慎地区分罪与非罪、此罪与彼罪的界限,做到事实清楚,证据确凿,定性准确,程序合法,进而防止其在后续的批捕、起诉、审判程序中因为证据问题而产生错误决定。但是,司法现实和这种理想化期待之间尚有不小的差距主要因为检察官的引导取证能力不足,一方面,检察官长期以来的工作职责主要在审查批捕、提起公诉,缺乏一线侦查办案经验;另一方面,检察官引导侦查部门取证能力有限。根据调研来看,检察官提前介入后,主要依赖于侦查机关的口述化报告和书面性材料,这虽然避免了案件泄密,提高了侦查效率,但是却容易造成检察机关的倾向性认识,影响了介入侦查的实质性开展。此外,从提前介入的组织形式上看,提前介入的组织多为检察官办案组,这与由独任检察官为原则,检察官办案组为例外的办案组织原则相悖,也说明了独任检察官对于引导取证的能力不足。

(三) 提前介入的案件范围有待明确

在提前介入案件范围方面,以往的研究主要集中在对"重大、疑难、复杂、涉黑涉恶案件"的理解和把握上。[①] 捕诉合一背景下,检

---

① 徐日丹:《今年起所有涉黑案件检察机关一律提前介入》,《检察日报》2020 年 1 月 21 日第 1 版。

察机关提前介入案件范围的新问题在于检察机关提前介入是否仅限于以上四类案件。捕诉合一背景下，意味着检察官在审查批捕中：一方面，必须在短暂的时间内对案情进行判断；另一方面，尽管审查逮捕与审查起诉的标准不同，但在实践导向下，检察官多以提起公诉的标准来看待审查批捕时期的在案证据。由于提前介入案件范围的不明确，导致要么全部介入侦查案件，要么部分介入侦查案件的极端。例如，2018 年以来，内蒙古呼和浩特市检察机关共批准逮捕涉黑涉恶案件 182 件 459 人，提前介入侦查涉黑涉恶案件 180 件次，提前介入率 100%。自疫情发生以来，在办理涉疫情案件过程中，呼和浩特市两级检察机关始终坚持依法惩治与化解矛盾并重，全市两级检察机关共受理涉疫情案件 24 件 29 人，其中提前介入引导侦查取证 23 件 28 人，提前介入率高达 100%。[①]

（四）提前介入的时间尚未统一

一是职务犯罪调查的提前介入时间。根据《国家监察委员会与最高人民检察院办理职务犯罪案件工作衔接办法》的规定，国家监察委员会办理的重大、疑难、复杂案件在进入案件审理阶段后，可以书面商请最高人民检察院派员介入。但在实践中，15 日的时间规定并没有完全适用，通常监察机关给出的时间难以满足检察机关提前介入工作的需要。在实践中，个别地区也有在立案调查阶段商请检察机关提前介入的情况，在此时商请提前介入，既突破现行法律

[①]　史万森：《呼市检察机关涉黑涉恶案件提前介入率 100%》，《法治日报》2020 年 10 月 29 日第 2 版。

规定，又可能使得提前介入工作在一定程度上转化为协助调查办案，偏离其原本的目的，由此，检察机关对调查活动产生了实质影响，这突破了检察机关"只提出意见、不发表结论性判断"的权力边界，二者之间权力混同。①

二是一般犯罪的提前介入时间。《刑事诉讼法》第 85 条规定，"必要的时候，人民检察院可以派人参加公安机关对于重大案件的讨论。"《人民检察院诉讼规则（2019）》第 256 条规定，"对于重大、疑难、复杂的案件，人民检察院认为确有必要时，可以派员适时介入侦查活动……"如何确定"必要的时候"和"适时"呢？法律并未规定，这一般需要进行个案的分析。在司法实践中，"由人到证"和"由证到人"是两种不同的侦诉模式。在确定犯罪嫌疑人之前，案件还处在侦破阶段，检察机关即使提前介入到侦查活动当中，不仅难以发挥其应有的作用，而且还会产生负面影响，因为过早地介入到侦查活动当中容易使检察人员受到侦查思维的影响而"先入为主"，影响其对案件事实和证据的正确判断。

（五）提前介入的启动类型较为单一

《刑事诉讼法》第 85 条规定："必要的时候，人民检察院可以派人参加公安机关对于重大案件的讨论。"《人民检察院刑事诉讼规则（2019）》进一步规定："人民检察院根据需要可以派员参加公安机关对于重大案件讨论和其他侦查活动……"

---

① 陈国庆：《刑事诉讼法修改与刑事检察工作的新发展》，《国家检察官学院学报》2019 年第 1 期。

中国检察网关于提前介入的案例检索

序号	案件	提前介入方式
1	郝某甲等人生产、销售伪劣产品案	检察机关应公安机关邀请提前介入侦查。
2	蔡某凡、刘某生等五人销售不符合安全标准的食品案	案发后，揭西县人民检察院主动提前介入。
3	江西范某某拒不支付劳动报酬案	检察机关受邀提前介入侦查，引导公安机关收集、固定证据，促进行政执法与刑事司法的有效衔接。
4	穆某故意伤害案	同心县人民检察院依法对穆某故意伤害案提前介入。
5	马某江故意杀人案提前介入	同心县人民检察院依法对马某江故意杀人案提前介入。
6	何某宇等十一人涉嫌帮助信息网络犯罪活动案	成都市青羊区人民检察院提起介入何某宇等十一人涉嫌帮助信息网络犯罪活动案。
7	陕西万某走私毒品、容留他人吸毒案	公安机关在掌握犯罪分子从境外邮寄毒品入境的线索后，主动邀请市县两级检察院同步介入，检察机关就抓捕布控、侦查方向、取证要点等问题提出了意见。
8	某服饰公司申请依法变更强制措施监督案	涉企案件办理组经公安机关对接提前介入侦查。
9	吴某斌、李某军等非法采矿、行贿案	盗采矿产资源犯罪隐蔽性强、查控难度大，检察机关通过提前介入，建议公安机关全面收集客观性证据，及时追捕、追诉漏罪漏犯。

目前，检察机关提前介入的方式有：参加公安机关对重大疑难案件的讨论、参与现场勘查和提出可行性建议指导公安机关办案。从当前法律法规的规定来看，在介入的具体方式上法律法规没有做出更加具体的规定。通过对12309网站以"提前介入"进行检索，截止2023年3月27日，共有27篇报道，其中18篇涉及业务数据分析，9篇为案例。从仅有的9篇案例来看，在提前介入的方式上，检察机关提前介入具有一定的被动性，多由公安机关邀请或者是上级机关指定，自行主动介入较少；在提前介入的案件类型上，主要涉及非法采矿、伪劣商品、故意杀人等专业性较强的案件上；在提前介入后的工作内容上主要涉及收集追

诉犯罪的证据。

五、检察机关提前介入的完善方向

（一）优化提前介入的制度定位

从提前介入的制度发展来看，应当实现其在精准打击犯罪和有效保障人权的制度平衡。一方面，立足检察机关的批捕、起诉职能，在提前介入职务犯罪、一般犯罪过程中，通过积极引导调查、侦查，固定证据，实现对犯罪行为的精准打击；另一方面，对于重大疑难复杂案件，立足侦查监督职能，纠正违法侦查行为，排除非法证据，保障犯罪嫌疑人基本权利。这就需要检察机关在提前介入中扮演监督者的角色，其主要任务是监督侦查机关取证过程，确保证据收集的合法性，要对证明力以及证明标准提出意见和建议，将"监督而非替代"作为介入原则，划分好界限。同时也要提升检察官的监督意识，将提前介入中的监督工作看作自己的分内之事，尽心尽力参与其中。当前在捕诉合一办案模式下，检察机关应坚持"在监督中办案，在办案中监督"，把监督充分贯彻在办案之中的工作理念，更好地完成侦查监督工作。

（二）细化提前介入的案件范围

一方面，检察机关现有的人力和财力非常有限，无法做到所有刑事案件都提前介入，如果提前介入的范围过于宽泛，就会偏离提前介入工作的重心，造成司法资源的浪费。[①] 另一方面，除自侦案件外，检察机关不是侦查主体，如果检察机关"事必躬亲"，则难免陷入"既是运动员又是裁判员"的尴尬境地。因此，为了确保检察机关提前介入制度能够充分发挥其作用，就必须对提前介入的案件范围进行必要的限制。故此，应当对重大、疑难、复杂案件的范围进行界定：包括但不限于职务犯罪，黑恶犯罪、危害国家安全、恐怖主义犯罪以及其它重大刑事犯罪，对于上述案件，侦查机关应当邀请介入，同时，设定兜底性规则，即赋予检察机关的介入裁量权，即检察机关可以认为应当介入的其他刑事案件。

（三）优化提前介入的流程

一方面，明确提前介入任务。检察人员在接到需要提前介入的通知后必须及时到达案发现场、参加现场访问、案件讨论、旁听第一次讯问并监督公安机关的侦查流程，落实全程同步录音录像，以防发生程序瑕疵问题。[②] 介入的检察人员应 2 人以上，并在其中指定负责人。检察人员在参加提前介入工作时，应该严禁主动或者受托代替公安人员实施侦查行为。在参加公安机关的案件讨论时，严禁介入的检察人员对案件的后续处理决定作出言语上的承诺，严禁检察人员公开发表截然不同的意

---

① 2021 年 12 月，最高人民检察院、公安部联合制定了《关于健全完善侦查监督与协作配合机制的意见》，再次提出，公安机关办理重大、疑难案件，可以商请人民检察院派员通过审查证据材料等方式，就案件定性、证据收集、法律适用等提出意见建议。

② 吴杨泽：《论检察机关的提前介入机制》，《重庆理工大学学报》2017 年第 21 期。

见，以确保介入工作的严肃性和规范性。

另一方面，完善工作流程。检察机关应当充分制作介入文书，将介入案件的案件内容、介入时间、侦查监督的内容和理由等情况记录下来，并归档以备查阅。同时，检察机关的相关职能部门要保证控告、举报、申诉渠道的畅通和便利；建立健全提前介入信息反馈机制，若发现检察人员存在介入不及时、程序违法、滥用职权、收受贿赂等行为，要严格追究检察人员的责任。若提前介入案件后续出现冤假错案等违背事实真相的情形，应当按照最高人民检察院的司法责任追究办法进行处理。

（四）健全提前介入的方式

提前介入的方式应当包括宏观引导和微观引导，个案引导和类案引导。宏观引导指思想上的引导，即提高侦查人员的证据意识和人权保障意识，保证所收集的证据合法、完整、有效；微观引导指引导侦查机关按照法定的证据标准收集证据、固定证据、完善证据，从检察机关的角度对侦查工作提出要求，提高诉讼效率；个案引导指针对特定案件进行全程引导；类案引导指针对某一类案件在侦查活动中的共性问题进行引导。

第六章　立案监督制度

　　立案是刑事追诉活动的启动程序，一旦刑事立案，法律便赋予追诉机关采取除逮捕以外的全部强制性措施和开展有关调查活动的权力。立案程序既需要一定的证据标准，也需要外部的法定监督。立案监督是指人民检察院依法对公安机关、国家安全机关等侦查机关的刑事立案活动是否合法进行的法律监督。它包括两个方面的内容：一是对应当立案而不立案的监督，即监督立案；二是对不应当立案而立案的监督，即监督撤案。立案监督对追诉机关准确执行法律，严格打击犯罪，预防刑事追诉的不当干预具有重要意义。立案监督程序入法后，其监督活动开展情况每年都在工作报告中有所描述，这体现了检察机关对此项监督内容的重视①。然而，正如学者所言，由于监督信息阙如、监督手段缺乏、监督力度有限，使得立案监督不尽如人意，监督立案率和监督撤案率其始终处于低位徘徊，难以满足刑事案件立案数爆发式增长的需求。② 对于

---

① 　1996 年《刑事诉讼法》，规定了检察机关的立案监督职责，故统计数据自 1997 年开始进行。
② 　万春：《侦查监督制度改革若干问题》，《国家检察官学院学报》2005 年第 4 期。

立案程序监督的乏力是不争的事实，然而多数学者却忽略了监督撤案和监督立案其自身的数值变化规律，对法律监督效果的分析缺乏实践性的论证。

一、立案监督的法律依据

一是宪法依据。宪法规定了检察机关作为我国法律监督机关，这一规定将检察机关的法律监督地位提高到根本法上来，为检察机关的工作开展奠定了坚实的基础。这是刑事诉讼中能够深入开展立案监督最为重要的法律依据。检察监督作为唯一贯穿司法活动全过程的环节，故需要保证检察机关能够积极有效地开展相关工作，在现行法律还没有明文规定其有关监督范围的情况下，宪法作为根本大法为其带来全面性和基础性的支持。

二是刑事诉讼法依据。刑事诉讼法规定了公安机关、人民检察院、人民法院在办理刑事案件中分工协作，相互制约，相互监督的司法原则，具有法律监督职能的检察机关从某种角度来说是公安机关和法院在办理案件时的守卫者，其地位和作用是高于两机关的。立案作为案件的起点，即从立案之始便需要对被害人的利益进行保护，检察机关以"守卫者"的身份开始工作，并在此后的侦查、刑事强制措施的适用、审查逮捕、审查起诉、法庭审理各个环节进行监督。如果将立案作为司法公正的"矛"，那么立案监督就是纠正它的"盾"，在这种重要关系的作用下，立法者需要全面地构建属于立案监督的法律条文，也必须与时俱进地进行更新。1996 年《刑事诉讼法》第 87 条首次规定了我国的立案监督制度，该规定从解决公安机关应当立案而不立案或者不当立案而立案的问题出发，将检察机关对立案监督的职权单独列出，是在侦查活动监督、审判监督之后的又一项独立的监督制度，这使得检察机关在刑事诉讼的主体程序中打开了全方位的监督新格局，检察活动贯穿刑事诉讼主体结构，从案件源头就把握了公正公平。尔后在《中华人民共和国刑事诉讼法（2012）》第 111 条、《中华人民共和国刑事诉讼法（2018）》第 113 条中完整表述了立案监督的内容，成为检察机关监督职能的重要一环。其中第 113 条[①] 第一款明确了人民检察院对公安机关的立案活动进行监督，这成为我国立案监督制度实行的直接法律基础。在这一条中既规定了检察机关对公安机关行使立案监督的权力，又规定了具体的监督流程，并用"通知""应当"等表述突出了检察机关的立案监督权威，这将立案监督的实行不仅仅局限于一纸空文，还为切实进行监督行为提供了法律保障。

三是行政法律法规的规定。行政法律作为国家立法体系中规定最多最细的法律，其也在各个特定的法律中针对立案监督作出了规定。并且通过法条我们看出，国家都是在特定的行政领域，针对严重犯罪案件做出了立案监督的规定。检察机关在这些情况下依然具有监督的职能，行政法律将行政机关不能周延监督的范围交给国家司法权，有效地衔接了行政立案和刑事立案的范围，维护了公民和国家的利益，包括破坏环境

---

① 现行《刑事诉讼法》第 113 条："人民检察院认为公安机关应当立案侦查的案件而不立案侦查的，或者被害人认为公安机关对应当立案侦查的案件而不立案侦查，向人民检察院提出的，人民检察院应当要求公安机关说明不立案的理由。人民检察院认为公安机关不立案理由不能成立的，应当通知公安机关立案，公安机关接到通知后应当立案。"

资源犯罪专项的立案监督①、危害食品药品安全领域立案监督②、劳动监察领域立案监督③。此外，2020 年《行政执法机关移送涉嫌犯罪案件的规定》第 9 条规定，在行政执法活动中发现犯罪的，要移送公安机关，同时向人民检察院备案的内容，明确了检察机关对行政执法机关在办案中的法律监督。第 10 条要求，检察机关在对行政执法活动进行检察监督时，要着力判断行政机关是否以罚代刑、以钱买刑、徇私枉法。这不仅完善了检察机关的立案监督权能，同时提高了公民对国家公权力的信赖程度。

四是司法解释及部门规章的规定。首先，立案监督的细化完善。《人民检察院刑事诉讼规则（2019)》中第 553 条把 2012《人民检察院刑事诉讼规则》中的"批准"改成"决定"，确定了立案监督由检察长决定制度，并且在第 557 条明确立案监督适用检察长批准；继续沿用 2012 年版《人民检察院刑事诉讼规则》中在人民检察院发出纠正后在 15 日内仍不纠正，继续向上一级检察院报告的制度；继续沿用检察机关受到被监督单位的书面意见以后 7 日内进行复查的规定。第 554 条由"通知"改为"建议"，缓和了检察机关和被监督机关之间的矛盾。第 555 条更改了检察院自侦案件的救济措施，由"同级检察机关受理"变为"不服人可以向上一级检察

---

① 《国务院关于研究处理大气污染防治法执法检查报告和审议意见情况以及有关决议落实情况的报告》第九条：行政执法机关接到公安机关不予立案的通知书后，认为依法应当由公安机关决定立案的，可以自接到不予立案通知书之日起 3 日内，提请作出不予立案决定的公安机关复议，也可以建议人民检察院依法进行立案监督。作出不予立案决定的公安机关应当自收到行政执法机关提请复议的文件之日起 3 日内作出立案或者不予立案的决定，并书面通知移送案件的行政执法机关。移送案件的行政执法机关对公安机关不予立案的复议决定仍有异议的，应当自收到复议决定通知书之日起 3 日内建议人民检察院依法进行立案监督。公安机关应当接受人民检察院依法进行的立案监督。

② 《国务院办公厅关于印发 2016 年全国打击侵犯知识产权和制售假冒伪劣商品工作要点的通知》。

③ 《国务院办公厅关于全面治理拖欠农民工资问题的意见》。

机关申诉，上一级检察机关应当受理"。第 564 条扩大了检察机关立案监督的范围，将监督撤案并入其中。其次，将公安机关超过法定期限不作出是否立案决定的情形纳入了监督立案范围。2015 年，公安部颁布了《关于改革完善受案立案制度的意见》，明确规定了刑事案件决定立案时间。随后，在最高人民检察院与公安部、国家市场监督管理总局、环保部会签的有关两法衔接工作办法中，将公安机关超过法定期限不作出是否立案决定的情形纳入了监督立案范围，加强了监督效果。再次，经济犯罪案件的立案监督。2018 年施行的最高人民检察院、公安部《关于公安机关办理经济犯罪案件的若干规定》明确规定，公安机关对犯罪嫌疑人解除强制措施之日起 12 个月内或者对犯罪嫌疑人未采取强制措施自立案之日起两年内，仍然不能移送审查起诉或者依法作出其他处理的，应当撤销案件。检察机关发现公安机关办理经济犯罪案件中存在违法行为的，应当通知公安机关予以纠正。立案监督时间的规定是最全面的，无论是问答还是规定，都尽可能以 3 日内进行答复为基准，特殊情况 7 日内进行立案，如有重大情况不能查明，可以最长推迟至 30 日进行立案。这既没有将时间拖得太长，保障了当事人的权益，又赋予公安机关必要的立案审查时限。

二、立案监督的线索渠道

（一）通过公安机关执法检查发现立案监督线索

2014 年，《中共中央关于全面推进依法治国若干重大问题的决定》

(以下简称《决定》)明确提出形成严密的法治监督体系,强化对行政权力和司法活动的监督和制约①。从当前司法实践中分析,检察机关针对公安机关移送的案件进行监督在整个立案监督中占据了绝大比例,并分为监督立案和监督撤案两个方面。立案监督的要义就是监督对公安机关在办案过程中是不是存在以罚代刑,以治安处理代替刑事处罚,放纵犯罪的情况进行监督,即通过对公安机关的执法检查来发现立案监督的线索。2020年,全国检察机关对公安机关开展立案(撤案)监督合计53293件,同比上升38.4%;监督后公安机关已立案(撤案)45948件,占监督数的86.2%,同比增加4.3个百分点。多项数据显示,我国的检察机关针对公安机关不正当立案已经形成了初步的监督模式,能够较好地对公安机关立案进行监督,初显捕诉一体的立案实效。

(二)通过审查逮捕、审查起诉发现立案监督线索

从检察办案过程中来看,检察机关在审查逮捕的过程中重点进行的是侦查活动监督。在案件进入到该阶段,检察机关已经基本掌握案情,检察机关需要从侦查活动监督过程中发现立案过程的遗漏情况,特别是在共同犯罪案件中。检察机关在进行诉讼监督时应当从以下几个角度去审查案件:一是公安机关在立案侦查过程中是否有遗漏犯罪嫌疑人的现象;二是犯罪中犯罪嫌疑人是否有漏罪的问题;三是公安机关是否有余罪的线索而没有进行侦查的违法行为的问题等多角度全面分析案件。由于检察机关不是案件材料的第一手联系人,因此在监督

---

① 郭珊珊、李国歆:《刑事立案监督制度存在的缺陷及完善路径》,《辽宁公安司法管理干部学院学报》2020年第6期。

审查案件的时候大部分只能依靠公安机关移送的法律文书，这要求检察机关应当对公安机关的文书进行进一步的细化审查。对公安机关在共同犯罪案件中括号所注明的另案处理、另案移送等表述应当要求公安机关作出相应的法律说明。对公安机关另案处理的基本情况、案件进程、结果等都应当要求公安机关进行说明，这是立案监督线索的重点。当检察机关在提前介入中发现需要向公安机关要求改正的情况时，公安机关没有执行，在审查逮捕甚至后续的审查起诉的过程中向公安机关提出要求而公安机关仍不改正的，对于事实清楚、证据确凿，和本起犯罪有关联的案件，检察机关可以通过与公安机关的上级沟通等方式，用纠正漏捕的方法要求公安机关依法进行追捕、追诉；而针对与该罪行没有关联的，公安机关已经能够认定其他犯罪嫌疑人的案件，此时检察机关应当另行提起立案监督。

（三）通过行政执法检查发现立案监督线索

随着经济社会逐渐的系统化、专项化发展，在经济、环境生态保护、药品生产等多个专项领域内，行政机关在执法时往往会出现因对法律理解不一、案件机动性大且应用困难而导致错误立案的情况。针对这一问题，国家开展了两个专项"立案监督"的活动，以监督行政机关滥罚多罚的情况。监督数据的增长足以看出国家在行政执法移送审查的重视程度，加强对行政案件的移送审查是检察机关提高检察职能的重大突破。

对行政执法的监督，不仅有检察机关对行政机关违法处罚的监督，更主要的是行政机关在公安机关决定不予立案后的救济，即行政机关有权向检察机关申请立案监督。这种监督包括两种情况，即检察机关对行政机关直接监督和行政机关移送公安机关不被立案后提起救济。这表明，即使在监督行政执法案件中也有可能会经由公安机关，也即检察机关必须牢牢抓住监督公安机关这个主线。针对行政机关被公安机关不予立案的情况，《刑事诉讼法》赋予了行政机关救济的权力，此时检察机关可以通过立案监督纠正在行政执法中出现的错误。2020年国家市场监管总局制定的《行政执法机关移送涉嫌犯罪案件的规定》第9条，特别说明了行政执法机关关于公安机关不当立案，检察机关应当提出立案监督，重申了行政执法监督案件的重要性。行政机关移送审查案件最主要的问题是行政执法与刑事司法的衔接度不够，相关的法律和司法解释不健全。在行政执法和刑事司法之间的交叉领域中，行政执法的法律规范是检察机关履行法律监督特别是立案监督的法律依据。检察机关针对生产销售假冒伪劣的、生产销售有毒有害食品的、环境污染、耕地保护、土地保护的行政执法权等多项专门的领域都需要进行立法监督。

最高人民检察院于2016年发布检察机关保护知识产权十大案例中"湖北张某假冒注册商标案"体现了检察机关的成功监督严厉打击了侵犯知识产权犯罪，促进了行政执法机关严格规范执法，增强了行政执法与司法保护协调配合，营造了良好的法治化、市场化营商环境。另外，由于行政机关的分散性，同一案件的处罚可能在多个部门间出现争权的现象，检察机关在现有的文件审查模式下无法避免行政机关的这种内部违法行为，但这为检察机关下一步的立案监督提供了方向。

现行检察机关立案监督的规范文件（2011—2023）

制定主体	名称	主要内容
国务院	行政执法机关移送涉嫌犯罪案件的规定(2001年7月9日)	（1）涉嫌犯罪案件的移送标准；（2）行政执法证据保管与收集；（3）案件移送决定程序；（4）案件移送的相关材料；（5）公安机关的有案必受；（6）公安机关受案审查；（7）检察机关立案监督；（8）移送案件的行政处罚；（9）案件移送中的证据移送；（10）案件移送中的法律监督；（11）法律责任。
最高人民检察院	人民检察院办理行政执法机关移送涉嫌犯罪案件的规定(2001年12月3日)	（1）检察机关受理涉嫌犯罪案件的程序；（2）案件移送的相关材料；（3）检察机关的有案必受；（4）立案审查与复议；（S）检察机关立案监督；（6）检察建议的适用范围；（7）法律责任。
最高人民检察院、全国整顿和规范市场经济秩序领导小组办公室、公安部	关于加强行政执法与公安机关、人民检察院工作联系的意见(2004年3月18)	（1）信息共享机制；（2）联席会议制度；（3）涉嫌犯罪案件移送；（4）可能涉嫌犯罪案件通报；（5）不移送案件的查询机制；（6）立案监督；（7）职务犯罪线索移送。
最高人民检察院、全国整顿和规范市场经济秩序领导小组办公室、公安部、监察部	关于在行政执法中及时移送涉嫌犯罪案件的意见（2006年1月26日）	（1）涉嫌犯罪案件移送；（2）不移送涉嫌犯罪案件的举报；（3）不移送案件的查询机制；（4）涉嫌犯罪案件证据保全与移送；（5）公安机关受案审查与处理；（6）立案监督；（7）特殊案件的咨询机制与提前介入机制；（8）涉嫌职务犯罪线索、案件移送。
国务院法制办、中央纪委、最高人民法院、最高人民检察院、公安部、国家安全部、司法部、人力资源和社会保障部	关于加强行政执法与刑事司法衔接工作的意见（2011年2月9日）	（1）行政机关涉嫌犯罪案件通报；（2）案件移送程序；（3）公安机关受案审查；（4）公安司法机关的反向移送（5）联席会议制度；（6）案件咨询制度；（7）信息共享制度；（8）强化举报制度；（9）对行政机关不移送案件的检察建议；（10）对公安机关受立案程序监督；（11）法律责任。
公安部	公安机关受理行政执法机关移送涉嫌犯罪等案件规定(2016年6月16日)	（1）公安机关有案必受；（2）涉嫌犯罪案件的受案审查；（3）证据材料移送与保管；（4）涉嫌犯罪案件撤案处理机制；（5）检察机关的法律监督。
最高人民法院、最高人民检察院、公安部、中国证监会	关于办理证券期货违法犯罪案件工作若干问题的意见(2011年4月27日)	（1）可能涉嫌犯罪案件中公安机关的协助义务；（2）可能涉嫌行为人逃匿、隐匿证据情形下的通报义务；（3）涉嫌犯罪案件立案侦查；（4）协商会商机制；（5）执法专业人员的协助配合；（6）现场笔录等随案移送证据的使用；（7）特殊证据的提取与制作；（8）涉嫌证券犯罪案件的管辖提级。

（四）通过群众举报发现立案监督线索

群众举报在实践中经常与行政执法立案监督结合在一起。因为行政执法活动与公民的生活息息相关，公民在自己的利益受到公权力的损害时通过向司法机关控告来说明自己的情况。随着公民法律意识的提升和司法环境的逐渐改善，群众依靠法律保护自己的意识加强，群众举报的渠道逐步增多，信访接待、群众信访中心、公安机关和人民法院中的信访接待部门、12309网站等发挥了重要作用。在这些信访事项处理过程中，检察机关收到群众的举报，依据管辖分工，并向公安机关移交。向公安机关移交以后，检察机关跟踪案件开展工作，要求公安机关说明案件查办的情况和进度。在检察机关审查以后，当事人构成犯罪却未立案，检察机关可以要求公安机关说明不立案的理由，并进一步进行监督。

以检例第7号中的胡某刚、郑某徇私舞弊不移交刑事案件案、邓某泉等人涉嫌非法转让、倒卖土地使用权案、上海市浦东新区人民检察院诉张某伟、金某危险驾驶案等案件为代表，因群众举报而立案的案件涉及交通、司法、合同、毒黑等多方面。这深刻体现了群众举报对立案监督的重要性，表明了若要真正地将案件落到实处，要突出群众在立案监督中的作用。群众举报作为检察机关监督立案线索的新发展，契合了法治环境日渐良好的必然需求。

（五）通过其他检察业务发现立案监督线索

在新时代法治体系的建设中，检察机关以"四大检察""十大业务"为工作的出发点，开启力求真实为民、提高案件质量的新时代司法治理格局。其中"十大业务"是指：普通刑事犯罪检察业务、重大刑事犯罪检察业务、职务犯罪检察业务、经济金融犯罪检察业务、刑事执行和司法人员职务犯罪检察业务、民事检察业务、行政检察业务、公益诉讼检察业务、未成年人检察业务、控告申诉检察业务。在这十项工作中，每项工作的开展都可能和刑事检察立案监督有关联。这是检察机关在自身工作中所引出的立案监督的线索问题。在检察机关所实施的立案监督过程中，无论犯罪种类多么广泛，其背后的核心原理仍是监督立案和监督撤案两类问题。

三、立案监督案件的审查

监督立案作为检察机关监督案件的起点，已经成为检察监督工作中的重要环节。在检察机关的十大业务中，每一项都需要检察机关对立案进行监督。尤其是在金融领域犯罪中，由于公安机关涉及人情和工作职级的关系，可能会造成不当立案，这时必须突出强调检察机关的监督职能。在捕诉合一制度下，原捕、诉办案力量将进行充分的整合，同时从事审查逮捕工作的检察人员数量事实上有了大幅度的增加，有效提升了审查起诉环节引导侦查的时效性和质量，有效地促进了司法流程的进步和效率，同时为联动检察机关的提前介入和在侦查阶段的监督工作搭建了桥梁。

（一）对罪与非罪进行审查

审查罪与非罪的前提是对移送的材料进行全面的审查。监督立案的材料都是公安机关侦查指向的不构成犯罪，或者罪行比较轻的犯罪；而监督撤案的证据材料，公安机关调取的都是已经构成犯罪的，侧重于有罪，或者是罪重方面的证据。因此，检察机关对这些证据材料要全方位地核查，除了对现有证据进行书面审查，有时还需要对监督的案件进行调查核实，充分运用检察机关的调查取证的权限，同时听取公安机关办案人员的汇报。在审阅案件材料时，审查犯罪嫌疑人的行为，判断犯罪嫌疑人的行为是否具有社会危害性。如果犯罪嫌疑人的行为不具有社会危害性，或者需要由其他部门法进行调整就可能解决的纠纷，检察机关可以判定犯罪嫌疑人不构成犯罪。同时，注意公安机关调查的问题和群众反映的问题是否一致、案件的证据是否已经合法提取，每一个案件的细节检察机关都不能忽略。只有在检察机关全面审查案卷材料的情况下，才能初步判断是否构成犯罪，以对公安机关进行案件监督。

（二）对构成此罪还是彼罪进行审查

无论检察机关通过什么样的渠道发现线索，都需要审查公安机关在立案侦查时的线索收集是否正确、全面。例如，抢劫罪与抢夺罪、强制猥亵罪和强奸罪等具有标志性的易混罪名，检察机关在审查案件时应当重点注意这些相关罪名的区分。此时，检察机关应当充分发挥司法人员的专业性，灵活运用法律知识，不能僵化套用模板，而应当结合地理、经济、文化等方面具体案件具体分析，让案件性质认定少出错、不出错。尤其是在捕诉一体的模式下，正确判断案件的性质有助于将捕诉一体的效率作用发挥到最大，有利于立案监督工作的顺利开展。

（三）重点对事实和证据进行审查

检察机关不能仅依靠公安机关移送的案卷材料，如果遇到经济类犯罪，检察机关有迹可查，那么便可自行开展调查。通过数据审查、实地探访等方式加强对案件的整体把握，通过检察机关的倒逼方式促进公安机关在立案时力求精准，不能因为盲目追求立案数量而错误立案。在司法实践中，监督立案的审查一般要注意以下内容。

第一，对于有违法行为但情节轻微的一般不监督。《刑事诉讼法》第 16 条规定，情节显著轻微、危害不大，不认为是犯罪的属于法定不起诉情形。这是检察机关区分罪与非罪的法律依据。因此，情节显著轻微不构成犯罪的；情节轻微的虽然能构成犯罪，但是对社会危害性不大，未能达到刑事处罚判决程度的，检察机关可以不进行监督，进而分配精力重点监督危害社会的案件，做到轻重有别，合理分配司法资源，强化对严重案件的监督。

第二，属于自诉案件范围的一般不监督。自诉案件涉及罪名非常具体，多发生在家庭、社区等特定的较小的空间内或案件涉及的证据材料较少，不易被人发掘，除社会影响恶劣危害国家利益，犯罪手段残忍致人重伤死亡，在社会上造成的影响非常大的情况以外，基于不告不理的原则，检察机关对于此类案件一般不监督。

第三，轻伤害案件一般不监督。这类案件当事人既可以自诉，也可以公诉。轻伤害案件大部分是发生在邻里、同事、熟人之间。在中国人情社会的影响下，为了缓和邻里关系，检察机关可以不进行监督，这是建设和谐社会对刑事检察工作的要求。

第四，非检察机关职责的不监督[1]。2018 年，《国家监察法》实施以来，监察机关针对职务类犯罪进行了全面的覆盖和审查。基于司法工作与检察机关业务的密切程度和实践操作的便捷，监察机关将 14 类案件放权给了检察机关，这说明针对国家机关工作人员的审查力度达到了前所未有的高度。此时，针对其他国家机关工作人员的犯罪，检察机关则无权监督，这是各机关职能配合、相互监督的司法模式的重要体现。

四、立案监督的实践现状

全国检察机关立案监督情况（2018—2022）

年份	全国检察机关对公安机关开展立案（撤案）监督案件数	监督后公安机关已立案（撤案）案件数
2018	19722 件	18385 件
2019	38507 件	44053 件
2020	53293 件	45948 件
2021	62000 件	54000 件
2022	85000 件	83000 件

首先，上述报告并无监督撤案数据。最高检察机关自 1997 年至 2002 年始终在强调监督立案活动的情况，并且监督立案数和监督立案率都呈增长态势，而对监督撤案活动并无相关表述，这一报告格局并非偶然，而是存在一定的原因。从有关立案监督的内容表述来看，此阶段

---

[1]　楼丽：《监察机关移送案件刑事立案相关问题研究》，《法治研究》2020 年第 6 期。

立案监督工作致力于严厉打击刑事犯罪并且在工作重点上，有针对性地注重防止打击不力，从而纠正有案不立、有罪不究、以罚代刑问题。

其次，在 2003 年监督撤案数首次进行公布，而此时法律和相关司法解释并未发生明显变动，也就是说法律文本并非引起其数值变动的变量，而可能是其他因素所导致。从当年报告的文字表述来看，此时的立案监督重点也发生转变，既要防错防漏，也要不枉不纵。

再次，无论是监督撤案数还是监督撤案率都整体上呈递增状态，这除了与检察机关依法履行立案监督职能取得良好效果有关以外，也与其防止追诉机关以刑事手段干预民商事活动，从而保障市场经济顺利发展的价值取向有关。因为监督撤案的价值取向主要是防止冤及无辜。此外，监督撤案数（率）与监督立案数（率）呈现出相互排斥的逆增长关系。虽然监督立案数和监督撤案数从整体上看都呈正增长趋势，且监督立案数的总值远远高于监督撤案数，但是两者在发展趋势上却明显迥异，且在 2013 年发生了根本性变化，监督撤案数首次超越了监督立案数，这种变化并非出自刑事诉讼立法的修改，也非源自监督手段和方法的短时突变，而与诉讼监督的重点有关，即此时的侦查活动监督重点是在依法惩治犯罪的同时，更加注重保障人权，重点监督纠正刑讯逼供、滥用强制措施、量刑畸轻畸重等问题。

最后，立案监督发展不平衡。立案监督包括不应当立案而立案的监督和应当立案而不立案的监督。从统计数据来看，更加偏重应当立案而不立案的监督，而对于不应当立案而立案的监督数量较少，关注不够。监督撤案与监督立案相比其严格性更高，操作也更为复杂。[①] 从实践的

---

① 孙伟：《刑事撤案监督运行机制实证研究——以司法体制改革后 B 市 C 区人民检察院为例》，《北京政法职业学院学报》2021 年第 1 期。

层面看，监督撤案要比监督立案的成功率高。原因在于监督立案有后续救济的方式，当案件该立不立损害当事人的利益时，检察机关可以通过强制立案的方式迫使公安机关立案，对被害人进行救助。而检察机关监督公安机关撤案的，是对公安机关在执行侦查职能的一种否认，案件由立至撤，一旦审查不严，将会导致浪费国家司法资源，损害司法机关威信。更重要的是在审查不到位的情况下，公安机关在检察机关的监督下撤案，日后如真正发生需要立案的情况，被害人的权利将会大大减损。所以检察机关在适用监督撤案的时候，基于社会因素的考量作出该决定是十分谨慎的，以提高检察机关在适用监督撤案的准确性。

五、立案监督存在的问题

（一）立案监督立法分散

立案监督法律法渊一览表

类别	法律	行政法规	司法解释	部门规章	党内法规制度	行业规定
数量	1	11	167	32	4	8

我国立法关于立案监督的程序规定过于笼统、分散，违背了刑事立案监督程序本身精密、有效监督的价值要求，是检察机关无法深入进行立案监督的关键原因之一。关于立案监督的法律规定零散分布在《刑事诉讼法》《人民检察院刑事诉讼规则》等规范性文件之中，显然不具有统一性和整

体性，不同的解释有可能相互冲突，导致司法实践中对立案监督进行法律适用比较困难，不利于法秩序的完满。[①] 从北大法宝检索来看，截止 2023 年 3 月，只有 1 部法律（《刑事诉讼法》）规定了立案监督制度，其余的皆为效力较低的行政法规、司法解释、部门规章以及行业规定等，从而形成了以刑事诉讼法为核心，其他规范并存的检察机关立案监督规范体系。然而，从刑事诉讼法本身来看，其仅规定了对于侦查机关应当立案而不立案的监督机制，并没有规定对其不应当立案而立案的监督机制。[②]

（二）立案监督信息短缺

案件信息是影响检察机关履行刑事立案监督职能的重要因素之一，检察机关获取案件线索信息的途径主要有审查逮捕工作中发现、接受群众控告申诉、走访行政执法机关。立案监督的问题从来不是敢不敢监督，而是线索掌握够不够充足，证据够不够充分。虽然 2011 年实施的《关于刑事立案监督有关问题的规定（试行）》中，对于线索的来源渠道进行了规定，但实践中，依然存在内部监督渠道偶发性强、外部监督渠道不够畅通等问题。2021 年，最高人民检察院、公安部联合印发了《关于健全完善侦查监督与协作配合机制的意见》，要求进一步完善侦查监督与协作配合机制，并就设立侦查监督与协作配合办公室作出专门规定。虽然一定程度上提升

[①] 郭珊珊、李国欸：《刑事立案监督制度存在的缺陷及完善路径》，《辽宁公安司法管理干部学院学报》2020 年第 6 期。

[②] 现行《刑事诉讼法》第 113 条规定：人民检察院认为公安机关对应当立案侦查的案件而不立案侦查的，或者被害人认为公安机关对应当立案侦查的案件而不立案侦查，向人民检察院提出的，人民检察院应当要求公安机关说明不立案的理由。人民检察院认为公安机关不立案理由不能成立的，应当通知公安机关立案，公安机关接到通知后应当立案。

了检察机关监督立案率、监督撤案率，但是线索来源问题并没有从根本上解决。这主要在于刑事案件信息实时共享机制并没有建立，检察机关立案监督仍止步于侦查机关的通报信息，具有滞后性和局限性。

从调研来看，当前公、检、法大数据平台都有数据，但是相互之间并无相通或者共享，从而呈现出纵向数据发达，横向数据壁垒的数据格局。作为法律监督机关的检察机关无从获取公安、法院及其他行政机关案件信息的权限，导致在法律监督中获取监督信息还依赖于举报信、其他单位移交、靠腿跑、靠嘴问等传统方式获取，造成大量数据资源、人力资源浪费。

（三）立案监督刚性不足

一方面，法律规定的不周延性。现行《刑事诉讼法》第 113 条的规定虽然赋予基层检察机关立案监督权，但未增加若不作为则需要承担法律后果的责任条款。法律赋予基层检察机关立案监督的手段包含要求公安机关说明不立案理由、通知公安机关立案、制发《纠正违法通知书》《建议立案侦查通知书》《立案监督案件催办函》等，却没有规定该如何处理公安机关拒不说明立案或不立案理由、拒不执行立案或撤案通知、立而不侦、侦而不结、先立后撤等行为。以至于检察机关在立案监督过程中，经常遭到各种阻力，难以推动案件立案侦查。如部分行政执法人员受办案数和处罚指标考核的影响，消极配合、拒绝调查，甚至以无法律依据为由予以抵触。例如，由于行政执法机关不是按照刑事证据标准收集证据，移送给公安机关的证据材料本身不规范、不全面，公安机关审查后认为证据材料无法证明有犯罪事实发生而不予立案。

另一方面，法律规定的模糊性。由于法律规定的模糊性，侦查机关、检察机关等就有关案件的受理、立案条件在具体要求的认识上存在差异。例如，从刑事诉讼法和司法解释的规定来看，被害人、控告人请求检察机关进行立案监督时，需要提供哪些材料来证明公安机关应当立案而不立案，并没有详细规定，也没有规定此类案件的受理审查部门，导致被害人申请无门。

（四）监督处理有待深入

监督处理是指对于由检察机关提出立案监督而转为刑事立案的案件公安机关的处理情况。从调研中发现，在检察机关立案监督的案件办理情况来看，只有39.1%的立案侦查案件进入审查逮捕环节，意味着半数以上的案件还在侦查阶段，尚未进入刑事司法环节。从判决效果来看，80%的经立案监督而立案的案件判处3年有期徒刑以下刑罚，判决轻刑化严重。这反映出对于立案监督的案件，公安机关不积极开展侦查，没有及时固定证据、抓捕犯罪嫌疑人，甚至出现立而不侦、侦而不结或者久侦不结的情况。

六、立案监督的策略方法

（一）立案阶段要"蓄势"

《刑事诉讼法》规定了公检法三机关在刑事案件的办理过程中，要分工负责、互相配合、互相制约。在这种分工负责、互相配合、互相制约的过程中，刑事诉讼不是孤立的，不是单独的，它是从立案到审判的一个全过程、全链条。检察机关应在执法过程中进行思考，如何合理引导公安机关在侦查过程中依法执法？在公安机关遇到侦查中的问题时，检察机关如何帮助解决？对证据和事实的标准如何认定？检察机关在进行监督时是否贡献了智慧和力量？这些都可能成为检察机关立案监督所"蓄"的势能，即立案监督有效实施的保障。案件办理过程中要搞好配合，如果公检法配合不好，那监督工作也肯定漏洞百出。检察机关应当"俯下身子搞配合，直起腰杆搞监督"，否则，检察机关在后续的工作开展中难免就会有重新返工的情况。刑事案发后，在侦查机关的初步推断中，任何人都可能是犯罪嫌疑人，他的方向就是扇面形铺开的，谁承认就是谁，谁的证据吻合度高，那他作案的可能性就高。而检察机关在对证据审查的时候，必须要考虑证据的合法性、关联性等以确保案件能够公正进行。因此在和公安机关分工协作配合中，检察机关一定要发挥主动性能动性，用全面的目光去审查公安机关移送的案件资料，从而对刑事案件事实和证据认定的依据、理由进行确认，引导公安机关侦查，使证据链闭合，各项证据合法有效，确保案件真实。检察机关与公安机关在案件真实性的连接上日渐完善的过程就是检察机关"蓄势"的过程。

（二）监督机关要"借势"

借势讲求天时地利人和，因时而动以借东风。这股东风在法律上就是上级检察机关对这一项工作的安排部署，也是中央对这项工作的政策要求。在大环境向好时、在大刀阔斧地推进制度改革时，立案监督环节作为大潮流中的一叶扁舟不能仅仅被动地乘改革的"东风"，还应积极探索、主动求变。2023 年最高人民检察院工作报告显示，检察机关立案监督案件的数量有明显的上升，质量也有显著的提高。同时，在法律的指引下，公安机关也针对自身行为进行反思，减少了不正当立案的数量，这促使检察机关能够将全面监督与精准监督相结合，不仅"应监尽监"，同时针对走私贩卖毒品案件等危害性较大的案件也进行专门监督。因此，检察机关要借好"势"，警惕慵懒作风、情面作风，把握机会，一举做到立案监督的全方位覆盖。

（三）立案监督要"造势"

一方面，加强宣传。检察机关要加强和公安机关的沟通，先通过内部的沟通机制有效地缓解不当立案的困境，同时，要加强警示教育，将检察机关对公安机关的立案监督案件的数据、具体办法进行公布，在地方检察机构还未对如何"造"势互相借鉴的情况下，公开典型案例，使地方检察机关能够形成针对本地区立案监督的全新认识和评估体系。以及为公安机关在日后的侦查工作中如何正当立案提供参考标准。另一方面，树立威信。从检察机关角度来看，对公安机关的监督应当是具有强制性的，通过法条运用"通知"而不是"建议"，"应当"而不是"许可"，这类带有强制性意味的词语能够对公安机关在立案问题上起到威慑作用，督促公安机关正确行使职权。同时严格执行不立案救济的流程，严格借助以《刑事诉讼法》为核心，连同相关规则所形成的法律天网，以点带面提高检察机关在立案监督中的威信，渐进性地扩大检察机关的权威，将"造势"合理合法化，并能够持续稳定地运转。

（四）立案监督要"说理"

《人民检察院刑事诉讼规则（2019）》明确规定，在公安机关不立案之初，检察机关可以要求公安机关说明作出不立案的理由，这是对公安机关亲历侦查而检察机关只看到文件材料的一种补充。检察机关作为案件的"二手管理人"应当和公安机关保持信息畅通和密切联系，从事司法活动时应当时刻以追求案件公平、维护正当权益为己任。因此，检察机关在公安机关作出说明后，应该与其进行说理分析，并且必须正当且深入。说理作为一种温和的解决方式，是在提高案件解决效率与缓和侦检之间的关系的基础上提出的，其最大的作用就是能够厘清检察机关和公安机关在立案上的分歧。检察机关将该案需要立案的原因讲清楚，将其中的利害关系、案件背景、关联内容、证据形式梳理明白，在不损害公安机关和当事人利益的情况下让公安机关接受检察机关的观点，从而继续进行立案或者不立案。当检察机关能够将"说理"阐释清楚，公安机关则会和检察机关更加积极有效地进行沟通，从而促进检察机关立案监督或者撤案监督工作的顺利进行。

（五）立案监督要"强势"

《人民检察院刑事诉讼规则（2019）》提出，检察机关可以向公安机关发送《纠正违法通知书》以及在公安机关不改正之后可以采取柔性方式：与上一级协商处理。这种方式在公安机关故意拖延，故意不立案的情况下，检察机关虽然能够告知公安机关自己的意见，但是由于缺少法律依据，尤其是《刑事诉讼法》作为刑诉领域的基本法没有将不立案的救济确定为基本制度的情况下，检察机关没有可以强制公安机关立案的法律依据。例如，上海甲建筑装饰有限公司、吕某拒不执行判决立案监督案中①表明在没有强制公安机关立案的情况下，公安机关基本都会做出一次不予立案的回复，无论是在起诉之初的不予立案还是在执行期间不立案，都会导致诉讼时间延长，长此以往都将会损害当事人的利益。检察机关在公安机关故意拖延而没有强制规定的情况下无法督促公安机关正确行使职权，不利于司法活动的展开。为了提高检察机关的"强制性"功能，检察机关需要做到以下几点。首先，检察人员要有精湛的业务能力。对刑事法律的规定、对法条的灵活适用、对公安机关的立案监督、对地方适用的具体特点，检察人员需要熟记于心。其次，检察人员要有公正以及强势的态度。对于检察机关在监督中发现犯罪嫌疑人已经构成犯罪而公安机关不立案的，检察机关应当一督到底；对于公安已经立案因不构成犯罪要求撤案的也要一督到底，不能因公检机关在业务上的天然联系，而碍于情面，甚至徇私枉法滥用职权。最后，可在必要时成立专门的监督小组，持续跟进案件的实施情况。对公安机关不能正确说明不当立案的理由时，发出《违法纠正通知书》或提交有关机关进行处理。在必要时，只有不避讳地将检察机关在立案监督环节中的"强势"充分发挥出来，才能切实推动诉讼进程，才能回应宪法对于检察机关作为法律监督机关的信任与期待。

（六）立案监督要"聚势"

聚势，旨在汇聚各方面的力量。具体在立案监督方面，检察机关应

---

① 最高人民检察院第 24 批指导案例（检例第 92 号）。

当依托数字中国建设，推动政法数据统一平台搭建，实现政法数据共享互通。一方面，通过数据互通共享，实现检察机关对侦查机关的立案信息、涉案财物及证据搜集等案件源头性数据的及时掌握，并引导侦查流程、诉讼证据采用等各项办案环节，达到法律监督工作全流程、全留痕、全覆盖，从源头保证案件质量，并通过强化法律监管工作提高检察机关的影响力；另一方面，强化立案监督的智能化分析和应用。在数据互通的基础上，立足办案数据，结合类型特征，形成不同种类的立案监督数据模型，形成立案监督过程中的智能化分析和比对，提升立案监督的效率和针对性。

第七章　侦查活动监督制度

一、侦查活动监督概况

侦查活动监督是一个有着中国特色的法治措辞，国外法律监督中并无直接对应的相关用语①。然而，有关侦查活动监督制度的内涵思想却具有普遍性。从字面来看，侦查活动监督是指对侦查活动的检查和督促，旨在维护侦查活动中相关当事人的权益，并促使侦查活动的更具合法性和规范性。②理论界和实务部门几乎一致认为，当前侦查活动监督制度的功能没有充分发挥，难以有效纠正违法侦查行为，保护当事人诉

---

① 从渊源上考察，由检察机关享有法律监督权能的法理依据，直接来源于列宁关于社会主义国家检察机关职能的认识和阐述。作为国家权力，列宁第一次提出了检察权的概念，他认为检察权是违法监督权，是包括对民事、刑事、行政所有法律行为的监督权。《列宁全集》（第33卷），人民出版社1957年版，第266页。

② 刘方：《论检察机关的侦查监督职能及其完善》，《法学评论》2006年第6期。

讼权利，预防冤假错案的发生。①

对此问题的解决，学术界基本上呈现出两种相互对立的倾向：一是建议彻底改革我国侦查活动的监督制度。但实现侦查活动监督构造的制度改革所蕴含的成本相当巨大，也不易被人们所接受。因为在我国司法机关具有二元性，既包括审判机关又包括检察机关，同时，检察机关的法律监督地位被认为是中国特色社会主义法治特征之一，在此背景下，侦查活动监督制度的重构充满了空想性。此外，制度的改革还需要符合执政党的发展规划。无论是党的十八届三中全会决定，还是党的十八届四中全会决定，都指出应继续完善检察机关行使监督权的法律制度，加强对刑事诉讼的法律监督。上述规定表明，侦查活动监督制度的改革应在现有框架内进行，超越此框架的制度建构难以被执政党所采纳。

二是对于继续强化现行侦查活动监督制度的改革方案，笔者认为这只是"头痛医头、脚痛医脚"的静止片面的思维。这种选择将侦查活动监督活动中存在的问题，归结为监督的范围狭窄、手段不足、方式柔性、时间滞后、位置外在等立法原因，故此应继续完善监督范围、增加监督手段、强化监督方式、提前介入侦查活动、深入侦查内部等机制。② 首先，这种改革方案并未对我国侦查活动的症结及其原因进行科学分析，认为只要扩大检察机关的监督范围，加强监督能力，就可以提升监督的效果。这一改革方案的前提是检察权的自我束缚性和良性运行，这与权力的本性特征相悖。其次，这种不断强化的改革思路，也与

---

① 宋英辉：《刑事诉讼法学研究综述》(1978—2008)，北京师范大学出版社 2009 年版，第 265—271 页。

② 何秉群等：《我国检察机关侦查监督模式的问题及完善路径》，《中国刑事法杂志》2013 年第 10 期。

我国检察机关的宪法定位相冲突。因为我国的侦查活动监督来自于宪法的授权，需要依据法律进行，而根据我国的宪法设计，侦查活动监督主要是在诉讼程序中的监督。因而法律监督多为事后监督，尽管这种监督缺乏时效性、及时性，但却是较为合理的、成本较低的、效果较好的监督。① 最后，继续加强监督机关职权的改革方案，缺乏相应的目标指引，即强化侦查活动监督的目的是什么？方向在哪里？是保障人权还是纠正违法行为确保控诉成功？对所述问题需要清醒的认识。

由此，可见我国侦查活动监督制度的完善方案应当跳出上述两种改革旧路径，而应选择相对合理的改革新路径。而路径的方向并非简单的域外制度移植，也非没有任何方向的继续加强，而应是对我国侦查活动监督制度的发展历史和实践进行全面考察后，提出新的完善方向。

二、侦查活动监督的法治价值

一是有助于建立审查逮捕和审查起诉一体化，提高诉讼效率。2018年部分检察机关已经逐渐将"捕诉一体"规范化、制度化。从目前各地试点情况来看，"捕诉一体"工作机制减少了退回补充侦查的概率，有效地提高了诉讼效率，降低了司法成本。事实证明"捕诉一体"实现了公诉对侦查活动监督和证据引导工作的前移，拉近了侦查和起诉间的距离，进一步强化了侦查活动监督力度，提高了案件侦查质量，使检察机

---

① 石少侠：《我国检察机关的法律监督一元论——对检察权权能的法律监督权解析》，《法制与社会发展》2006 年第 5 期。

关的侦查活动监督更好地为公诉工作做准备。捕诉一体是从现实角度出发，迎合数据信息时代的必然改革要求，捕诉一体的发展是对数字时代的更新，要求效率，要求公正的特点的直观体现。

二是有利于提高司法机关公正和效率，回应司法期待。2016 年最高人民检察院发布 13 个侦查活动监督典型。"捕诉一体"制度建立的目的就是为了提高公诉活动的效率，有利于实现"在办案中监督、在监督中办案"的统一协作模式，能够有效缓解侦查机关与检察机关在案件对接过程中出现的分离脱节现象，减少案件每经过一个部门就审查一次的尴尬处境，有利于推进检察引导侦查，监督促进效率的完备司法机构体系构建。

三是有利于实现责任到人的具体化责任制度。"捕诉一体"制度的革新，需要司法工作人员从逮捕阶段甚至更早就开始介入。此前，检察人员由于在两个环节都进行监督，难免因互相推诿而监督不到位或者互相争权而使侦查时间加长、工作量加大，损害被害人利益的情况。通过由同一检察人员负责侦查起诉的全过程，加快了检察人员对案件的了解程度，能够具体分析出错误出现在哪个环节。同时，责任具体到人适应了员额制度的发展，既满足了由同一套工作人员办案的要求，还能提升办案质量和能力，有效地推进捕诉一体的司法制度改革。

三、侦查活动监督制度存在的主要问题

对侦查活动监督制度的运行情况的评析，可以通过数据分析、实证调研和个案评估等方式进行。很多学者对此进行了有益的探索，例如刘计划教授将侦查监督分为了立案监督和侦查活动监督两个方面，并对1998 年至 2010 年的立案监督和侦查活动监督运行情况进行评估，进而归纳出侦查活动监督的中国问题。[①] 此外，其他学者也通过类似研究范式，从而得出几乎一致的结论[②]。笔者认可这种历史性截面式的分析有助于观测侦查活动监督的真实样态，也认可这种观测结果，但这种研究结论却基于将我国侦查活动监督制度仅置于技术性数据分析中而缺乏深层次的根源探析。对此，必须从文本考察的研究模式进行转型，取而代之的则是历史性的实践观察，只有如此，才能透过历史的迷雾、喧嚣的现状，发现真正的问题。

（一）侦查活动监督制度功能上的双重性

纵观我国侦查活动监督制度 30 余年的发展，侦查活动监督制度在功能上的定位经历了打击犯罪——打击犯罪为主兼顾人权保障——在打击犯罪时更加注重人权保障——强化诉讼监督维护公平正义的变化。正是这种定位的双重性，即在打击犯罪与保障人权之间的摇摆，使得我国侦查活动监督制度在不同的历史时期呈现不同的面孔，并服务于政法工作参与国家治理的大局。也正是这种始终处于变动的双重定位，使得侦查活动监督制度处于内部的紧张之中，既要通过审查批准逮捕，参与打击犯罪，防止遗漏，又要提出纠正违法意见，从而积极保障人权，预防冤假错案，这种内部的紧张关系使得对侦查活动的监督始终在低位徘

---

① 刘计划：《侦查监督制度的中国模式及其改革》，《中国法学》2014 年第 1 期。

② 陈卫东、赵恒：《人权保障理念视角下的侦查监督改革》，《人民检察》2014 年第 9 期。

徊，不能有效监督侦查权的运作，也正因为这种双重定位，使得"检察引导侦查"理论喧嚣尘上。

当然，这种双重功能定位与检察机关的双重角色紧密相关。作为历史的产物，检察机关既要监督侦查权，防止陷入警察国家的梦魇，又要监督审判权，确保公正审判。[1] 这种既要控制犯罪又要保障人权的双重定位，充满理想主义，但却决定其功能的受限性。[2] 因为控制犯罪是显性的、政治性的，并且具有历史传统，而保障人权则是隐形的、人道性的，缺乏历史根基，从而看似合理辩证的功能定位，实则在实践中走样变质。

（二）侦查活动监督制度结构上的直线型

侦查活动监督制度的结构主要是指作为监督者的检察机关与作为被监督者的公安机关的关系。对此，我国《宪法》第 135 条规定："人民法院、人民检察院和公安机关办理刑事案件，应当分工负责，互相配合，互相制约，以保证准确有效地执行法律。"尽管有学者从宪法逻辑意义上对于"分工负责，互相配合，互相制约"原则进行了解释，并认为这一原则可以得出两种服从关系，即侦查服从于起诉、起诉服从于审判。[3] 然而，这种看似合乎现代司法结构的解释，并未在侦查活动监督制度结构中得以体现。相反，受该原则影响，我国刑事诉讼活动长期存

---

① 林钰雄：《检察官论》，法律出版社 2008 年版，第 85 页。

② 左卫民、赵开年：《侦查监督制度的考察与反思——一种基于实证的研究》，《现代法学》2006 年第 6 期。

③ 韩大元、于文豪：《法院、检察院和公安机关的宪法关系》，《法学研究》2011 年第 3 期。

在着"流水作业"的结构[①]，表现在检察机关对公安机关侦查活动监督关系上是直线型的。这种直线型的侦查活动监督关系严重制约了我国侦查活动监督制度的发展[②]。

一是权力上的混同。《刑事诉讼法》第 3 条规定："刑事案件的侦查、拘留、执行逮捕、预审，由公安机关负责。检察、批准逮捕、检察机关直接受理的案件的侦查、提起公诉，由人民检察院负责。审判由人民法院负责。除法律特别规定的以外，其他任何机关、团体和个人都无权行使这些权力。"这是公安机关、检察机关和审判机关有关刑事诉讼职权的规定，也是刑事诉讼领域三机关宪法关系的具体体现。看似界限分明的刑事诉讼权力划分，却实际上是权力的高度混同。一方面，权力内涵的模糊。例如对于公安机关的"侦查、拘留、执行逮捕、预审"等内容，法律都有具体的内涵和要义，而关于"检察"则并无相关的权威解释，以至于我国"检察"具有普罗透斯式的脸，从而意蕴难析，变化多样。[③]另一方面，权力界限不清。例如公安机关承担刑事案件的侦查权，而侦查权本身包括了侦查行为启动权、侦查行为批准权和侦查行为实施权，对于检察机关审查批准逮捕，本身就属于侦查行为批准权，如此造成侦查活动监督与被监督者的权力界限不分。[④]

二是职权上的冲突。首先，职权配置上的冲突。例如对于立案监督而言，立案是刑事追诉程序的启动，公安机关具有完整的立案启动权，而检察机关的立案监督则是从外部对其启动合法与否的审查，而非具有

---

① 陈瑞华：《公检法关系及其基本思路亟需调整》，《同舟共进》2013 年第 9 期。

② 龙宗智：《论建立以一审庭审为中心的事实认定机制》，《中国法学》2010 年第 2 期。

③ 华为民：《检察引导侦查的基本内涵和理论基础》，《人民检察》2001 年第 8 期。

④ 万毅：《论侦查程序处分权与侦查监督体制转型》，《法学》2008 年第 4 期。

决定与否的权力，如此公安机关从程序上抵制了检察机关的控制和主导，使其难以有效杜绝公安机关"有案不立和违法立案"。其次，职权行使上的冲突。例如对于公安机关提请批准逮捕的申请，同级检察机关在作出不批准逮捕的决定后，公安机关可以申请复议，也可向上一级检察机关申请复核，使得这种逮捕决定具有相互制约性。又如，对于侦查活动的监督，由于除逮捕外几乎所有的强制性措施和有关调查活动，公安机关均可自主实施，使得这种监督存在信息缺乏、方式有限、效果乏力等问题。

三是功能上的异化。侦查活动监督制度功能依附于检察机关的功能，主要在于维护法制的统一，而非仅仅打击犯罪。有学者认为，我国侦查活动监督制度虽然缺乏时效性、及时性，但却是较为合理的、成本较低的、效果较好的监督，因为若检察机关近距离、同步监督，实际上就变成侦查活动的参与者，就丧失了监督者的立场，会致力于维持侦查的结果，而不是对侦查进行监督。[①] 对此，笔者并不赞同。一方面，监督者参与被监督者活动，并非一定造成两者功能上的重合。因为功能的目的和职权配置的差异，会产生不同的结果。另一方面，监督者参与被监督者活动也因为信息获取的便利，可以增强监督功能的实效。当然，此处所言的功能上的异化，主要是指我国侦查活动监督的功能定位上，由于监督者与公安机关共同承担打击犯罪的配合职能，所以无论是在参与公安机关的侦查活动，还是从外部进行审查，都将导致其功能的异化。

四是决策上的行政化。行政化是相对司法化而言的，行政化主要追

---

① 石少侠：《我国检察机关的法律监督一元论——对检察权权能的法律监督权解析》，《法制与社会发展》2006 年第 5 期。

求效率，司法化主要追求公正，两者在组织体系和操作程序上有所区别①。对于侦查活动监督而言，无论是批准逮捕还是侦查活动监督都具有一定的司法性。因为逮捕行为属于对公民人身自由权利的重大干涉，应当由司法化程序进行裁判，从而防止不当羁押。而侦查活动监督中，检察机关不仅仅依照职权纠正公安机关的违法行为，还应对当事人提出的刑讯逼供、非法限制他人自由、非法搜查他人身体、住宅，或者非法侵入他人住宅的、对与案件无关的财物采取查封、扣押、冻结措施，或者应当解除查封、扣押、冻结不解除的、阻碍当事人（辩护人、诉讼代理人）依法行使诉讼权利的行为进行救济，这需要由中立的裁判者进行审查和裁决。反观侦查活动监督的决策程序，则呈现出高度的行政化。首先，在决策结构上，主要是检察机关的单方行为，依赖自身调查活动和有关材料，而做出监督意见，但缺乏程序相对人及其辩护律师的有效参与，导致在监督信息获取上先天不足或具有特殊偏好。其次，侦查活动监督内部决策上，实行检察官承办——科处长审核——检察长审批的"三级审批制"，使得参与决策的检察官无法实现"审理者裁判，裁判者负责"的司法化要求。最后，侦查活动监督程序运行上，完全依赖公安机关移送或制作的书面材料，缺乏对相关证据和事实的直接调查，尚未明确侦查机关对其侦查行为合法性的证明责任。

（三）侦查活动监督制度配套机制的欠缺性

除却侦查活动监督的功能定位、结构关系外，侦查活动监督制度还

---

① 龙宗智：《检察机关办案方式的适度司法化改革》，《法学研究》2013 年第 1 期。

存在相关保障机制的欠缺性的不足。这方面主要包括内部考核引导不足、信息保障性不足和有效辩护不足等问题。

一是在内部考核引导问题。首先，内部考核指标设置不科学。侦查活动监督方面，注重诉讼监督缺乏司法审查指标考核。其次，内部考核方式不健全。对于侦查活动监督工作的考核，主要是上级对下级检察机关对口业务处室的数字化管理，而缺乏第三方的评论，特别是具体案件的分析，即只是注重实体上的结果，而缺乏对运行程序的观测和评价。再次，内部考核指标的应用上。应不仅作为司法统计指标，而且作为关系检察人员切身利益的考量，从而成为制约侦查活动监督人员行为的"潜规则"。

二是信息保障性不足。由于公安机关和检察机关在有关刑事立案和侦查案件信息上尚未互联互通，所以检察机关只有对于公安机关提请批准逮捕的刑事案件才能展开实质上的监督工作，对于公安机关侦查活动的介入主要限于参与公安机关对重大案件的讨论，对案件的复验、复查等。而此时，案件证据基本已经固定，其后继续收集的证据所占比例较低。[①] 而对于未提请批准逮捕的案件，由于公安机关具有强制措施自主启动权和终止权，以至于检察机关侦查活动监督部门根本无从知晓其具体的侦查活动信息，难以开展有效的监督。同时，对于重大疑难案件的侦查活动，检察机关的介入需要公安机关的主动邀请和积极配合，而法律并未规定这种"被引导"的信息披露和公开义务，以至于其裁量权不在当地反由被监督对象行使。

三是有效辩护不足。"有效辩护"起源于美国，是指律师在辩护过

---

① 左卫民：《侦查羁押制度：问题出路——从查证保障的功能分析》，《清华法学》2007 年第 2 期。

程中，只要有阻碍对抗式诉讼程序发挥正常作用或者有不能达到应有的辩护效果的因素存在，皆不能视作"有效辩护"，尤其在捕诉合一的制度上，检察机关在办案效率的影响下，压缩了律师有效辩护的空间①。首先，我国刑事案件整体辩护率较低，在大部分刑事案件中根本没有代理律师的参与，对于非法侦查行为难以提出有效意见，而启动侦查活动监督程序则弥补了在侦查阶段没有辩护律师的空白。其次，侦查阶段辩护人的权利受到一定限制。尽管2012年《刑事诉讼法》明确了侦查阶段律师的辩护人地位，但是对于关涉当事人的重大侦查行为，法律并未赋予辩护人调查权和在场权，以至于难以对非法侦查行为提出纠正意见。最后，对于辩护人向侦查活动监督部门提出的要求纠正违法意见，法律并未设定强制性的调查启动程序和反馈义务，同时基于侦查机关与辩护律师不平等的地位的差别，律师尽管提出为犯罪嫌疑人辩护的意见，但由于缺少救济和完善机制，在律师意见被侦查机关驳回以后很难寻求到救济，因此如何完善程序性辩护必须要引起重视。

四是检警关系尚未明确。检察机关以文书审查为主的工作方式决定了他们以办公室为主，电话沟通为重，这套不出门办案的基本工作模式，在检察官数量短缺的今天应用广泛。同时由于检察官在"技术侦查"这种专业调查领域不如警察专业，也没有在第一时间接触案件现场，导致在后续与警察在案件梳理过程中，检察机关的力量不足，背离了检察侦查为主，警察为辅的制度格局。

---

① 王乐男：《捕诉合一办案模式下有效辩护的实践困境及其化解》，《行政与法》2021年第7期。

四、侦查活动监督制度未来改革

（一）在功能定位上实现由控制犯罪到保障人权的转型

1. 侦查活动监督制度以保障人权为主要功能定位的必然性。首先，国家治理方式的现代化，治理能力提升。"文化大革命"结束后，中国的法制建设开启了第一步，迈向了由人治到法治的路程。[1] 对于犯罪的治理，在治理模式上逐渐实现了由政治运动式到刑罚理性化的转变，在治理主体上，逐渐实现了由群众民主化到司法专业化的转变，在治理方式上，逐渐实现由传统社会到信息社会的转变，在治理目标上，逐渐实现了由惩罚犯罪到保障人权的转变，国家治理能力不断加强，治理水平不断提升。侦查活动监督制度作为国家治理方式的一种，也必将伴随国家治理目标的转型而重新定位其主要功能，故此，人权保障成为新时期侦查活动监督制度的主要功能，而修改后刑事诉讼法将加强对公权力的监督制约和对私权利的有效保障作为核心理念就是最好的例证[2]。其次，保障人权是侦查活动监督制度正当性依据。控制犯罪与保障人权是刑事诉讼的两大目的，而侦查人员素质的提升、侦查手段的强化、侦查方式的转变是实现控制犯罪的主要途径，而对侦查活动的监督并非属于上述范围，因为没有监督的侦查，对于犯罪的威慑更大，而受到监督的侦查则是保证其在法治范围内进行。同时，从历史发展上来看，侦查活动监

---

[1] 强世功：《法制的观念与国家治理的转型》，《战略与管理》2000 年第 4 期。

[2] 孙谦：《关于修改后刑事诉讼法执行情况的若干思考》，《人民检察》2015 年第 7 期。

督制度并非与控制犯罪的方式同时产生，而是现代文明社会发展的产物，侦查活动监督制度的目的就在于预防侦查权的恣意化和扩张性，保障侦查活动相对人的合法权益。人权保障为侦查活动监督制度建立和发展提供了正当性基础[①]。最后，保障人权具有紧迫性和现实危险性。刑事追诉是国家与个人的斗争，在强大的国家机器面前，个人的基本权利始终处于危险之中。受无罪推定原则的保护，国家应当为被追诉人提供各种必要的保护措施，其中侦查活动监督制度就是这种以权力制约权力的制度设置。

2. 侦查活动监督制度以保障人权为主要功能定位的基本要求。一是在监督范围上，实现由不周全监督到周全监督的转变。当前侦查监督范围主要包括立案监督、侦查活动监督和审查批准逮捕。但是从最高人民检察院历年工作报告上来看，均把审查批准逮捕作为严厉打击犯罪的一种方式，而非以保障人权为目的，同时，在侦查活动监督中，虽然司法解释通过列举的方式进行明确，但是并未覆盖公安机关所有强制性侦查方法。例如，搜查、扣押、邮检、监听等侵犯个人自由或隐私权的强制措施，以及对公安派出所刑事侦查活动并未纳入监督范围。对此，应当明确审查批准逮捕的中立性，主要定位于保障人权进行程序设置，同时对于侦查活动监督，应当覆盖公安机关所有强制性侦查方法，实现侦查活动监督范围的全覆盖和周延性。二是在监督方式上，实现由外部性监督向内部性监督的转变。当前侦查活动监督的方式主要是依据当事人的申诉或检察机关依职权发现侦查机关的违法行为，从而提出纠正意见，这种外部性监督存在信息不对称、监督不

---

① 陈卫东、赵恒：《人权保障理念视角下的侦查监督改革》，《人民检察》2014 年第 9 期。

到位、针对性不强的问题，对此，应当根据违法情节，完善监督方式，建立从提出纠正意见、调查研究再到法律责任相配套的监督方式。同时，公安机关的强制性侦查活动都必须向检察机关备案，从而确保监督方式由外部向内部的转变。三是在监督效果上，实现由柔性监督到刚性监督的转变。柔性监督完全依赖于侦查机关的自我内部纠正，这对于保证侦查权的行使具有便利性，但是对于保障人权，维护司法公正却存在一定的问题。故此，应当强化监督效果，明确对于侦查机关拒不接受监督或者接收监督意见后拒不改正的给予程序性制裁的后果，从而保障监督的实效性。

（二）在结构关系上实现由直线型到三角形的转型

侦查活动监督制度的三角形构造是法治国家的一般经验。无论是大陆法系还是英美法系，对于强制性侦查行为实行司法控制是其共同的制度选择，[1] 也就是说在对侦查活动监督方面，结构关系上实行三角形结构[2]。这种结构选择，并非出于偶然，而是被证明符合司法实践的一般司法规律。基于我国司法制度的中的"两元化"司法构造，检察机关和审判机关同属司法部门，而审判机关并不参与对侦查阶段侦查行为合法性的审查，这就意味着检察机关的侦查活动监督应当补全这种制度功能，在构造上形成三角形结构。

这就要求侦查活动监督部门必须保持中立性地位，并且遵循客观公

---

① 李昌林：《强行侦查权之司法制约的比较考察》，《河北法学》2003 年第 1 期。

② 孙长永：《审判中心主义及其对刑事程序的影响》，《现代法学》1999 年第 4 期。

正义务[1]。在职权配置上，应当取消其主动追诉、追捕的权利，同时赋予其对涉嫌违法的侦查行为的调查取证权。监督部门所作出的监督意见，具有法律效力，被监督对象应当接受，如果拒绝将承担相应法律责任。侦查机关应当对其强制性侦查行为的合法性承担说明责任，并在实施之前，应当向侦查活动监督部门进行备案，从而方便监督部门审查。同时，保障当事人及其辩护人的合法权利，增强辩护的有效性，对于关涉当事人基本权利的司法决定，必须保证辩护人在场权，同时要公布侦查机关心证的形成，为其决定提供正当性理由。律师也是侦查活动监督机关监督信息来源的提供者，实效的见证者。因为辩护律师最容易直接了解业已存在的公安机关违法办案的信息，其提供的信息有利于监督机关发现问题和线索，能够减少侦查活动监督的成本。[2]

（三）在配套机制上实现由欠缺性到匹配性的转型

1. 完善考核引导功能。考核是目标管理的重要方式，从目标管理的方法中可知，法律是引导司法人员行为的显性规则和外部规则，而考核制度则是引导其行为的隐性规则和内部规则，而这种考核制度关涉司法人员的切身利益，对于司法人员的激励动力并不亚于法律的规则，所以对此必须予以科学设置。对此，应取消不科学的考核指标，例如批捕率、追捕率等。对于这些数值不应人为地予以限制和鼓励，而是以司法性的决策机制予以保证，让"裁判者审理，审理者负责"，而非上级对下级的监管。

---

[1]　朱孝清：《论诉讼监督》，《国家检察官学院学报》2011 年第 5 期。

[2]　彭志刚：《检察机关非自侦案件侦查监督的博弈论分析》，《重庆大学学报》2013 年第 2 期。

2.实现信息公开。监督的前提是知悉被监督的信息,如果监督者无从获悉被监督对象和内容的信息,则无从开展监督,对此法律应当为检察机关了解、掌握侦查机关在诉讼中的违法和错误信息提供必要的渠道。一是规定有关机关应当及时向检察机关通报侦查活动监督所必需的信息。如刑事案件的发案、立案及案件侦查终结后作出处理的情况与数据,强制措施采取、执行、变更的情况等信息。二是加大警务公开力度。与司法公开相比,警务公开的范围和力度都尚存在差距,对此应当定期向社会公开强制性措施的适用情况,同时在具体案件中保障当事人及其辩护人的知悉权。三是加大侦查活动监督情况的公开力度,促进侦查活动监督工作的开展,提升监督的公信力。对于可能存在重大违法的侦查行为,可通过公开听证的方式予以调查,保障公众的参与权。

3.加强有效辩护。有效辩护是指刑事辩护不仅仅是形式上的,还应当是实质意义上的。[1] 它不仅是维护犯罪嫌疑人基本权利的重要保障,也是维系诉讼构造科学化的重要支撑。对此,除辩护人应将所收集的"有关犯罪嫌疑人不在犯罪现场、未达到刑事责任年龄、属于依法不负刑事责任的精神病人的证据"及时告知侦查机关、人民检察院外,还应当明确辩护人在侦查阶段的调查取证权,包括当事人的程序性辩护证据和实体性辩护证据,以及侦查机关非法取证行为的证据。如此才能在侦查活动监督构造中,实现监督信息的充分供给,维护犯罪嫌疑人在侦查阶段的各项权利。

4.派驻中心检察制度建设。建设派驻中心,有利于推动侦查活动监

---

① 宋英辉:《刑事诉讼原理》(第三版),北京大学出版社2014年版,第71页。

督模式由事后监督向同步监督转变，该制度的关键点是确保检察机关的侦查活动监督的知情权，以完善检察机关的调查权。这种制度的建立有助于转变侦查活动监督的运作模式，回应了检察机关引导侦查的工作方法，能够筛选重大案件或者轻微案件，实现繁简分流，提升检察机关的侦查活动监督效率。[①]

---

① 李华伟:《派驻公安执法办案管理中心检察机制研究——侦查监督的中国路径探索》，《国家检察学院学报》2020 年第 2 期。

第八章 审查逮捕制度

一、审查逮捕的基本理论

（一）审查逮捕的概念

关于逮捕的概念，由于刑事诉讼法并未进行界定，所以学界众说纷纭。有学者从逮捕的性质出发，认为逮捕是公安机关、人民检察院和人民法院，为防止犯罪嫌疑人或被告人逃避侦查、起诉和审判，进而妨碍刑事诉讼或者发生社会危险性，而依法剥夺其人身自由，予以羁押的一种强制措施。[①] 还有学者从逮捕的历史出发，主张逮捕是一种以暴力对付暴力的手段，与国家和法相伴而生。[②] 还有学者从逮捕的权力属性出发，主张审查批准逮捕是独立于法律监督之外的诉讼行为，逮捕权不属

[①] 陈光中：《刑事诉讼法》，北京大学出版社 2016 版，第 242 页。

[②] 孙谦：《逮捕论》，法律出版社 2001 年版，第 9 页。

于"法律监督权"，是一种程序性裁判权，即司法权的组成部分。[①] 还有学者从逮捕的目的出发，指出逮捕是检察机关对嫌疑人、被告人采取的旨在剥夺人身自由的强制措施，目的在于保证刑事诉讼活动的顺利进行，避免那些可能妨碍刑事诉讼的情形发生。[②]

上述这些观点从不同视角揭示了逮捕制度的多重属性和多重价值。对于逮捕制度的认识，笔者认为应当回归我国《刑事诉讼法》的立法本意，根据《刑事诉讼法》的规定，逮捕是暂时剥夺犯罪嫌疑人或被告人人身自由的强制措施，其目的是为防止其实施妨碍刑事诉讼的行为，逃避侦查、起诉或审判或继续危害社会。而检察机关行使审查逮捕的权力，主要分为两种情形：检察机关针对公安机关或者其他侦查机关报捕的案件有批准逮捕的权力；检察机关针对自行侦查和审查起诉的案件有决定逮捕的权力。检察机关在审查逮捕的过程中不仅要对犯罪事实和犯罪证据进行审查，还要审查有没有已经构成犯罪的而未采取强制措施要纠正漏捕。纠正漏捕的程序是检察机关向公安机关发送应当逮捕意见书，若公安机关拒不提捕，必要时可自行决定逮捕。

（二）逮捕制度的主要功能

首先，有利于惩罚犯罪。逮捕是对人身自由予以限制或者剥夺的最严厉的强制措施，因而一般情况下可采取拘留、取保候审、监视居住等强制措施的就不适用逮捕。因犯罪嫌疑人或被告人具有较大的社会危险性，对其适用逮捕有利于惩罚犯罪、惩恶扬善，也可以起到犯罪预防

[①]　陈卫东：《刑事诉讼法实施问题对策研究》，中国方正出版社 2002 年版，第 186 页。

[②]　陈瑞华：《论检察机关的法律职能》，《政法论坛》2018 年第 1 期。

作用。

其次，有利于犯罪嫌疑人人权的保障。意大利著名刑法学家贝卡利亚在其《论犯罪与刑罚》一书中指出：在法官判决前，一个人是不能称为罪犯的。只要还不能断定他已经侵犯了给予他公共保护的契约，社会就不能取消对他的公共保护。刑事诉讼是实现尊重和保障人权至关重要的领域，逮捕作为一种限制或者剥夺人身自由的强制措施，审查是否应予适用是为了保护受到侵害的法益，其与人权保障的关系是辩证统一的，因此慎重适用逮捕措施有利于保障犯罪嫌疑人的合法权益。

再次，有利于保障刑事诉讼的顺利进行。逮捕的功能就是为了保证刑事诉讼的顺利进行。如果案件能不适用逮捕措施尽可能不要适用逮捕措施。强制措施分五种：拘传、拘留、逮捕、取保候审、监视居住。逮捕是五种强制措施中最严厉的强制措施。逮捕对于犯罪嫌疑人来说具有剥夺人身自由的严厉性，为了使处于相对弱势地位的被追诉方权利能够得到应有的保障，相关主体应当对处于强势地位的追诉方权力进行一定的限制。检察机关在行使审查逮捕权的过程中，对追诉权进行监督以限制其权力，以保障刑事诉讼的顺利进行。

最后，有利于实现司法公正。检察机关担负对审查逮捕前后的羁押情况进行监督的职责，且在决定是否适用逮捕措施时需要考虑犯罪嫌疑人的犯罪性质、动机、社会危险性及证据情况，做到少捕慎捕。这有利于保证司法公正，实现社会的公平正义。逮捕的工作性质一定要保持中立。"捕诉一体"无缝衔接后监督制约少了，又因工作中各方面的限制，自我否定的勇气是不足的，所以逮捕工作一定要保持中立。检察机关是国家的法律监督机关，只要案件犯罪情节显著轻微不构成犯罪坚决不能逮捕，构成犯罪但情节轻微的也不一定逮捕，只要不影响案件的侦查就要慎用逮捕的措施，这就是"少捕慎捕"。这时检察机关的逮捕和法院的判决是一样的，应保持中立，不能存在任何功利因素。

二、审查逮捕的历史发展

（一）逮捕制度的恢复和重建

我国逮捕制度的恢复和重建主要以 1979 年《逮捕拘留条例》和《刑事诉讼法》为标志。1979 年通过并生效的《逮捕拘留条例》从权力配置、实体要件和程序要求三个方面对逮捕权进行了比较全面的法律控制，实现了逮捕措施的法制化，较 1954 年《逮捕拘留条例》有以下修改：

1.在逮捕的实体要件上，删除了"对反革命分子和其他可能判处死刑、徒刑的人犯"的规定。1979 年《逮捕拘留条例》第 3 条规定，"主要犯罪事实已经查清，可能判处徒刑以上刑罚的人犯，有逮捕必要的，经人民法院决定或者人民检察院批准，应即逮捕"，明确逮捕需要同时具备"主要犯罪事实已经查清""可能判处徒刑以上刑罚"和"有逮捕必要"三项实体要件。

2.在逮捕的审批和决定程序上，取消了检察机关和法院执行逮捕的规定，明确检察院批准公安机关的逮捕申请，有利于公安机关与检察机关的分工和监督。

3.在逮捕后的程序上，1979 年《逮捕拘留条例》第 5 条增加规定公安机关、检察机关或法院在逮捕后应把逮捕的原因和羁押处所在二十四小时内告知家属，有碍侦查或无法通知的情形除外，第十二条还规定了三机关在逮捕、拘留后二十四小时内讯问和释放时发给释放证明的义务。

4.在提请批捕和批捕的期限上，公安机关应在拘留后三天内把被拘留人的犯罪事实和证据材料通知检察院，特殊情况下拘留时间可延长四天，取消了公安机关在二十四小时内通知检察院拘留事实和理由的规定；检察机关审查逮捕的期限由"四十八小时以内"延长至"三天以内"。

1979年还通过了《刑事诉讼法》等七部法律，其中《刑事诉讼法》作为我国第一部刑事诉讼法典，为刑事诉讼活动提供了基本的法律依据。在"强制措施"一章中，关于逮捕的条文有18个，逮捕制度相较1979年的《逮捕拘留条例》有了新的发展，主要体现在：

1.详细规定了逮捕的必要性条件。1979年《刑事诉讼法》第40条规定，"对主要犯罪事实已经查清，可能判处徒刑以上刑罚的人犯，采取取保候审、监视居住等方法，尚不足以防止发生社会危险性，而有逮捕必要的，应即依法逮捕"。该规定明确表述逮捕的必要性条件，体现了慎用逮捕的刑事政策，有利于减少逮捕措施的适用。

2.明确了检察机关批准逮捕的权限。1979年《刑事诉讼法》第46条规定："人民检察院审查批准逮捕人犯由检察长决定。重大案件应当提交监察委员会讨论决定。"这体现了防止个人专断、保障重大案件逮捕质量的要求。

3.对提请逮捕、审查逮捕和捕后通知予以细化规定。首先，关于提请逮捕，1979年《刑事诉讼法》第33条规定，"公安机关提请批准逮捕书……必须忠实于事实真相。故意隐瞒事实真相的，应当追究责任"；第45条规定，"公安机关要求逮捕人犯的时候，应当写出提请批准逮捕书，连同案卷材料、证据，一并移送同级人民检察院批准。必要时，人民检察院可以派人参加公安机关对于重大案件的讨论"。"提请批准逮捕书必须忠实于事实真相"和逮捕人犯以"主要犯罪事实已经查清"有异曲同工之妙，反映出逮捕权的行使要遵循"以事实为依据、以法律为准绳"的原则。其次，在审查逮捕上，第 47 条明确规定："人民检察院对公安机关提请批准逮捕的案件进行审查后，应当根据情况分别作出批准逮捕、不批准逮捕或补充侦查的决定。"还增设了公安机关对检察机关不批准逮捕决定的复议、复核的救济权，以贯彻检察机关和公安机关分工负责、互相制约的理念，但需注意的是公安机关必须立即将被拘留的人释放，以保障公民的人权。最后，在逮捕后的通知程序上，第 50 条规定，"逮捕后，除有碍侦查或无法通知的情形以外，应当把逮捕的原因和羁押的处所，在二十四小时以内通知被逮捕人的家属或者他的所在单位"。与1979 年《逮捕拘留条例》规定相比，增加了被逮捕人的所在单位作为被通知的对象，有利于所在单位积极配合办案机关调查案件有关情况。

4. 规定了侦查、起诉和审判阶段的羁押期限。1979 年《刑事诉讼法》第 92 条规定："对被告人在侦查中的羁押期限不得超过二个月。案情复杂、期限届满不能终结的案件，可以经上一级人民检察院批准延长一个月。特别重大、复杂的案件，依照前款规定延长后仍不能终结的，由最高人民检察院报请全国人民代表大会常务委员会批准延期审理。"即当时对犯罪嫌疑人在侦查阶段的羁押期限，除特别重大、复杂的案件以外，不得超过三个月。根据第 97 条、第 99 条、第 125 条和第 142条的规定，人民检察院对公安机关移送审查起诉或者免予起诉的案件，应当在一个月内作出决定，重大、复杂的案件，可延长半个月；需要补充侦查的，应当在一个月以内补充侦查完毕；人民法院审理一审公诉案件和二审案件的期限均不得超过一个半月。有关办案期限的规定，有助于办案机关提高侦查、审查起诉和审判效率，防止出现超期羁押和久押不决的现象。

5.增加对侦查活动的监督。1979年《刑事诉讼法》第52条规定："人民检察院在审查批准逮捕工作中，如果发现公安机关的侦查活动有违法情况，应当通知公安机关予以纠正，公安机关应当将纠正情况通知人民检察院。"这条规定与1979年7月1日五届全国人大会议通过的《人民检察院组织法》中"人民检察院是国家的法律监督机关"的规定是相吻合的，在审查逮捕中同时审查侦查活动是否有违法行为，有利于制约公安机关的权力。

1979年《逮捕拘留条例》和《刑事诉讼法》大体确定了我国逮捕制度的基本框架，主要包括逮捕权力、逮捕条件、逮捕程序、羁押期限和侦查监督五个方面，但对逮捕措施的适用条件和程序的规定较为粗疏，这造成了实践中恣意适用逮捕的现象。1984年通过的《全国人民代表大会常务委员会关于刑事案件办案期限的补充规定》（以下简称《办案期限补充规定》），延长了重大犯罪集团案件和流窜作案的重大复杂案件及交通十分不便的边远地区的重大复杂案件的侦查羁押期限、一审期限、二审期限，还规定了四种重新计算办案期限的情形。① 因为我国刑事诉讼中羁押期限和办案期限是一致的，办案期限的延长或重

---

① 这四种情形包括：(1) 在侦查期间发现被告人另有重要罪行，可以经人民检察院批准或者决定补充侦查，重新计算侦查羁押期限；(2) 人民检察院和人民法院改变管辖的公诉案件，从改变后的办案机关收到案件之日起重新计算办案期限；(3) 人民法院退回检察院补充侦查的案件，人民检察院应当在1个月以内补充侦查完毕，补充侦查完毕移送人民法院后，人民法院重新计算审理期限；(4) 第二审人民法院发回原审人民法院重新审判的案件，原审人民法院自收到案件之日起重新计算审理期限。参见《全国人民代表大会常务委员会关于刑事案件办案期限的补充规定》(1984)。

新计算也即被逮捕人羁押期限的延长。虽然《办案期限补充规定》要求，对被羁押正在接受侦查、起诉、一审、二审的被告人，不能在刑事诉讼法规定的期限内办结，采取取保候审、监视居住的办法没有社会危险性的，可以取保候审或监视居住，取保候审或监视居住不计入办案期限，因而审查起诉和审判活动也不受法定期限的限制，但是由于"重实体轻程序"的观念等因素，在实践中滥用逮捕措施的现象依然不鲜见。

（二）逮捕制度的发展和完善

1.1996 年《刑事诉讼法》及相关法律解释的变动

1996 年《刑事诉讼法》修改或增补的条文多达 25 条，"逮捕"一词的使用由 1979 年《刑事诉讼法》的 36 次增至 53 次，条文在逮捕的适用条件，逮捕的审查和执行程序、逮捕的变更程序以及羁押期限等方面予以完善，主要包括如下几个方面：

（1）修改了逮捕的适用条件。1996 年《刑事诉讼法》将逮捕的事实条件由"主要犯罪事实已经查清"修改为"有证据证明有犯罪事实"，同时取消了收容审查；第 56 条和第 57 条还明确规定了被取保候审或监视居住的犯罪嫌疑人、被告人应当遵守的义务及违反规定义务、情节严重的，可以"予以逮捕"，即增加了转化型逮捕。

（2）修改了逮捕的提请和审查程序。首先，延长了公安机关拘留犯罪嫌疑人后提请批准逮捕的期限，1996 年《刑事诉讼法》第 96 条第 2款规定："对于流窜作案、多次作案、结伙作案的重大嫌疑分子，提请批准逮捕的时间可以延长至三十日。"其次，将检察机关审查批准逮捕的最长期限由 3 日改为 7 日。再次，第 134 条还增加了关于检察机关自侦案件刑事拘留转逮捕的程序规定。

（3）增加了异地逮捕的执行程序。1996 年《刑事诉讼法》第 60 条规定："公安机关在异地执行拘留、逮捕的时候，应当通知被拘留、逮捕人所在地的公安机关，被拘留、逮捕人所在地的公安机关应当予以配合。"

（4）增加了逮捕的撤销、变更和解除程序。1996 年《刑事诉讼法》第 73 条和第 75 条增补了关于办案机关依职权撤销、变更强制措施和应利害关系人申请解除或变更强制措施的规定，第 52 条和第 96 条还规定了被羁押的犯罪嫌疑人、被告人及其法定代理人、近亲属和律师均有权申请取保候审。调整了"侦查羁押期限"的起点，补充了关于延长或重新计算羁押期限以及延长办案期限的规定。1996 年《刑事诉讼法》将"被告人在侦查中的羁押期限"改为"逮捕后的侦查羁押期限"，排除了拘留的时间，第 128 条第 2 款还规定，"犯罪嫌疑人不讲真实姓名，住址，身份不明的，侦查羁押期限自查清其身份之日起计算"。新法吸收了《办案期限补充规定》的内容，补充了关于不计入羁押期限、延长或者重新计算羁押期限和办案期限的规定。

2.2012 年《刑事诉讼法》及相关法律解释的变动

2012 年《刑事诉讼法》修改逮捕制度的条文共有 18 个，对逮捕的适用条件、逮捕的程序、在押犯罪嫌疑人的诉讼权利等进行充实和完善，增设捕后羁押必要性审查制度，主要修改的内容为：

（1）在适用条件上，2012 年《刑事诉讼法》第 79 条①细化了逮捕的"社会危险性条件"，增加了"径行逮捕"，统一规定了"转化型逮捕"。第 269 条还规定了"对未成年犯罪嫌疑人、被告人应当严格限制适用逮捕措施"。

（2）在审查逮捕的程序上，增加了听取辩方意见等规定，并延长了检察机关在自侦案件中决定逮捕的期限。2012 年《刑事诉讼法》第 86 条规定了人民检察院审查批准逮捕时关于讯问犯罪嫌疑人的情形，第 269 条规定"人民检察院审查批准逮捕和人民法院决定逮捕，应当讯问未成年犯罪嫌疑人、被告人，听取辩护律师的意见"，第 165 条还对检察机关自侦案件审查决定逮捕的期限予以规定。

（3）增加了关于捕后羁押必要性审查的规定。2012 年《刑事诉讼法》第 93 条对人民检察院审查羁押必要性的职权予以规定，审查后认为不需要继续羁押的，除自侦案件中自己决定逮捕的以外，应当建议公安机关或人民法院释放或变更强制措施。

（4）完善了捕后送押、变更或解除强制措施以及释放等程序规定，加强了对在押犯罪嫌疑人、被告人的权利保障。主要包括：第一，要求执行逮捕以后立即将被逮捕人送看守所羁押，除无法通知的以外，应当在逮捕后二十四小时以内通知被逮捕人的家属（第 91

---

① 2012 年《刑事诉讼法》第 79 条："对有证据证明有犯罪事实，可能判处徒刑以上刑罚的犯罪嫌疑人、被告人，采取取保候审尚不足以防止发生下列社会危险性的，应当予以逮捕：（一）可能实施新的犯罪的；（二）有危害国家安全、公共安全或者社会秩序的现实危险的；（三）可能毁灭、伪造证据，干扰证人作证或者串供的；（四）可能对被害人、举报人、控告人实施打击报复的；（五）企图自杀或者逃跑的。对有证据证明有犯罪事实，可能判处十年有期徒刑以上刑罚的，或者有证据证明有犯罪事实，可能判处徒刑以上刑罚，曾经故意犯罪或者身份不明的，应当予以逮捕。被取保候审、监视居住的犯罪嫌疑人、被告人违反取保候审、监视居住规定，情节严重的，可以予以逮捕。"

条第 2 款），删除关于"有碍侦查"可以不予通知的规定。第二，明确要求公检法机关在收到犯罪嫌疑人、被告人及其法定代理人、近亲属或者辩护人变更强制措施的申请后，"应当在三日以内作出决定"，"不同意变更强制措施的，应当告知申请人，并说明不同意的理由"（第 95 条）。第三，对于犯罪嫌疑人、被告人被羁押但不能在法定期限办结的案件，增加了"对犯罪嫌疑人、被告人应当予以释放"的规定（第 96 条）；将原法第 75 条修改为公安司法机关"对被采取强制措施法定期限届满"的犯罪嫌疑人、被告人，应当予以释放、解除或者变更强制措施（第 97 条）。第四，在原法第 79 条增加第 4 款，"期间的最后一日为节假日的，以节假日后的第一日为期满日期，但犯罪嫌疑人、被告人或者罪犯在押期间，应当至期满之日为止，不得因节假日而延长"（第 103 条）。第五，增加了被采取强制措施的人的申诉控告权，犯罪嫌疑人、被告人及辩护人对于强制措施法定期限届满，办案机关不予释放、解除或者变更的，有权向该机关提出申诉或控告（第 115 条）。

在 2012 年《刑事诉讼法》实施期间，关于逮捕制度的司法解释和规范性文件进一步明确了逮捕的社会危险性条件，规范了羁押必要性审查制度，贯彻落实了法律关于"尊重和保障人权"的任务要求。

3.2018 年《刑事诉讼法》及相关法律解释的变动

2018 年《刑事诉讼法》第 81 条对原法第 79 条增设第 2 款，规定："批准或决定逮捕，应当将犯罪嫌疑人、被告人涉嫌犯罪的性质、情节、认罪认罚等情况，作为是否可能发生社会危险性的考虑因素。"这一规定有利于减少逮捕羁押手段在认罪认罚案件中的适用，特别是在轻罪案件中。《关于适用认罪认罚从宽制度的指导意见》第19—21条对前述规定进行了具体解释，即对于罪行较轻、采用非羁押性强制措施足以防止发生2018年《刑事诉讼法》第81条第一款规定的社会危险性的犯罪嫌疑人、被告人，根据犯罪性质及可能判处的刑罚，依法可不适用羁押性强制措施。

最高人民检察院于2018年11月24日发布的《关于人民检察院立案侦查司法工作人员相关职务犯罪案件若干问题的规定》明确规定，对属于检察机关立案侦查的14种犯罪案件由设区的市级人民检察院统一进行立案侦查，不再适用"决定立案报上一级人民检察院备案、逮捕犯罪嫌疑人报上一级人民检察院审查决定"的规定；"人民检察院负责刑事检察工作的专门部门办理本规定所列犯罪案件，认为需要逮捕犯罪嫌疑人的，应当由相应的刑事检察部门审查，报检察长或者检察委员会决定"。

2019年12月30日，最高人民检察院公布施行的《最高人民检察院规则》在逮捕制度上作出三个方面的规定：第一，全面吸收此前有效的司法解释，对逮捕的事实证据条件、社会危险性条件进行具体解释，对审查批准或者决定逮捕的程序包括讯问犯罪嫌疑人、听取律师意见的程序，以及延长侦查羁押期限、重新计算侦查羁押期限等程序作出了系统的规定。第二，全面建立了"捕诉一体"办案机制，2019年《最高人民检察院规则》第8条对此予以了规定；同规则第575条对捕后羁押必要性的审查确立了"新归口审查"模式，即对侦查和审判阶段的羁押必要性审查由负责捕诉的部门进行；负责刑事执行检察的部门收到有关材料或者发现不需要继续羁押的，应当及时将有关材料和意见移送负责捕诉的部门。这对于逮捕措施的适用及捕后羁押必要性审查会产生重要影响。第三，在检察机关立案侦查的案件中，明确实行"侦查与捕诉分离"的原则，2019 年《人民检察院刑事诉讼规则》第 296—299 条对此予以具体规定。

三、审查逮捕制度的主要内容

一是逮捕主体。根据《刑事诉讼法》第 80 条[①] 规定，逮捕的批准主体是人民检察院，决定主体是人民检察院或人民法院，执行主体为公安机关。《刑事诉讼法》第 93 条[②] 还规定了公安机关执行逮捕时出示逮捕证和逮捕后立即将被逮捕人送看守所羁押的义务，同时根据《刑事诉讼法》第 94 条[③] 的规定，办案主体还负有在逮捕后二十四小时内通知被逮捕人家属和讯问的职责。

二是逮捕的种类。检察机关在收到批准逮捕的申请后，需要对逮捕的适用条件进行审查。逮捕的适用情形分为三种：一般逮捕、径

---

① 《刑事诉讼法》第 80 条：逮捕犯罪嫌疑人、被告人，必须经过人民检察院批准或者人民法院决定，由公安机关执行。

② 《刑事诉讼法》第 93 条：公安机关逮捕人的时候，必须出示逮捕证。逮捕后，应当立即将被逮捕人送看守所羁押。除无法通知的以外，应当在逮捕后二十四小时以内，通知被逮捕人的家属。

③ 《刑事诉讼法》第 94 条：人民法院、人民检察院对于各自决定逮捕的人，公安机关对于经人民检察院批准逮捕的人，都必须在逮捕后的二十四小时以内进行讯问。在发现不应当逮捕的时候，必须立即释放，发给释放证明。

行逮捕和转化逮捕。首先，一般逮捕。根据《刑事诉讼法》第 81 条①规定，一般逮捕需要同时满足以下三个要件：第一，有证据证明有犯罪事实。即不仅有证据证明发生了犯罪嫌疑人实施的犯罪事实，而且这一证据已经查证属实。犯罪事实既可以是单一犯罪行为的事实，也可以是数个犯罪行为中任何一个犯罪行为的事实。根据《人民检察院刑事诉讼规则（2019）》第 138 条规定，对实施多个犯罪行为或者共同犯罪案件的犯罪嫌疑人，满足有证据证明犯有数罪中的一罪、有证据证明实施多次犯罪中的一次犯罪或者共同犯罪中，已有证据证明有犯罪事实的犯罪嫌疑人之一的，即符合"有证据证明有犯罪事实"这一条件。第二，可能判处徒刑以上刑罚。检察机关在对证据进行审查后，要考虑犯罪的严重程度。只有初步判定犯罪嫌疑人、被告人可能被判处有期徒刑以上的刑罚，而不是可能被判处管制、拘役、独立适用附加刑等轻刑时，才能进行下一步判定。第三，采取取保候审尚不足以防止发生社会危险性。检察机关应当根据犯罪嫌疑人、被告人的犯罪性质、情节、认罪认罚等情况，综合判断其社会危险性。②此外，还要考虑前期侦查阶段是否存在非

---

① 《中华人民共和国刑事诉讼法》第 81 条：对有证据证明有犯罪事实，可能判处徒刑以上刑罚的犯罪嫌疑人、被告人，采取取保候审尚不足以防止发生下列社会危险性的，应当予以逮捕：（一）可能实施新的犯罪的；（二）有危害国家安全、公共安全或者社会秩序的现实危险的；（三）可能毁灭、伪造证据，干扰证人作证或者串供的；（四）可能对被害人、举报人、控告人实施打击报复的；（五）企图自杀或者逃跑的。批准或者决定逮捕，应当将犯罪嫌疑人、被告人涉嫌犯罪的性质、情节，认罪认罚等情况，作为是否可能发生社会危险性的考虑因素。对有证据证明有犯罪事实，可能判处十年有期徒刑以上刑罚的，或者有证据证明有犯罪事实，可能判处徒刑以上刑罚，曾经故意犯罪或者身份不明的，应当予以逮捕。被取保候审、监视居住的犯罪嫌疑人、被告人违反取保候审、监视居住规定，情节严重的，可以予以逮捕。

② 《人民检察院刑事诉讼规则》第 270 条：批准或者决定逮捕，应当将犯罪嫌疑人涉嫌犯罪的性质、情节，认罪认罚等情况，作为是否可能发生社会危险性的考虑因素。

法取证等行为，以免侵犯犯罪嫌疑人的合法权益。其次，径行逮捕。犯罪嫌疑人可能判处 10 年有期徒刑以上刑罚，或者因之前的故意犯罪记录或身份不明而表明其有较大的社会危险性，检察机关应当予以逮捕。再次，转化逮捕。《人民检察院刑事诉讼规则（2019）》第 101 条[①] 规定了人民检察院应当和可以对违反取保候审规定的犯罪嫌疑人予以逮捕的情形，第 111 条[②] 则规定了人民检察院应当和可以对违反监视居住规定的犯罪嫌疑人予以逮捕的情形。

三是逮捕的程序。《刑事诉讼法》第 87—91 条规定了公安机关提请批捕、检察院审查批捕的程序。公安机关要求提请批捕犯罪嫌疑人的，要移送提请批准逮捕书、案件材料和证据，检察机关审查批准逮捕时可以讯问犯罪嫌疑人、询问证人、听取辩护律师的意见，且只能作出批准

[①] 《人民检察院刑事诉讼规则》第 101 条：犯罪嫌疑人有下列违反取保候审规定的行为，人民检察院应当对犯罪嫌疑人予以逮捕：（一）故意实施新的犯罪；（二）企图自杀、逃跑；（三）实施毁灭、伪造证据，串供或者干扰证人作证，足以影响侦查、审查起诉工作正常进行；（四）对被害人、证人、鉴定人、举报人、控告人及其他人员实施打击报复。

犯罪嫌疑人有下列违反取保候审规定的行为，人民检察院可以对犯罪嫌疑人予以逮捕：（一）未经批准，擅自离开所居住的市、县，造成严重后果，或者两次未经批准，擅自离开所居住的市、县；（二）经传讯不到案，造成严重后果，或者经两次传讯不到案；（三）住址、工作单位和联系方式发生变动，未在二十四小时以内向公安机关报告，造成严重后果；（四）违反规定进入特定场所、与特定人员会见或者通信、从事特定活动，严重妨碍诉讼程序正常进行。

[②] 《人民检察院刑事诉讼规则》第 111 条：犯罪嫌疑人有下列违反监视居住规定的行为，人民检察院应当对犯罪嫌疑人予以逮捕：（一）故意实施新的犯罪行为；（二）企图自杀、逃跑；（三）实施毁灭、伪造证据或者串供、干扰证人作证行为，足以影响侦查、审查起诉工作正常进行；（四）对被害人、证人、鉴定人、举报人、控告人及其他人员实施打击报复。

犯罪嫌疑人有下列违反监视居住规定的行为，人民检察院可以对犯罪嫌疑人予以逮捕：（一）未经批准，擅自离开执行监视居住的处所，造成严重后果，或者两次未经批准，擅自离开执行监视居住的处所；（二）未经批准，擅自会见他人或者通信，造成严重后果，或者两次未经批准，擅自会见他人或者通信；（三）经传讯不到案，造成严重后果，或者经两次传讯不到案。

或不批准逮捕的决定；一般案件由检察长决定，重大案件提交检委会讨论决定。《刑事诉讼法》第 83 条还规定公安机关异地执行逮捕，被逮捕人所在地的公安机关应予以配合。

四是逮捕的救济。《刑事诉讼法》第 92 条规定公安机关对人民检察院不批准逮捕的决定可以申请复议和复核，但必须立即释放被拘留的人。《人民检察院刑事诉讼规则（2019）》第 287 条还规定，对于没有犯罪事实或者犯罪嫌疑人具有《刑事诉讼法》第十六条规定情形之一，检察机关作出不批准逮捕决定的，应当告知公安机关撤销案件。对于有犯罪事实需要追究刑事责任，但不是被立案侦查的犯罪嫌疑人实施，或者共同犯罪案件中部分犯罪嫌疑人不负刑事责任，检察院作出不批准逮捕决定的，应当同时告知公安机关对有关犯罪嫌疑人终止侦查。公安机关在收到不批准逮捕决定书后超过十五日未要求复议、提请复核，也不撤销案件或者终止侦查的，人民检察院应当发出纠正违法通知书。公安机关仍不纠正的，报上一级人民检察院协商同级公安机关处理。

五是逮捕后的羁押必要性审查。《刑事诉讼法》第 95 条和第 97 条对羁押必要性审查的启动方式做出规定：检察机关依职权主动审查和犯罪嫌疑人、被告人及法定代理人、近亲属或辩护人申请审查；此外，《人民检察院刑事诉讼规则（2019）》第 574 条新增"看守所根据在押人员身体状况，可以建议人民检察院进行羁押必要性审查"的规定。该规则第 575 条还新增规定，羁押必要性审查的主体为人民检察院负责捕诉的部门，第 577 条、第 579 条和第 581 条还分别规定了检察院的审查方式、审查后的处理及跟踪监督情况。

四、审查逮捕的司法现状

2018—2022 年全国检察机关审查逮捕情况①

年份	不捕率	批准逮捕人数（人）	不批准逮捕人数（人）
2018	22.1%	1056616	299659
2019	22.4%	1088490	313743
2020	23.3%	770561	233065
2021	28.4%	868000	385000
2022	40.3%	494000	366000

（一）逮捕率持续下降

最高人民检察院在 2018 年底进行机构内部改革，实行捕诉一体制度，将批准逮捕与提起公诉的部门合并，这对检察机关的工作提出了更高要求。最高人民检察院于 2020 年初提出少捕慎诉慎押检察司法理念，2021 年、2022 年中央全面依法治国委员会把坚持少捕慎诉慎押刑事司法政策上升为党和国家的刑事司法政策。2021 年 6 月，党中央印发《中共中央关于加强新时代检察机关法律监督工作的意见》，该意见强调，要根据犯罪情况和治安形势变化，准确把握宽严相济刑事政策，落实认罪认罚从宽制度，严格依法适用逮捕羁押措施，促进社会和谐稳定。少

---

① 《最高人民检察院工作报告》（2019—2023）。

捕慎诉慎押司法政策实施以来，逮捕率显著下降。从 2018 年的 100 多万，到 2022 年的 50 多万，逮捕率从 2022 年 77% 降至 2022 年 59.2%；不捕率从 22.1% 升至 43.4%，不诉率从 7.7% 升至 26.3%[①]，逮捕人数由上表可知，我国的不捕率自 2018 年逐年上升，这反映出我国检察机关在审查批准逮捕时审慎适用逮捕措施。

（二）逮捕质量不断提升

按照现行逮捕制度的规定，不予逮捕的情形主要包括以下三类：没有犯罪事实或者行为不构成犯罪，或者依法不应当追究刑事责任的；没有证据证明有犯罪事实的；行为虽然构成犯罪但无逮捕必要的。即无犯罪事实不捕、没有犯罪证据不捕以及无逮捕必要的不捕三类。从最高人民检察院发布的数据上看，在逮捕率下降的同时，不予逮捕的案件类型不断优化，即全国无逮捕必要不捕占比由 2020 年的 37.9% 上升至 2022 年的 59.2%。[②] 由此可知，审查逮捕的质量不断提升。

（三）人民法院决定逮捕的数量不断提升

由于少捕慎诉慎押刑事司法政策的实施以及检察机关内部绩效考核的影响，检察环节的不捕率得以显著下降。但是，与此同时，人民法院为了确保被告人及时到案，以及案件诉讼顺利进行，对于检察机关提出实刑量刑建议或者认为可能判处实刑的被告人决定予以逮捕。由于历年

---

① 苗生明：《更好落实少捕慎诉慎押刑事司法政策》，《检察日报》2022 年 11 月 21 日第 3 版。
② 苗生明：《更好落实少捕慎诉慎押刑事司法政策》，《检察日报》2022 年 11 月 21 日第 3 版。

最高人民法院工作报告中并无决定逮捕的数据，所以无法管窥全国的基本情况，但是从部分地域的调研来看，部分人民法院为了"支持"和"配合"检察机关降低诉前羁押率的要求，将部分检察环节不予逮捕的案件在审判阶段予以逮捕。如此，一方面，降低了检察环节的逮捕率；另一方面，确保了诉讼的顺利进行。

五、审查逮捕的主要问题

（一）逮捕权的不完整性

首先，检察机关的批准逮捕决定书并不能直接作为逮捕犯罪嫌疑人的依据，而需要转化为公安机关的逮捕证。也就是说，检察机关的批准逮捕决定书只是内部法律文书，并无直接对外性。在批准逮捕决定作出时，犯罪嫌疑人及其辩护人不仅不能参与，也并不知悉。只有审查起诉阶段时，其辩护人在阅卷中才能看到，此时侦查已经终结。据此，即使在检察机关批准逮捕决定书中说明理由，也因为其只有内部效力，而无法真正获得公开。

其次，对于侦查机关提请批准逮捕的案件，检察机关只有批准或不批准的决定权，而不能对犯罪嫌疑人直接予以释放或变更强制措施，如此导致检察机关失去公开逮捕理由的动力。这与西方国家司法机关对未决羁押完整的审查权存在一定的差距，即对于不符合强制措施的犯罪嫌疑人可以予以释放。①

最后，检察机关在捕后羁押必要性审查中，发现应当变更或者不需要羁押的，不能直接决定予以释放或变更，而只能建议公安机关予以释放或变更强制措施。也就是说，人民检察院的逮捕权，只有"捕"的权力，没有"放"的权力，对于侦查机关的申请，只需作出批准与否的决定，而无须说明理由，更遑论公开逮捕的理由。

（二）逮捕程序的行政化

一是审查逮捕程序的书面化，使得逮捕理由形成机制不公开。检察人员在审查批准逮捕过程中，其心证的形成主要依赖于公安机关移送的提请批准逮捕意见书、案卷资料和证据材料。虽然法律规定，检察机关在审查批准逮捕时可以对犯罪嫌疑人的进行讯问，对证人、被害人的进行询问，听取辩护律师的意见，但由于这种征求意见的重点是对指控事实的再次确认，而此时，辩护律师没有阅卷权，也难以有针对性地提供有利于嫌疑人的证据资料。以至于对于逮捕决定的信息来源完全依赖于侦查机关的书面记录，所形成的逮捕理由也多是对侦查机关提请批准逮捕意见的直接认可，由此造成逮捕理由形成机制的不公开。

二是逮捕批准程序的封闭性，使得逮捕理由表达机制不公开。封闭是相对于公开而言，对于提请批准逮捕的案件，检察机关一般遵循："承办人员负责→部门负责人审核→检察长批准（或检察委员会讨论

---

① 《日本刑事诉讼法》第 207 条规定，法官认为没有羁押理由的，应当不签发羁押证而应立即释放犯罪嫌疑人。转引自孙长永：《探索正当程序——比较刑事诉讼法专论》，中国法制出版社 2005 年版，第 105 页。

决定)"的三级审批制。在这种案件办理机制下，承办人对于逮捕理由的意见并非能够完全递传到最终决策者面前，在意见传递过程中，也可能因为种种案外因素，使得这种意见未能被完全采纳，甚至于产生变异，以至于批准逮捕决定的具体理由无法、不能、不便于被公开地表达。

三是逮捕程序的惩罚性，使得逮捕理由保障机制不公开。所谓惩罚性主要是指检察机关在批准逮捕过程中，定位于追究犯罪的角度，而非以中立的方式进行审查。这种审查方式，完全依赖于根据追究犯罪的需要而自由，裁量，缺乏强制措施比例原则和法治原则的约束。这种行政化的逮捕制度构造体现了行政治罪的诉讼模式，也就很难内生出以权利保障为宗旨的逮捕理由公开制度。

（三）逮捕考核制度的不科学

如果说刑事诉讼法及相关司法解释是调整检察人员行为模式的正式规范，那么有关逮捕制度的考核规定，则是调整其行为的非正式规范。也就是说，负责批准逮捕的检察人员要受到其双重规范的引导，并且由于逮捕程序的考核规定直接关系到检察人员的个人利益得失，这种考核引导远甚于法律的明文规范。通过对部分地区检察机关考核办法的分析，对逮捕程序的考核主要集中在以下两个方面：一方面是人均办理审查批准逮捕的数量作为正面肯定，即以全市平均数作为基础分，人均办案审查批准逮捕数量在该平均数以上的进行加分，以下的进行减分；另一方面是将捕后判无罪或撤案情况作为负面评价，即只要有上述情况出现的，无论案件数量多少，均作相应扣分处理。而对于逮捕文书的说理性、逮捕理由的公开与否等事项并无相关激励机制。在这种考核规定引导下，检察人员更多的是关注在较短的审查批捕时限下增加办理案件的数量，从而提高办案效率；更多的是关注逮捕的刑罚要件，即只要符合定罪即符合逮捕条件，而对于逮捕的必要性、说理性以及公开逮捕理由并无关注，也因为这些程序性内容并无客观明确的标准，也不受到正面的激励和认可。

（四）逮捕标准的模糊性

虽然我国《刑事诉讼法》历经三次修改，对审查逮捕标准不断进行完善，但在司法实践中仍存在界定标准比较模糊、可操作性不强等不足之处，有些承办人员对刑罚和社会危险性要件判断不准确，自由裁量权较大，这无疑侵犯了犯罪嫌疑人的合法权益。且在捕诉合一改革后，有些承办人将批捕标准和起诉标准混为一谈，忽略了批捕和起诉的证据标准的不同。

六、审查逮捕的完善方向

（一）确立逮捕理由公开原则

逮捕理由的公开是司法公开的重要组成部分，也是检务公开的重点，对此应当进一步完善逮捕理由的公开原则。首先，在公开的阶段上，要根据诉讼的规律，实现逮捕决定前、决定中、决定后的全覆盖。之所以要重复公开，并非毫无意义，而是因为上述不同阶段的逮捕理由，其诉讼价值和功能并不相同。在逮捕决定前的理由公开重在保障相对人的知情权和及时防御权；在逮捕决定中的理由公开，重在保障相对人的实质参与权和有效辩护权；在逮捕决定后的理由公开，重在保障相对人的申诉权和救济权。其次，在公开的对象上，要根据基本权利影响的紧迫程度，在不同的阶段向不同的对象进行公开。在逮捕决定前和决定中，应当主要向逮捕行为的相对人公开，主要包括犯罪嫌疑人、被告人及其辩护人、近亲属，从而保障其知悉权、防御权和辩护权。在逮捕决定后除应向上述相对人公开外，还可以向新闻媒体和社会大众公开，从而保障社会大众的知情权和监督权，防止逮捕制度的滥用和恣意。再次，在公开的方式上，为方便获悉、检索、审查和监督，应当限于正式的书面形式，杜绝口头方式，从而保障逮捕行为相对人权利的实质化和有效性。

（二）健全逮捕理由公开规范

一是建立逮捕前的理由告知制度。逮捕决定前的理由告知具有特殊的诉讼价值，因为此时正处于侦查阶段，逮捕行为相对人无从知晓案件相关资料和事实，只有通过检察机关的主动告知，才能根据侦查机关提请逮捕的理由进行相应的防御和辩护。这就要求对于侦查机关提请批准逮捕的，检察机关应当在讯问犯罪嫌疑人时，除应告知其一般的诉讼权利和义务外，还应告知具体的提请逮捕理由和事实根据，并将此记入书面讯问笔录。没有告知的，该讯问笔录不得作为逮捕的依据，从而保障犯罪嫌疑人的及时防御权和有效辩护权。

二是实行逮捕令状记录事项的法定性。所谓法定性，是指检察机关制作的逮捕决定书应当符合法定形式，具备法定内容。针对当前逮捕决定书的格式化、空洞化、抽象化的特征，应当重新设计逮捕决定书的样式，凸显其叙述性、详细性、说理性。首先，逮捕决定书由填充式变为叙述式。对于公安机关提请批准逮捕的请求，检察机关不能做出一般令状，而必须根据双方意见并结合逮捕的要件进行逐一论证。其次，对于批准逮捕的理由必须明确和具体，不能以法条和证据材料进行概括说理，而应对人身危险性的具体事实和依据进行详细说理，从而为羁押必要性的审查和复查提供标的。所谓明确，即对羁押决定的理由不能以概括性、笼统性、随意性、含糊其辞的方式进行告知，而必须以公开的、书面的、法定的方式进行告知；所谓具体，就是必须是具体法律依据和由相关证据材料证明了的法律事实，而不能是一般理由、普遍理由。如果上述羁押决定不具体、不明确、不告知，那么所作出的羁押决定就不符合程序公开的要求，不具有法律效力。同时，对于羁押期限的延长，也应当给予犯罪嫌疑人必要的参与和救济权利，而不能由决定机关通过行政化的方式单方面、秘密地、内部性地做出。再次，对于没有羁押理由，不符合法定形式的逮捕决定书应明确其不具有法律效力，从而明确逮捕决定书内容和形式的法定性。

三是建立延长羁押决定的理由公开制度。对于案情复杂，侦查羁押期限届满不能终结的案件，在公安机关向人民检察院移送延长侦查羁押期限意见书后，人民检察院应当将延长侦查羁押期限的具体理由告知犯罪嫌疑人，以便其申请变更或撤销逮捕措施，同时在听取其对延长侦查羁押期限具体理由的辩护意见后，综合各方情况，再作出批准延长侦查羁押期限的决定。

四是对于犯罪嫌疑人及其近亲属和辩护人申请羁押必要性审查的，人民检察院认为需要继续羁押的，应当告知其继续羁押的具体理由，并将该理由作为下次羁押必要性审查的依据和重点。

（三）保持逮捕权力的完整统一

一是明确批准逮捕决定书的对外效力。逮捕决定文书的内部性是导致逮捕文书说理性不足的直接原因，作为逮捕依据的逮捕决定书不能作为执行逮捕的凭证与逮捕决定权的设置相背离，现有的逮捕必要性说理成为了检察机关向公安机关的说理，而非检察机关作出批准逮捕决定的说理。故此，应当改变现行的做法，明确规定检察机关批准逮捕决定书的对外效力，这是逮捕决定书由填充式法律文书转变为叙述式法律文书的前提。这就要求公安机关执行逮捕时应当出示检察机关的逮捕决定书，而不能另行制作逮捕证。二是赋予检察机关直接改变强制措施决定权。针对检察机关只能批准羁押而不能释放或变更羁押的现状，应当赋予其直接变更强制措施的决定权。即对于检察机关不批准逮捕或者逮捕后经审查没有羁押必要性的，可以直接作出决定变更强制措施或释放犯罪嫌疑人的令状，该令状无须执行机关的同意，但应当征求执行机关的意见。

（四）推进逮捕程序的司法化改革

由中立的司法机关对于犯罪嫌疑人羁押与否进行审查，是保障犯罪嫌疑人权利和防止羁押功能异化的根本，也是逮捕程序公开性的内在要求，这一原则已被联合国刑事司法准则所认可，并被域外法治国家所采纳。针对我国司法制度的特殊性，应对逮捕程序进行司法性改造，提高逮捕理由的公开性。

一是明确公安机关申请批准逮捕决定的举证责任。明确逮捕决定的举证责任是逮捕决定程序司法性的前提，是提高防止错误逮捕和不合理逮捕的必备门槛，也是维持检察机关审查逮捕决定过程中中立地位的必备保障。这就要求，公安机关在提请批准逮捕中要证明对犯罪嫌疑人进行逮捕存在相当的理由，而不能只提供证据和案卷，完全依凭检察机关的判断。所谓相当的理由，并非僵硬的法律概念，而是依据个案事实进行评估后相当性的程度。同时，还应当提供记逮捕必要性的具体书面理由，否则事后的羁押必要性审查就不能真正实行。

二是强化利害关系人在批捕程序中的有效参与，实现逮捕理由形成机制的公开。从权利保护的紧迫性上进行排序，检察活动中利害关系人的知情权和参与权相比一般民众应当受到优先的保护和落实。这就要求检察机关在批准逮捕前必须告知当事人侦查机关提请批捕的具体理由，并听取犯罪嫌疑人的辩解、辩护律师的意见、证人证言、鉴定人等意见，听取的方式应当是直接言辞的而不能用书面替代。同时，必须对上述意见记入笔录，作为决定是否批准逮捕的依据，对于没有采纳上述意见的，要给予具体明确地说理。首先，要保障利害关系人的知情权。对于逮捕的具体理由要在审查批准逮捕前明确告知犯罪嫌疑人及法定代理人和辩护人，并告知其拥有的诉讼权利和救济方式，对于执行逮捕后要及时将逮捕理由和羁押地点告知其近亲属。其次，要明确在审查批捕程序中听取他们的意见，对于犯罪嫌疑人必须无一例外地进行讯问，对于辩护律师的意见应当听取，并对他们的辩解和辩护理由给予说理性回应。

三是加强审查决定批准程序的公开性。公开可从狭义和广义两个方面理解，狭义的公开，是指向社会公开，准许公众旁听，准许新闻媒体采访报道，广义的公开则包括对当事人的公开，强调当事人在场时进行诉讼活动。此处的公开主要是广义的公开，即检察官在审查批准逮捕的程序应当以听证或其他准司法的形式进行，给予当事人辩解和申诉的机会，并根据庭审活动形成心证，当场作出批准或不批准逮捕的决定。这就要求积极推进检察官办案责任改革，实现"审理者裁判，裁判者负责"的批准逮捕机制，从而实现逮捕理由表达机制的公开。

（五）优化逮捕程序考核指标，增强逮捕理由公开的积极性

对于检察业务考核，主要包括"率"和"量"，当前考核机制多注重其效率，而忽视了其决策行为的说理性及其效果。对此，应将有关考核规定的强制性规范引导变为目标性功能指导。具体可分为两个方面：一方面是引入同行、当事人及辩护律师评价机制，听取其对逮捕理由公开情况的意见，并作为相应指标进行预警，从而鼓励主办检察官由注重案件数量向注重办案说理转变；另一方面是注重综合性评价，不能单纯

地以诉讼结果评价诉讼过程。在我国逮捕制度的主要功能是程序上的，且是动态性的，不能单纯地依据因犯罪嫌疑人未被捕而引起的社会危险性而否定当时批准逮捕的程序。对于办案人员的责任追究，应当以过错责任为原则，即只要检察机关办案人员没有主观故意或重大过失，就不可以追究其责任，从而使其敢于在批捕决定中进行说理。

第九章 数字时代行政执法与刑事司法双向衔接制度

刑事司法与行政执法的双向衔接简称行刑衔接或"行刑对接"，是指一个案件同时违反刑事法律与行政法规，行政机关与刑事司法机关对超过本机关受理范围的部分向对方移送。行政执法与刑事司法的衔接有利于打击犯罪，严格执法，纠正有罪不究、以罚代刑等行政执法问题。两法衔接经历了初创、发展和改革阶段，衔接的内容涵盖案件移送、证据审查、程序衔接等各个方面。刑事司法与行政执法二者在衔接过程中展现出的衔接水平，是法治建设进程的一个缩影。自党的十八届三中全会首次提出"完善行政执法与刑事司法衔接机制"，各部门不断出台各项规范性文件从体系上完善双向衔接机制，习近平总书记强调："当今世界，信息技术创新日新月异，数字化、网络化、智能化深入发展，在推动经济社会发展、促进国家治理体系和治理能力现代化、满足人民日益增长的美好生活需要方面发挥着越来越重要的作用。"① 党的二十大报

---

① 习近平：《致首届数字中国建设峰会的贺信》，《人民日报》2018 年 4 月 23 日第 1 版。

告中指出，要加快建设"数字中国"①"强化行政执法监督机制和能力建设，深化司法体制综合配套改革"。因此，新时代科技革命背景下治理手段和治理环境的变化，也对双向衔接的水平与方式提出了更高要求。传统衔接方式中，实体衔接与程序衔接区分困难、平台应用形式化、平台建设迟缓、功能分类模糊、欠缺统一标准等问题造成了衔接困境，无法与新生大数据技术融合进行数字化转型。面对这一实践困境，本书立足于"数字中国"建设与新时代信息技术革命的浪潮，以利用大数据技术提高衔接水平为主线，探究大数据视野下的双向衔接改革实施路径。

一、两法衔接的数字化时代背景

（一）数字技术蓬勃发展引领双向衔接升级

新时代信息技术革命的到来伴随着各项数字技术的发展，诸如数据处理系统、云计算、深度学习和智能算法等技术在国家治理体系的具体应用，"数据"为各主体的决策提供了科学、精细、明确的参考。数字时代的技术赋能满足了政府管理、企业经营、司法办案等各个领域治理模式由粗放式向精细化方向转变的需求。党的二十大报告强调完善社会治理体系，健全共建共治共享的社会治理制度，提升社会治理效能。②

---

① 习近平：《高举中国特色社会主义伟大旗帜　为全面建设社会主义现代化国家而团结奋斗——在中国共产党第二十次全国代表大会上的报告》，人民出版社 2022 年版，第 30 页。

② 习近平：《高举中国特色社会主义伟大旗帜　为全面建设社会主义现代化国家而团结奋斗——在中国共产党第二十次全国代表大会上的报告》，人民出版社 2022 年版，第 54 页。

这对行刑双向衔接制度提出了新要求，新时代推进数字中国建设背景下，作为双向衔接主体的刑事司法机关与行政执法机关如何将新兴数字技术与衔接平台建设相融合，补齐短板，提高衔接效率，将衔接工作改革作为促进国家治理体系和治理能力现代化的一个因素，是其重要任务。传统双向衔接工作在建设发展中存在的问题表现为三个特征。

1. 被动性

在传统行政执法与刑事司法的程序衔接中，案件是否进行移送，取决于移送主体的前置判断。由于案件移送的主动权掌握在案件受理机关，移送机关知情权受限，加上构罪与证据标准模糊、办案部门裹挟私利、工作人员业务能力参差不齐、未建立移送平台等客观因素，造成移送机关裁量权大，线索获取范围有限，信息的真实性和可信度难以确定，检察机关获取线索困难，法律监督介入滞后，难以主动履职，检察机关的法律监督范围往往只限于案件移送后的阶段，这使得检察机关无法对案件的前期调查阶段进行有效的法律监督，并且检察机关的法律监督难以及时发现问题，从而可能导致问题的积累和扩大。

2. 复杂性

复杂性体现在实体衔接中，实体衔接涉及行政违法与刑事犯罪的实体界分标准，以及二者处罚的折抵问题。《行政处罚法》第 8 条、第 27 条设定了衔接中行政机关的法定职责，案件的移送与否取决于行政机关对案件性质的前置判断[①]，如在 2020 年修订的《行政执法机关移送涉嫌犯罪

[①] 李煜兴：《行刑衔接的规范阐释及其机制展开——以新〈行政处罚法〉行刑衔接条款为中心》，《中国刑事法杂志》2022 年第 4 期。

案件的规定》中，第 3 条规定了对一般行政违法案件和知识产权领域违法案件二者不同的移送标准，移送标准主观性强，实践中行政机关掌握该标准的难度大，加上行政犯罪行为同时兼具行政与刑事双重违法性，同时受行政法与刑法二者规范，且行政刑法规范都是空白刑法规范[①]和补充规范[②]，外延广泛，散见于各位阶法律文件当中，理论界中对于行政违法与刑事犯罪的区分众说纷纭[③]，行政机关与刑事司法机关作为衔接中的主体，其执法或司法人员面对两类部门法的实体界分判断难度上升，界分困难。

3.落后性

部分地区衔接平台建设理念落后，硬件落后，行刑衔接平台建设流于形式，尽管响应中央文件号召实施平台建设，但由于建设理念与水平差异较大，实际应用较少，存在凑数嫌疑。在硬件上，平台建设无统一标准，平台系统多方采购，同一省市衔接平台难以互通，各区县平台接口单位不一，跨地区交流困难。在功能上，平台内部功能分类模糊，使用流程繁琐，平台办案流程中没有设置检察机关监督端口，法律监督机关无法及时介入。人工审查与个案审查收益小，导致检察机关的监督零散化、碎片化，监督整体效应不强。

"被动性、复杂性、落后性"，这三者既是现阶段衔接平台建设难点所在，更是衔接平台依托数字技术未来改革的新方向。进入新时代，我国"十四五"规划指出加快"智慧法治"建设部署，将数字技术融入两

---

① 张明楷：《刑法的基础观念》，中国检察出版社 1995 年版，第 321 页。
② 周佑勇、刘艳红：《行政刑法性质的科学定位（上）——从行政法与刑法的双重视野考察》，《法学评论》2002 年第 2 期。
③ 孙国祥：《行政犯违法性判断的从属性和独立性研究》，《法学家》2017 年第 1 期。

法衔接工作是落实该部署的具体要求，进而对传统衔接模式的难题进行逐次化解，在大数据视野下的衔接工作中化被动为主动、化复杂为简单，跨入数字技术应用先进行列，全方位提升双向衔接工作的质量与水平。

（二）新时代科技革命背景下的时代要求

大数据是生产资料，云计算是生产力，互联网是生产关系，数字技术是未来竞争的利器。[1]2021年，我国数字经济规模高达45.5万亿元，GDP占比为39.8%，总量稳居世界第二。[2] 此前，数字技术主要应用在商事领域内，如20世纪90年代沃尔玛经典营销案例"啤酒与尿布"[3]，2009年阿里巴巴集团组建的"淘宝数据魔方"[4] 都是数字技术的成功运用。受益于硬件规格提升和数字技术理念的深入人心，数字技术方兴未艾，从司法办案到行政执法，各办案领域均涌现出了一系列优秀辅助办案系统。

横向比较来看，法院系统在数字技术的集成应用上走在了前列，2014年人民法院系统上线的大数据管理和服务平台，能够对静态数据和在线数据进行实时处理，根据社会需要，动态生成当前全国法院审判工作态势，以往纷繁复杂的司法统计报表更是有迹可循，不仅如此，也将诸如人事和政务等外部信息囊括其中。当前，该平台储存的数据资源早不能以TB级别来计算，积累了PB级别的数据存量更是该平台的巨大优势。在地方，2017年杭州互联网法院成立至今，互联网法院及法庭的建设为数字技术在

---

① 董慧、李菲菲：《大数据时代：数字活力与大数据社会治理探析》，《学习与实践》2019年第12期。

② 国家互联网信息办公室：《数字中国发展报告（2021年）》，资料来源：中国网信网，http：//www.cac.gov.cn/2022-08/02/c_1661066515613920.htm。

③ 高勇：《啤酒与尿布》，清华大学出版社2008年版，第51页。

④ 冯海超：《大数据的中国机会》，《互联网周刊》2013年第1期。

司法领域的应用提供了丰富样本，诉讼程序的线上全流程化是互联网法院的"标签"之一，淡化了地域性和差异性，大幅减少了当事人的时间成本。再者，如天津和平区法院开启了"无书记员记录"庭审新模式，依据庭审的录音录像，实时转换为文本，代替人工输入，节省整理、校对时间。①

同样，公安机关在侦查阶段中也进行了数字化、智能化转型，涌现诸多先进办案辅助系统，例如，苏州公安机关建立的"天枢平台"，融合本市刑事案件侦查资源，针对需要随时调取，统一对接本市范围内刑事案件。② 福州市公安局"e体+"智能系统，2022年，违法犯罪警情数、刑事案件立案数、电信网络诈骗发案数均同比下降两成左右。③ 各地利用数字技术推陈出新，丰富了智慧法治建设，④ 为数字技术赋能行刑双向衔接工作提供了契机，描绘了衔接平台建设路径。

总体而言，这些数字技术的运用优势显而易见，首先，突破了以往人力分析整理海量司法数据所面临的复杂性与重复性，使得司法工作人员尤其是员额法官和检察官摆脱了繁琐的事务性工作，在数据收集的系统化和适用法律的规范化上迈入了一个新台阶。其次，司法机关利用数字技术对双向体制进行技术层面的优化，从实体衔接与程序衔接入手，进而打破行政机关与刑事司法机关的数据壁垒，建构数据治理机制体系。最后，传统衔接工作中，无论是正向衔接还是反向衔接，抑或是检察机关的监督介入，都在不同程度上受到办案人员"经验主义""主观

---

① 《天津法院开启"无书记员记录"庭审新模式》，资料来源：中国新闻网，https://www.chinanews.com.cn/sh/2023/04-14/9990278.shtml。

② 《2021年以来江苏苏州公安已帮助154组家庭实现"团圆"》，资料来源：中国长安网，https://www.chinapeace.gov.cn/chinapeace/c100046/2021-12/07/content_12568843.shtml。

③ 梁仁昌等：《福州："e体+"打造高质量发展"公安样本"》，资料来源：中国警察网，http://news.cpd.com.cn/n3559/323/t_1076525.html。

④ 左卫民：《迈向数字诉讼法：一种新趋势？》，《法律科学（西北政法大学学报）》2023年第3期。

倾向"的影响，数字技术时代亟须精确算法对以往的工作问题进行纠正，通过算法过滤无效数据，提高检索逻辑与检测精准度，依赖数据之间的相关性对案件移送程序进行监督与数据留痕，弥补实践中行政执法机关在移送案件中存在的自由裁量权过大，检察机关监督介入不足等问题，在衔接工作中寻求理性与经验的价值平衡。

（三）利用数字技术实现从被动衔接到能动衔接的现实需求

在新时代信息技术革命的背景下，将数字技术应用到行政执法与刑事司法的衔接领域，符合顶层设计与基层办案一线的现实需要。行刑衔接工作的数字化转型已经成为一种趋势，数字技术是以云计算、大数据、人工智能等为突出标志的技术。云计算即基于互联网的计算方式，按需求与其他设备共享软硬件资源和信息。[1] 大数据技术就是数据的分析技术，其子技术包括数据处理系统、深度学习以及知识计算等具体内容[2]。人工智能即人工化的数据产物，具备数据自我分析、自我学习、自我建造、自我更新的底层功能性基础结构，并能通过这些结构与大数据集合，分析，然后通过人类学、社会学、神经语言学与其他学科的标准得出最适合当前情况的结论分析并加以应用。结合大数据技术、云计算、人工智能等技术，新时代依托数字技术改造行刑衔接工作使其具有以下三个特点：

1.主动性

数字技术可以帮助行政执法机关、检察机关和公安机关主动地发现

---

① 陈全、邓倩妮：《云计算及其关键技术》，《计算机应用》2009 年第 9 期。

② 刘智慧、张泉灵：《大数据技术研究综述》，《浙江大学学报（工学版）》2014 年第 6 期。

和衔接案件。通过建立信息共享平台和机制，相关部门可以自动地获取和分析案件数据，从而主动地发现和衔接符合案件移送标准的案件。同时，数字技术可以帮助各部门主动地分析案件数据，预测案件的发生可能性，进而提高执法效率和精准度。

首先，主动发现案件。这有助于避免因信息不对称、信息孤岛等问题而导致的案件遗漏现象，实现对案件的全面覆盖和主动发现，提高执法效率和精准度。其次，主动衔接案件。数字技术可以帮助相关部门主动地衔接案件，实现行政执法、刑事司法和检察机关之间的衔接。通过建立智能化决策平台和信息可视化平台，相关部门可以实现智能化的决策流程和数据可视化展示，从而主动地衔接案件，避免因手动操作、人为因素等问题而导致的漏洞和错误。最后，主动预测案件。数字技术可以帮助相关部门主动地分析案件数据，预测案件的发生可能性，进而提高执法效率和精准度。通过应用大数据技术和深度学习技术，可以对案件数据进行深度分析，预测案件的发生可能性和发展趋势，从而主动地制定执法策略和预防措施，避免案件的发生和扩大。因此，数字技术赋能行刑衔接工作可以帮助行刑衔接工作具有更强的主动性，实现对案件的全面覆盖、主动发现和积极预测。

2.简单性

数字技术可以帮助行政执法机关、检察机关和公安机关简化行刑衔接工作的流程和操作。通过建立智能化决策平台和信息可视化平台，可以实现智能化的决策流程和数据可视化展示，从而简化决策流程和操作流程，提高工作效率和准确性。在新时代信息技术革命的背景下，数字技术可以帮助行刑衔接工作更加简单化。

　　首先，简化决策流程。通过建立智能化决策平台，各部门可以实现智能化的决策流程，从而简化决策流程，避免因繁琐的决策流程而导致的工作效率低下和错误率高等问题。其次，简化操作流程。通过信息可视化平台，各部门可以实现数据可视化展示，从而简化操作流程，提高工作效率和准确性。例如，实现案件信息的地图化呈现、时间轴展示等，帮助决策者更好地了解案件信息和衔接情况。最后，简化数据分析。通过应用大数据技术和深度学习技术，各部门可以对案件数据进行自动化分析，从而简化数据分析过程，提高数据分析效率和精准度，快速地制定对策和调整工作方案。因此，数字技术可以帮助行刑衔接工作更加简单化，实现决策流程、操作流程和数据分析过程的自动化和智能化。

3. 安全性

　　数字技术可以帮助行刑衔接工作具有更高的安全性。首先，数据存储和传输中的安全性。通过应用云计算技术，各部门可以将数据存储在云端，实现数据的集中管理和安全存储，避免数据丢失和泄露等问题。同时，通过加密和安全传输协议等技术手段，保障数据在传输过程中的安全性。其次，身份认证和权限控制的安全性。通过建立安全身份认证和权限控制机制，各部门可以确保行刑衔接工作只能被授权人员访问和操作，避免非法访问和操作等安全风险。最后，利用数字技术打造安全的移动化应用。通过加强移动化应用的安全性设计和实施，各部门可以确保移动化应用的安全使用，避免因移动设备丢失或被盗而导致的数据泄露。显而易见，数字技术赋能行刑衔接工作具有更高的安全性，实现数据存储和传输、身份认证、权限控制、移动化应用的安全。

二、两法衔接的数字化立法脉络

（一）国家层面立法进程

国家层面立法进程

序号	法律文件名称	出台机关	时间
1	《行政执法机关移送涉嫌犯罪案件的规定》	国务院	2001 年
2	《关于加强行政执法机关与公安机关、人民检察院工作联系的意见》	最高人民检察院、全国整顿和规范市场经济秩序领导小组办公室、公安部	2004 年
3	《关于加强行政执法与刑事司法衔接工作的意见》	国务院	2011 年
4	《食品药品行政执法与刑事司法衔接工作办法》	国家食品药品监管总局、公安部、最高人民法院、最高人民检察院、国务院食品安全办	2015 年
5	《环境保护行政执法与刑事司法衔接工作办法》	环境保护部、公安部、最高人民检察院	2017 年
6	《"十四五"时期检察工作发展规划》	最高人民检察院	2021 年
7	《关于加强新时代检察机关法律监督工作的意见》	中共中央	2021 年

1.衔接制度萌芽期

"两法"衔接概念最早是由国务院办公厅组织开展全国范围内打假联合行动时提出的。2001 年，国务院在全国范围内推进治理社会主义市场经济秩序活动，在这种背景下制定了加大法律监督力度、借助刑事措施有效查处破坏市场经济犯罪活动、维护社会秩序的计划，并明确提出了"两法"衔接的基本策略。然而，由于"两法衔接"多涉及经济领域的违法犯罪行为，在经济转型时期的特殊历史背景下，实践中展现给我们的却是两者的脱节甚至割裂，官方将其总结为"四多四少"现象，即"对破坏市场经济秩序的犯罪案件存在实际发生多、查处少；行政处理多、移送司法机关追究刑事责任少；查处一般犯罪分子多、追究幕后操纵主犯少；判缓刑多、判实刑少的'四多四少'现象"①。2001年我国加入世贸组织，由于我国市场经济与世界经济接轨程度不断加深，侵犯知识产权类罪与生产销售伪劣产品类罪频发，引起了国家重视，为降低该类犯罪对我国国际贸易的负面影响，打击我国市场上层出不穷的侵犯知识产权与生产销售伪劣产品等违法行为，国务院在当年发布了《行政执法机关移送涉嫌犯罪案件的规定》，初步规定了移送的案件范围、移送材料、受移送机关立案程序、检察机关的监督方式等环节，该文件为行刑衔接制度的发展奠定了基础，同时，该文件也存在移送证据的行政执法机关法律地位模糊、受理案件类型较窄、移送裁量权过大等问题。随后而来的2002年检察机关从监督方面加强了与行政执法机关的协调，依法查办了397名涉嫌徇私舞弊不移交刑事案件犯罪的行政执法人员，纠正了一批有罪不究、以罚代刑的案件。

2001年到2002年中，由于受限于所处年代的客观条件，计算机技术并不发达，相关专业人才储备不足，行政法规及其他规范性文件没有对办案机关利用大数据技术办案如联网共享和信息通报等应用平台做出明确要求。

---

① 李和仁：《形成打击经济犯罪的合力——建立行政执法与刑事执法相衔接工作机制座谈会述要》，《人民检察》2003年第12期。

2.数字衔接探索期

关于两法衔接，从 2002 年到 2022 年最高人民检察院工作报告均有涉及，并且从 1.0 版本到 2.0 版本，形成了党内法规、国家法律、司法解释、部门规章的体系性。2004 年《关于加强行政执法机关与公安机关、人民检察院工作联系的意见》出台，该文件首次提出要建立行政执法机关、公安机关、人民检察院信息联网共享机制，该条虽未指明数据技术这个概念，但通过"信息共享机制"的提出表明三机关初步认识到了数据处理平台与数据共享对三机关办理行刑衔接案件的重要性。

2011 年，国务院法制办牵头，六个国家机关发布《关于加强行政执法与刑事司法衔接工作的意见》，该意见较之前文件中提到的建设总体上的信息联网共享平台有所不同，该意见细化了领域，强调要在刑事司法与行政执法的双向衔接领域内建立衔接工作信息共享平台，充分运用现代信息技术实现行政执法机关、公安机关、人民检察院之间执法、司法信息互联互通，说明国家从技术层面认识到了共享信息当中的数据问题，数据技术的概念已经逐步成熟，强调要通过算法来识别、收集与共享数据进而提升机关之间的工作效率。

此后国家食品药品监管总局和环境保护部都联合多个国家机关出台了行刑衔接办法，均指出要在数据上实现共联共享，统一执法标准、规范业务流程。在该阶段，中央机关发布的行刑衔接系列规范性文件完善了各个执法机关衔接领域的空白，数字技术也在填充其中的过程中于技术层面与行刑交接工作深度融合。

行政执法机关与刑事司法机关逐步在数字技术的基础上建立了各式数据处理平台。该时期各项规定的出台逐渐填充了数据技术层面上衔接平台建设的内容，初步规定了执法标准、业务流程、参与机关，强调运用信息技术提升衔接工作水平，对大数据技术的应用逐渐明朗，但此时出台的规范性文件多为行政法规以及部门规章，多限于具体领域内大数据技术的应用。

3. 数字赋能成熟期

党的十八届三中全会通过的《中共中央关于全面深化改革若干重大问题的决定》，特别强调"深化行政执法体制改革。整合执法主体，相对集中执法权，推进综合执法，着力解决权责交叉、多头执法问题，建立权责统一、权威高效的行政执法体制。减少行政执法层级，加强食品药品、安全生产、环境保护、劳动保障、海域海岛等重点领域基层执法力量。理顺城管执法体制，提高执法和服务水平。完善行政执法程序，规范执法自由裁量权，加强对行政执法的监督，全面落实行政执法责任制和执法经费由财政保障制度，做到严格规范公正文明执法。完善行政执法与刑事司法衔接机制。"党的十八届四中全会通过的《中共中央关于全面推进依法治国若干重大问题的决定》进一步提出，健全行政执法和刑事司法衔接机制，完善案件移送标准和程序，建立行政执法机关、公安机关、检察机关、审判机关信息共享、案情通报、案件移送制度，坚决克服有案不移、有案难移、以罚代刑现象，实现行政处罚和刑事处罚无缝对接。

2021 年 2 月《"十四五"时期检察工作发展规划》颁布，在该文件的后半部分中，点明大数据技术是"十四五"期间检察机关发展的重要方向，需要掌握的必备技能，最高人民检察院将大数据技术与人工智能、区块链技术并举列为推进智慧检务工程建设的关键成分。同年 8 月，中共中央印发《关于加强新时代检察机关法律监督工作的意见》，提出完善检察机关与行政执法机关、公安机关、审判机关、司法行政机关执法司法信息共享、案情通报、案件移送制度，实现行政处罚与刑事处罚依法对接。国家在立法和政策制定方面积极推进数字技术赋能司法工作开展，为各个机关之间利用数字技术协作办案提供了法律和政策保障，也为行刑衔接工作的规范化和高效化提供了重要的支持和保障，这意味着通过大数据技术、区块链、云计算和智能算法以数字赋能行刑衔接制度已是大势所趋。

4.地方层面立法进程

在实践中，地方政府和执法部门逐步意识到行刑衔接制度的重要性，开始积极推进行刑衔接制度的建设和实施，通过不断地实践来总结经验、发现问题、探索解决方案，不断推动行刑衔接制度的改革和完善。这些经验和案例（见下表）可以为国家层面的立法提供参考和依据。国家层面立法应借鉴地方层面的实践经验和案例可以更好地反映实际需要，提高立法的实效性和可操作性。

地方层面立法进程

序号	法律文件名称	出台机关	时间
1	《珠海经济特区行政执法与刑事司法衔接工作条例》	珠海经济特区人民代表大会	2001 年
2	《北京市人民检察院关于检察监督案件化办理工作指引（试行）》	《北京市人民检察院关于检察监督案件化办理工作指引（试行）》	2020 年
3	《德州市行刑衔接工作实施办法（试行）》	德州市水利局、公安局	2021 年
4	《固原市行政执法与刑事司法衔接工作制度（试行）》	固原市人民政府、固原市人民检察院	2022 年

2014 年，《珠海经济特区行政执法与刑事司法衔接工作条例》出台，该文件第四章为"信息平台管理"，其中规定了信息共享平台的定位，

应录入的案件基本信息和其他相关信息、平台的主管运营单位、检察机关以及法制部门在平台的监督查询。2020 年出台的《北京市人民检察院关于检察监督案件化办理工作指引（试行）》，要求监督案件纳入统一业务应用系统，对行刑衔接案件监督建立线上线索库。2021 年，德州市水利局与公安局出台的《行刑衔接工作实施办法（试行）》提到，健全信息互通机制，开通水利行政执法、行政处罚等相关信息平台接口，提供相应的信息平台终端设备，实现涉嫌犯罪案件网上移送、网上受理、网上监督。2022 年宁夏回族自治区固原市发布《固原市行政执法与刑事司法衔接工作制度（试行）》，其中在移送案件中要全面应用宁夏行政执法监督平台。

但是也有一部分地方机关出台的文件中没有涉及信息平台的运营建设问题，如 2017 年出台的《安徽省食品药品安全行政执法与刑事司法衔接工作规则》、2021 年出台《陕西省林业行政执法与刑事司法衔接工作办法》以及 2022 年出台的《安徽省自然资源行政执法与刑事司法衔接工作机制运行规则》等规范性文件，其行刑衔接工作的开展仍然以联席会议制度实现案件信息共享为主。

三、两法衔接的数字化困境

（一）两法衔接的法律规范匮乏

虽然现行的两法衔接已经形成了初步的规范体系，基本实现了有规可依的问题。特别是 2021 年 6 月，中共中央印发的《关于加强新时代检察机关法律监督工作的意见》，对健全行政执法和刑事司法衔接机制，完善检察机关与相关部门信息共享、案情通报、案件移送制度提出了明确要求。最高人民检察院又专门出台了《推进行政执法与刑事司法衔接工作的规定》，但是在该体系之中，主要是以部门规章、司法解释为主，缺乏法律性、统一性、权威性规范，以至于部分工作流于形式，难以实效化。比如，虽然建立了全国性的"两法衔接"信息管理平台，但是由于缺乏法律规范，该平台仍然局限于信息维护、信息查询、数据统计分析、数据共享等基础功能。然而，对于平台信息的不录、选择性录入或录入不全的问题，由于缺乏法律的强制性规定，两法衔接平台的实效性有待进一步加强。

（二）平台建设迟缓，法律监督困难

最高人民检察院关于两法衔接的数据统计（2011—2021）

年份	督促行政执法机关依法移送涉嫌犯罪案件（件）
2011	6414
2014	6873
2020	3706
2021	4819

由于工作报告的政治性，最高人民检察院工作报告对于两法衔接的数据并没有一以贯之，只是分别在 2011、2014、2020、2021 年有所涉及，同时，也没有被纳入中国法律年鉴的统计目录，所以对于两法衔接司法实践的观察只能通过部分地方报告和有限的全国性数据。从最高人民检察院的统计来看，2011 年，督促行政执法机关移送涉嫌犯罪案件 6414 件，此后整体呈现下降趋势，2021 年仅为 4819 件。由

于缺乏全国行政执法数据的统计，所以很难对其进行全面评价，但是从部分地区的统计来看，仅在 2021 年，广东省行政处罚 208740 件[①]，而同期受理两法衔接案件 605 件，建议移送 589 件，仅占行政处罚总数的 2%。[②]

一方面，地方衔接平台建设迟缓。早在 2004 年，国务院、最高人民检察院和公安部便在顶层设计层面上意识到依托数据处理系统协助办案的重要性。2012 年国务院法制办强调要"运用现代信息技术实现行政执法机关、公安机关、人民检察院之间执法、司法信息互联互通"，国务院出台多项政策文件鼓励支持地方建立行刑衔接的大数据处理平台，完善行政执法与刑事司法衔接体制，但部分地方对于建立信息共享平台依然处于探索阶段，积极性不高。

另一方面，机关内部无衔接平台，法律监督困难。检察机关在行刑衔接工作上承担正向衔接中的监督和反向衔接的移送职责，但因相关机关没有通过数据平台实施行刑衔接工作或在平台中没有设置监督功能以致于法律监督困难。首先，造成法律监督权力运行不畅，检察机关无法通过衔接平台的运行将监督延伸至各机关执法过程以及结果，造成检察机关的法律监督职能运行不畅，存在监督不到位、监督效果不佳的情形。其次，没有通过平台建立规范的监督流程，监督标准，造成监督方式不当、监督程序不规范等，导致其法律监督职能受到限制。法律监督对象难以确定，在一些行政执法与刑事司法之间的衔接案件中，存在找寻执法主体困难，法律监督对象难以确定，造成检察机关的信息获取渠

---

① 《广东省 2022 年度行政执法工作统计数据》，资料来源：http://sft.gd.gov.cn/sfw/zwgk/sjfb/tjsj/content/post_4083496.html。

② 《广东省人民检察院工作报告》(2022)。

道不畅或者信息整合能力不足的局面。以河北省承德市兴隆县为例，当地检察院利用的大数据处理系统只有通用的全国检察业务应用系统2.0。全国检察业务应用系统2.0是典型的大数据技术的产物，具有流程办案、智能辅助、数据应用、知识服务等功能，但该平台在行刑衔接功能上尚属空白，其属于检察机关内部办案平台，在行刑衔接领域内案件信息无法与公安机关和行政执法机关互通，办案系统不兼容，并未涵盖行刑衔接业务，地方检察院和行政执法机关只能依靠自身开发或采购的数据处理系统进行线上案件移送。此外，部分地区两法衔接平台流于形式，并未得到实质性应用，如湖南省郴州市检察院虽建立了名为"政法协同推送平台"的两法衔接平台，却由于三机关之间信息平台无法对接，需多次录入执法信息，增加工作量，致使众多行政执法机关参与难，平台设置虚化，监督介入不足。

（三）数字技术应用面临资源限制

资源瓶颈限制数字技术应用。在行刑衔接工作中，数字技术的应用离不开资金、人力、软硬件、管理等成本的支出，行政执法机关与刑事司法机关怠于建立信息共享平台面临的资源限制表现为四个方面。第一，人力资源限制。建立信息共享平台需要具备相应的IT技术人员，例如软件工程师、数据库管理员、网络工程师等，这些人才的招聘和培训需要投入大量的人力资源，但受制于人才编制规定，技术人才队伍扩充困难。第二，物质资源限制。建立信息共享平台需要相应的硬件和软件支持，例如服务器、存储设备、计算机等，这些设备的采购和维护需要投入大量的物质资源。第三，财务资源限制。建立信息共享平台需要投入大量的资金，例如IT设备采购、软件开发、人员培训等方面的费用，这些费用需要从行政执法机关和刑事司法机关的财务预算中拨出。第四，管理资源限制。建立信息共享平台需要建立相应的管理机制，例如信息安全管理、权限控制、数据管理等，这些管理机制需要投入人力、物力和财力资源，才能够建立起可靠的信息共享平台。因此，资源限制是行政执法机关与刑事司法机关在建立信息共享平台时面临的重要问题，需要充分考虑资源的投入和利用，确保资源的最大化利用和共享。

（四）存在数据泄露风险

在行刑衔接工作中，涉案信息的保密工作同样是数字技术重点建设方向，当前安全保障上存在多种问题。第一，个人信息易于泄露。在信息共享过程中，可能会涉及个人身份信息、家庭住址、身体状况等敏感信息的共享，如果没有采取适当的措施，这些信息可能会被非法获取和利用，导致个人隐私泄露。第二，涉案信息易于泄露。由于衔接平台接口单位众多，在信息共享过程中，可能会涉及涉案信息、调查结果、证据材料等敏感信息的共享，如果没有采取适当的措施，这些信息可能会被非法获取和利用，导致涉案信息泄露。第三，数据备份存在问题。在信息共享平台的构建和运营过程中，可能会存在由于软硬件或人为因素，导致数据被篡改、被删除、被破坏等问题，从而威胁到数据的安全性和可靠性，进而影响到行政执法机关和刑事司法机关的工作效率和公正性。第四，系统安全问题。由于衔接平台需要接入互联网，会存在系统被攻击、系统被入侵等问题，导致系统的稳定性和安全性受到威胁，进而影响到信息共享的正常进行。

（五）功能分类模糊，双向衔接不畅

一是正向衔接中部分地区检察机关监督功能缺失。对行政机关中的"有案不移""以罚代刑"等问题监督不及时、不到位的问题依然存在，这种问题源于办案信息数据不对称，造成行政机关会比刑事司法机关提前获取信息。在正向衔接中，行政机关对于案件是否需要刑法评价，进而移送至刑事司法机关发挥着主导作用。在该主导作用下，案件录入的及时性、全面性、准确性、覆盖面不能得到保证，法律监督机关处于被动地位，在数据共享上不及时，不全面，无法获得与行政执法机关对等的信息数据，因此在正向衔接中，多数检察机关监督乏力。

二是在反向衔接中对接发展水平差异较大。刑事司法机关要向各行政执法机关移送案件，由于各地市信息共享平台建设水平参差不齐，与平台对接的行政执法单位数量各不相同，对接水平差异较大。在部分地方上，并非所有行政执法机关都参与到了两法衔接平台当中，实际中同一地级市内不同区县的衔接部门也有所不同，造成同一地区的两法衔接平台无法在该区县通用。在两法衔接平台上行政执法机关设置端口的较少，多数领域内的两法衔接工作只能通过牵头机关不断地召开线下联席会议来开展，在司法资源紧张的条件下参与联席会议向其他行政执法机关移送案件提出检察建议的做法，成本过高，收效甚微。

（六）两法衔接平台建设欠缺统一标准

当前，两法衔接平台的建设上，全国各地在牵头单位、软件系统、移送标准、证据标准等各方面均有不同之处，如在牵头单位上就有地方政府、政法委、司法局、检察院等多种主体，具有明显的"地方特色"，各地自成一体，在全省范围内缺乏协调和建构。

大数据时代数据处理理念被概括为"要全体不要抽样，要效率不要绝对精确，要相关不要因果"①，两法衔接平台是网络化的双向办案协作机制，作为大数据技术的具体应用以数据处理的正确和效率为基础，这关乎司法资源的合理调配，2021年6月出台的《最高人民检察院关于推进行政执法与刑事司法衔接工作的规定》规定了在衔接工作中双向衔接的含义。检察建议的具体程序、涉案财物的移送、衔接工作的定期通报，但只在规定尾部第十六条②提到了双法衔接平台中检察院录入案件信息的日期。尽管该规定从理论定义和具体程序上统一了部分两法衔接具体应用，但在双法衔接平台的建设上如开头提到的平台案件移送标准、证据移送标准、期限、牵头单位、软件系统等问题上仍无统一规定。

此外，受限于各地行政执法人员和刑事司法人员思维模式、知识体系的差异，很难基于同一立场和水平来判断处理案件，更何况在移送上要涉及对方的专业领域，"就行政不法和刑事不法的法益侵害判断而言，两者的差异首先体现为：行政不法行为只需要违反国家的行政管理秩序，就可以给予行政处罚。但是刑事不法行为还必须进一步的具备严重的法益侵害性，才可以给予刑事处罚。"③

---

① 邬贺铨：《大数据时代的机遇与挑战》，《求是》2013年第4期。
② 《最高人民检察院关于推进行政执法与刑事司法衔接工作的规定》第16条规定："人民检察院应当配合司法行政机关建设行政执法与刑事司法衔接信息共享平台。已经接入信息共享平台的人民检察院，应当自作出相关决定之日起七日以内，录入相关案件信息。尚未建成信息共享平台的人民检察院，应当及时向有关单位通报相关案件信息。"
③ 罗翔：《空白罪状中刑事不法与行政不法的规范关联》，《国家检察官学院学报》2021年第4期。

（七）证据的认定标准不统一

虽然 2012 年《刑事诉讼法》确立了行政执法证据的刑事转化制度，但是在司法实践中，仍然存在证据认定不统一的问题。一是根据《刑事诉讼法》的规定，"行政机关在行政执法和查办案件过程中收集的物证、书证、视听资料、电子数据等证据材料，在刑事诉讼中可以作为证据使用"。然而，根据国家市场监督管理总局制定的《市场监督管理行政处罚程序暂行规定》，"办案人员应当依法收集证据。证据包括：书证；物证；视听资料；电子数据；证人证言；当事人的陈述；鉴定意见；勘验笔录、现场笔录"。对于刑事诉讼法没有列举的证据类型是否可以作为证据使用，目前尚无规定。二是行政执法人员对是否涉嫌犯罪的构罪标准认识不清、对证明符合构罪标准的证据要求把握不准，且证据收集、固定、保全能力不足，收集程序、手段多有瑕疵，达不到证据证明能力标准，证据转化难，会致使案件无法进入刑事立案侦查、审查起诉等环节。

四、两法衔接的数字化变革

（一）两法衔接的数字化原则

1. 两法衔接工作困境解决途径

从程序本位主义的角度来看，两法衔接程序作为法律程序的一种，具有独立的价值。通过衔接平台的建设，可以完善带动两法衔接机制的重构，明确衔接流程、案件移送标准和证据转化。通过数字技术的发展，可以解决平台建设面临的困境，将技术发展所带来的"红利"最大化，尽可能实现两法衔接工作的公正，从而体现两法衔接程序独立价值的意义。

2.坚持顶层设计

一是完善两法衔接改革的领导体制。结合数字中国战略，纳入中央深化改革领导小议题范畴，统筹推进。在程序上，检察机关在这一领域应该拥有特别广阔的空间。根据法律规定及现实要求，检察机关的法律监督贯穿于衔接工作始终。对法院未判决追究刑事责任，但应当进行行政处罚的案件，以及公安机关不予立案或者撤销的案件，检察机关依申请或者依职权皆可介入，依法履行法律监督职责。

二是完善两法衔接的立法保障。首先，立法确认两法衔接制度和基本原则，特别是在《人民检察院组织法》《行政诉讼法》《行政处罚法》等修订过程中增加两法衔接内容。其次，从实体方面整合行政法律法规和刑法对相关违法犯罪行为的规定，准确界定违法和犯罪，统一执法司法尺度。针对现有的法规和司法解释，将较为成熟的条文上升为法律，并对相关条文进行整合，形成较为统一、规范的单行法律规定。再次，确立网上信息共享平台的法律地位，推动两法衔接信息建设进一步发展。在总结各地平台建设先进经验的基础上，从顶层设计对平台建设予以规范，增强其系统性和科学性，节约国家资源。最后，细化两法衔接的具体程序。明确涉嫌犯罪案件移送主体、标准、流程、期限、不及时移送的法律后果，以及检察机关在两法衔接中的监督地位、监督职责和监督效力。并赋予检察机关对行政执法活动一定的检察权、调查权、介入权，提升法律监督效力和执行力。

（二）加强检察机关数字监督，促进平台高效应用

1. 以检察机关为主导，发挥平台内监督效能

脱离两法衔接平台，检察机关仅凭线下活动中寻找问题所在的方式很难履行监督职能。通过对两法衔接平台数据处理系统的设置，当案件信息被平台录入转化为电子数据的同时，案件自动进入检察机关的监督账号中，可直观清晰地对案件的移送标准、证据标准、期限进行审查，及时发现监督线索，再对数据进行批量处理，最大程度地解决有案不立、以罚代刑、遗漏处理等问题，更好履行监督职能。明确责任主体，以检察机关为双法衔接平台建设的牵头单位，检察机关作为我国宪法明确规定的法律监督机关和司法机关，负有在两法衔接中的法律监督职能，明确检察机关牵头建立信息共享平台，负责平台的运营保障，避免了地方上对于平台适用上建设的相互推诿，久拖不决。以浙江省义乌市检察院为例①，该院牵头建设了"行刑衔接闭环管理"数字应用平台，实现了政法一体化办案和"大综合一体化"行政执法的深度融合，在行政执法领域如安全生产、生态环境保护、食品药品监管等领域内构建了20多个数据模型，在模型框架内以逻辑数据模型为基础，对类案进行比较发现案件线索，及时发现"以罚代刑""有案不移"等问题线索并予以纠正，使得检察机关对于正向衔接和反向衔接的数字监督能力得到了巨大提升。

---

① 陈新：《浙江义乌："行刑衔接闭环管理"平台催生共治新格局》，《检察日报》2022年6月22日第12版。

2. 增设平台功能，完善绩效评价机制

首先，设置平台统计功能和绩效制度。如在平台内增加消息提醒功能，案件期限届满前 7 日内提醒承办人员，届满前 5 日内提醒该单位分管负责人，若超期仍未完成，则提醒检察机关履行法律监督职责，向消极办案单位发出检察建议，建议行政执法机关对承办人员给予行政处分。其次，设置联系人制度。案件联系人的相关信息显示在该案件的详细信息当中，如将其手机号码和工作座机号码明确标注，作为案件办理的必填内容，案件联系人变动则及时更新。最后，完善绩效考核指标。激励与惩罚并举，设置排名功能，通过智能算法，直观地筛选出各单位的案件证据达标率、移送反馈流程超期率、立案率，为后期地方党委和政府实施奖惩措施提供现实依据，对排名靠前、衔接工作效率高的单位进行表扬，对衔接工作积极性低和排名靠后的行政执法机关进行责任追究。

(三) 提高保障力度，形成完整体系

第一，加强培训和人才引进。通过对执法人员的法律、信息技术和数据分析等方面的培训，提高其技能水平和素质，以更好地适应数字化时代的需要。同时，加强人才引进，改善工作环境、加强福利保障，通过采取灵活的用人制度，如外聘专家、借调人员等，弥补人力资源缺口。第二，建立资源共享机制。在行政执法与刑事司法的信息共享平台中将数据资源进行共享，避免重复建设和浪费，提高资源利用效率。第三、降低管理成本，优化管理流程和机制。加强对执法人员的管理和督导，提高工作效率和质量。同时，优化管理流程，简化执法程序，减少管理成本和资源浪费。在案件移送功能中将行政机关内部执法系统与两

法衔接平台对接，将行政执法人员的执法记录仪实时进行的行政处罚结果与衔接平台进行互联，删除人工录入环节，案件信息自动导入，对行刑衔接领域常见的安全生产、生态环境保护、自然资源保护、食药品安全、知识产权、偷逃税款等所有行政处罚案件自动通过执法记录仪导入两法衔接平台内，对于进入两法衔接平台的所有案件以算法审查是否符合移送标准。第四，加强财务管理和预算安排。建立行政执法与刑事司法的统一财务管理机制，设置行刑衔接平台建设专项资金，加强对财务管理的监督和管理，避免因资金不到位而导致平台建设停滞的财务风险。同时，提高财务预算和安排，合理分配财政资金，确保执法工作的正常运转。第五，推进科技创新和应用。政府可以鼓励企业和个人参与数字技术的研发和创新，同时提供相应的政策支持和奖励，推动数字技术的应用和创新。通过这五个部分的共同作用，形成一个完整的资源保障体系，以确保行政执法与刑事司法的衔接工作的顺利进行。

（四）提升数据安全，打造数据防护网

行刑衔接案件在各类诉讼程序中涉及部门广且多，各部门之间在案件信息的移送当中不免会遭遇信息泄露的风险，因此，应当建立全方位的安全保护制度。第一，针对案件的数据备份和恢复问题，建立数据备份机制，定期将数据备份到离线存储介质中，以防止数据丢失或被破坏。同时，建立数据恢复机制，以便在数据被篡改、删除或破坏时可以及时恢复。第二，做到案件数据加密，对敏感数据进行加密处理，保障数据安全。同时，建立衔接平台密钥管理机制，严格控制密钥的使用范围，防止密钥泄露。第三，做好安全审计和监控职能，建立安全审计和监控机制，对系统中的操作进行监控和审计，及时发现异常行为和安全

事件，加强对系统的监督和管理。第四，确保网络安全防护，建立网络安全防护机制，包括防火墙、入侵检测系统、反病毒软件等，加强对系统和网络的保护，防止系统被攻击或入侵。第五，建立安全培训机制，加强对行政执法机关和公安机关、检察机关人员的安全意识教育和技术培训，增强他们的安全意识和技能水平，避免人为因素导致的安全风险。总之，在行政执法与刑事司法的安全保障上，需要采取多种措施，加强对系统和数据的保护，增强人员的安全意识和技能水平，加强合作与协调，共同应对数据安全风险。

（五）明晰平台功能，打通双向衔接

首先，优化平台功能模组。将两法实施衔接平台的主要功能分为八类：案件移送、查询统计、监督管理、辅助决策、执法动态、群众信箱、跟踪监控、预警提示。将中国裁判文书网中下载相关领域内的刑事裁判文书案例作为数据模型，内嵌智能算法匹配犯罪构成要件，与入库行政案件信息进行比对分析研判。预警提示功能项下设置动态预警功能，以红、黄、绿三色对案件涉嫌犯罪程度进行区分，建立三者间的数学逻辑关系，大数据处理系统通过平台案例数据与犯罪构成数据对比。若红灯亮，则表示该案符合该类案件犯罪构成要件，已涉嫌刑事违法，公安机关应当立案侦查；若黄灯亮，则有可能涉嫌刑事犯罪，需要平台刑事司法机关的工作人员主动人工审查；若绿灯亮，则表明该案不涉嫌刑事犯罪。

其次，加强两法衔接平台的内部管理。作为平台内部设置的法律逻辑规则，监督模型也是必须设置的，以江苏泰州检察院为例，其设置的"案卡医生"平台能够通过法律逻辑规则碰撞比对，发现数据逻辑矛盾，进而为倒查案件自身存在的问题提供线索。同样，在两法衔接平台

内部应当设置类似"衔接医生"的监督模型，开发辅助规则，对移送的全案信息核查数据真实性。若存在数据法律逻辑错误，则向检察业务部门发出案管建议，提供有效移送违规线索，解决案件信息错填进而导致后续移送程序受阻的问题。传统的"被动受案、个案办理"监督办案模式，在数据赋能下，正在由个案向类案、由被动向主动、由办理向治理转变。

最后，平台中建立群众线上反馈渠道。通过案件信息进行公示，做到办案信息公开化，透明化，是践行全过程人民民主的需要。如本地区有重大影响，疑难的衔接案件通过平台进行公示，设置外部民众登录端口，非涉密的案件信息随时随地被公众所看到，民众通过平台信箱对案件办理发表意见，两法衔接的成果更容易被民众接受，正如最高人民检察院开通的 12309 检察"绿色通道"优化了营商环境，拓宽反映渠道，接受人民群众的外部监督，这是提升公众法治意识的应有之义。

（六）以省级为基础，统一平台建设

首先，与各区县"自立山头"纷繁的衔接平台相比，省级平台在运营成本上低，且处理系统和算法不需重复采购，可以做到本省市内通用。其次，降低培训成本，部分行政执法机关工作人员属于差额事业编制，本事业单位收入的一部分来源于行政罚款，以前各区县自己设置的双法衔接平台标准差异较大，给予行政执法人员在移送标准和录入案件的自由裁量空间过大，统一平台建设就能统一各区县标准，在此基础上限制行政执法机关的移送和录入案件的自由裁量空间。最后，平台统一建设，意味着在本省市地区内执法人员的统一培训，定期组织大数据技术培训班，提升专业能力，在本省市内统一了衔接平台标准的背景下，执法人员能通过相同的培训掌握不同类型案件的衔接流程，避免因机关之间或单位内部轮岗造成重复培训成本过高，这样能大幅度减少同一省市内执法人员培训成本，扭转执法观念，同时也利于检察机关清晰地发现问题，消除各区县不同衔接平台带来的监督困境，及时发挥监督职能。

第十章　审查起诉制度研究

一、审查起诉的概念

审查起诉是指检察机关对于侦查终结的案件进行审查核实，并作出处理决定的一项诉讼活动。在我国，审查起诉是连接侦查与审判的重要纽带，是独立的诉讼阶段。党的十八届四中全会通过的《中共中央关于全面推进依法治国若干重大问题的决定》提出"推进以审判为中心的诉讼制度改革，确保侦查、审查起诉的案件事实证据经得起法律的检验"。这为审查起诉制度的改革设定了价值目标。

首先，审查起诉是独立的诉讼阶段。域外很多国家的刑事诉讼法，采取"审判中心主义"的诉讼构造，将刑事司法活动分为诉前程序和审判程序，并且诉前程序依附于审判程序。在我国，推进以审判为中心的诉讼制度改革中，遵循公、检、法三机关分工负责、相互配合、相互制约原则，刑事诉讼活动分为侦查、起诉、审判三个诉讼阶段，三机关在职责范围内各自独立，各负其责。

其次，检察机关是唯一行使公诉权的法定机关。一方面，公诉权是一项具有专属性的国家权力，其他机关、团体和个人无权行使；另一方面，公诉权专属于检察机关，其他司法机关无权行使。

再次，审查起诉与法律监督职能相统一。根据我国《宪法》的规定，检察机关是法律监督机关，对刑事诉讼实施监督。这种法律监督权并非一般监督权，而是依赖于具体的诉讼行为，其中，审查起诉是重要的监督方式。检察机关通过审查起诉活动不仅对于侦查行为的合法性进行监督，而且还对审判的范围进行监督。

二、审查起诉的内容

全国检察机关提起公诉案件情况（2016—2022）

年份	提起公诉（件）	提起公诉人
2016	1069547	1440535
2017	1219603	1705772
2018	1189480	1692846
2019	1275233	1818808
2020	1092162	1572971
2021	——	1748962
2022		3030000

（一）审查犯罪事实

首先是对发案和破案的审查。因为什么情况引起的刑事案件？如何造成的？案件的起因是什么？作案的动机、目的是什么？这些在发案的过程中都能看到。破案是怎么破的案？当事人自己报案、被害人自己报案还是其他人帮助报案？是案发当时报案还是案发后报案？这些都对案件事实的审查有着重要的影响。例如，合同诈骗，是单位报案还是具体经手人报案？由于合同诈骗和经济纠纷非常难区别，如果认为合同纠纷引起的诈骗已经赔偿了，所争议、控告的标的已经解决掉了，这种情况一般不按合同诈骗进行刑事追究。还有即便是在签订合同中实施了虚构事实骗取对方当事人的一些行为，这些内容确实存在，但是合同基本履行或已经履行完成，这时也不按照经济诈骗、合同诈骗来追究。诈骗首先是以非法占他人财物为目的，如果说这方面不突出，尽量不要以诈骗罪进行立案，能用民事解决的就不要用刑事。

其次是对当事人供述事实认定的审查。被害人和犯罪嫌疑人对案件事实如何表述？犯罪嫌疑人如何供述和辩解？被害人如何陈述？他们所陈述的和辩解的是否一致？区别在哪里？中间有没有出入？这些都可以根据双方辩解和陈述对整个案件的事实进行审查。

最后是对后果的审查。有些案件是要看后果的，后果的大与小、轻与重都对定罪量刑产生影响。例如，盗窃了一辆车，但是没有盗窃数额，没有做鉴定，就不能认定他构成盗窃罪；再如，把人打伤了但是没有伤情鉴定，也不能认定已经构成故意伤害罪；又如，经济犯罪中都有数额标准，生产销售假冒伪劣产品、有毒有害产品、制售假药等等，这些都是有标准的。很多刑事犯罪的数额、标准在刑法中规定的都是非常严格的，这些后果一定要与法律规定的后果一致。若不一致，最后出现罪行很严重，后果不具备，那事实就是不清的。事实审查的这几方面应当从案件发生一直到破案之后整个过程进行审查，要对双方当事人，甚至多方当事人，包括证人或者有关联的人员进行审查，看他们是如何表述的。

（二）审查在案证据

审查起诉具有对侦查活动进行检查、检验、过滤、纠错的功能，只有依据审判的要求和标准审查案件事实，取舍证据，包括及时排除非法证据，补正瑕疵证据，才能保障嫌疑人、被告人的合法权益，及时发现和纠正刑事错案，保证起诉的质量。

首先是对证据的合法性审查。证据是否合法，一是看侦查人员的资格是否合法，侦查人员是不是具备真正的侦查资格，二是看当事人的资格，因为当事人有很多特殊的主体。如在询问当事人时，被害人是否是未成年人？是否有监护人在场？讯问聋哑人是不是有翻译在场？三是看证据讯问的时间地点，看是不是在规定的时间、规定的地点进行讯问？有没有超过时间、超过范围？是否有刑讯逼供诱供的情况？未成年人案件年龄审查是个重点，不仅仅只看公安机关出具的户籍证明，还要看犯罪嫌疑人如何供述自己的年龄，看侦查人员如何讯问，有没有提及年龄，12 岁、16 岁、18 岁这些年龄都是审查关键。

其次是对证据的关联性进行审查。关联性审查是对证据和案件事实之间有没有联系的审查。例如，故意伤害案件中，询问一个证人，结果证人当天没在现场，他仅仅是听说的，那这个证据的关联性就很差很弱。很多冤假错案发生的原因就是刑事检察人员在证据关联方面审查不严。例如，在佘祥林故意杀人案中，仅仅是妻子失踪，而水坑旁出现女尸，就说该女尸是佘祥林的妻子，导致佘祥林含冤入狱。人在水里泡的无法辨认，可以通过衣服进行辨认。当时的年代 DNA 对比还弱，但血型总可以比对，颅骨复原照片总可以比对。又如，赵氏叔侄强奸案，仅仅是因为女性受害者搭过车到杭州，下车后被人强奸杀害，就认定赵氏叔侄有重大嫌疑。如果侦查人员对当事人的行踪进行认真调查，就会发现其根本没有作案时间，没有时间出现在案发现场，这样就可以把整个案件进行否定，所以说证据关联性的审查是对证据审查的核心点。无论是哪样的证据都要进行审查，物证要看取得的方式，如何取得的；证人证言，要看证人是不是亲临现场，现场勘查是否及时。这种证据的关联性是刑事检察在审查起诉过程中一个工作重点。

再次是对鉴定、勘验、实验、辨认等结论的审查。鉴定的取材是如何取的？取材时有没有见证人？取材后其他的和犯罪有关的物品是否进行了查封封存？检材是否做到长期保留？鉴定机构是否有鉴定的资质？已经有这样的例子发生了，鉴定完了，法院一审也判了，二审也判了，再审出现问题才重新审查鉴定机构有没有鉴定资质。鉴定机构给出的结论是鉴定结果正确但是超范围使用、超范围鉴定。那这个鉴定证据能使用吗？还有就是现场勘查是不是及时，有些现场勘查随着时间推移，随着天气的变化会遗失，现场已经不是当时的现场了。现场勘查非常重要，特别是一些证据很单薄的案件。现场勘查对以后的破案包括以后的刑事申诉各个方面都很重要。审查逮捕时间相对短，如果时间允许一定要要求公安机关再次进行现场勘查，只有到现场才知道现场勘查的真假。在辨认中，人特别多或者是时间特别久的情况下，例如，盗窃案件 4 或 5 年后破案后一定带着犯罪嫌疑人到现场辨认，如果出现开庭后嫌疑人否定供述的情况，有了现场勘查这种证据，就是巩固了证据链。仅仅有被告人的口供、犯罪嫌疑人口供不能定罪量刑，要养成零口供的习惯，把被害人，犯罪嫌疑人的口供撤掉，证据链还能形成。辨认的审查，辨认合法不合法，特别是聚众斗殴、寻衅滋事这些涉众型犯罪，谁的责任大谁的责任小，要进行双方辨认，再根据双方供述和辩解来确认责任的大小。

最后是对非法证据的排除。通过对事实和证据的审查，特别是关联性证据的审查，对于和案件无关的或者和事实的关联性无关的证据就可以排除。这些证据都是非法证据。侦查员的主体资格是否合法？侦查员在询问中程序是否合法？是否存在刑讯逼供、诱供等情节？鉴定、检验、实验中若存在问题，可以要求侦查机关进行补充完善。若无法进行补充完善或者解释说明、此案瑕疵证据应当进行排除。

(三) 审查量刑情节

一是累犯、前科、其他违法违纪情况审查。累犯一定有前科，但有前科不一定是累犯。例如，寻衅滋事，多次寻衅滋事，但未达到情节严重的，虽然都构不成犯罪，但是可以作为嫌疑人加重的情形。

二是犯罪手段情节的审查。犯罪的手段也是加重情节之一。例如，马加爵投毒案手段残忍恶劣；又如，北京郭文思服刑出狱后，在小区门口将一名婴儿当场摔死，情节恶劣，却辩称婴儿车里的是购物的东西，试想婴儿和购买的东西能一样吗？犯罪手段情节的审查一定要看各方面对加重情节的表述是否一致，证据证明是否一致。

三是对犯罪后果的审查。例如，盗窃罪中，盗窃金额决定量刑标准，这都是有公式可以计算的；又如，故意伤害，轻伤的标准；又如，贪污受贿犯罪。这些都是有数额有标准的，数额决定了起刑点和量刑点。后果一定要与加重情节联系起来。

四是对代理律师意见的审查。适当听取嫌疑人辩护意见会减少冤假错案的发生，因而要重视被害人辩护律师的意见。听取意见要听取双方律师的意见，代理律师有时间和精力通过和被害人的联系取得更多更全面的信息。

（四）审查罪轻或者无罪情节

一是供述和辩解的审查。例如，在保定王某雷案中，相关机关对案件的供述和辩解进行了审查，发现漏洞太多，且公安机关有逼供诱供问题的存在①。所以在供述与辩解的审查上一定要加大力度。只有做细做实才能减少冤假错案的发生。百分之百的正确只能是我们的目标，实际办案中根本达不到百分之百，但是只要仔细审查总可以避免无辜的人被追究。

二是辩护律师意见的审查。辩护权是被追诉人最基本的权利。听取辩护意见是保证公正办案的重要程序保障。在审查起诉程序中要听取辩护律师的意见，而且要经常性地和辩护律师进行联系，在案件不同进展阶段辩护律师的意见都要进行充分地听取。案件发生以后家属委托辩护律师，辩护律师搜集的外围证据我们要进行审查；审查起诉后律师阅完卷对整个案件全面了解后形成的意见建议也要进行审查，只有这样才能做到全面地审查。

三是认罪认罚的审查。有些案件羁押时间很长，犯罪嫌疑人迫切需要获得自由就认罪认罚了，有的刑事检察干警甚至坦言"认罪认罚吗？

---

① 陈卫东：《审查逮捕应坚持证据核心主义　贯彻非法证据排除规则——河北省保定市检察机关纠正王某雷案件的启示》，《中国检察官》2015 年第 16 期。

认就判缓刑。"甚至先变更强制措施放嫌疑人出来。嫌疑人渴望自由，只有失去自由才知道自由的可贵。所以要对认罪认罚这方面认真审查。认罪认罚的审查要解决诸多疑问。事实证据是不是清楚，只有构成犯罪了才能进入认罪认罚环节。犯罪嫌疑人对事实和证据的辩解出入大不大？是被迫接受的还是确实有悔罪认罪的表现？是不是真的认罪认罚？例如，经济犯罪是不是退赔了？合同诈骗是不是返还了？盗窃案件是不是退赃了？伤害案件是不是取得谅解或者是不是和解了？交通肇事案民事赔偿是不是到位了？生产假冒伪劣产品的所获利益是否没有被追缴就认罪认罚了？贪污受贿赃物是否没有追缴就认罪认罚？认罪认罚主观是不是有悔罪的表现？这些问题都要进行审查。所以说认罪认罚结合起来就这几方面：一是否够罪，够罪才能做认罪认罚；二是犯罪嫌疑人是不是真的认罪认罚；三是犯罪嫌疑人供述和辩解之间是不是排除了所有矛盾或者是不存在任何问题且能够做到事实清楚证据确凿。

（五）审查法律适用

一是罪与非罪的审查；二是此罪与彼罪的审查；三是法律条款的审查。在罪与非罪的审查方面，需要确定是民事欺诈还是刑事诈骗。就像南京航延险骗保案中的李女士，到底是民事欺诈还是保险诈骗，够不够罪这点很重要[①]。在此罪与彼罪的审查方面，需要准确定性。是票据诈骗还是合同诈骗还是一般的诈骗？诈骗关系有必要区别开，只要是票据诈骗肯定是合同诈骗，因为票据所载明的就是合同内容。如果是合同诈

---

① 梅阳、谢平锐：《航延险骗保行为应以诈骗罪规制——基于南京航延险骗保案展开》，《黄河科技学院学报》2022 年第 10 期。

骗就是一般诈骗，虚构事实并以合同来掩盖虚构事实来骗取当事人信任，非法占有他人财物。又如，故意伤害还是寻衅滋事罪还是聚众斗殴罪？通过学习理论、司法案例，了解易混淆罪名之间的关系。既然容易混淆那就是在犯罪要件特别是犯罪的客观行为方面不易区分，稍有不慎就容易把罪名定错。在法律条款的审查方面，要正确适用法律规定。例如，伤害案件中构成重伤存在多个条款，即故意伤害致人重伤或者死亡的可以判处 10 年以上有期徒刑、无期徒刑、死刑。所有的重伤案件中，不同的后果适用的条款是不同的。

三、审查起诉的方法

（一）结合提前介入审查

提前介入包括主动介入和邀请介入两种方式。提前介入对以后的审查逮捕、审查起诉，都是非常有意义的。批捕之前可以提前介入，审查起诉之前也可以提前介入。捕诉一体后一个人、一个部门办理一个案件，形成了一种无缝衔接的状态，提前介入对提高案件质量，节约诉讼资源，提高工作效率都是至关重要的。

（二）结合补充侦查审查

现行《刑事诉讼法》规定，人民检察院审查案件，认为需要补充侦查的，可自行侦查，也可退回公安机关补充侦查。法庭审理阶段被告人提出新的立功线索时，人民法院可以建议人民检察院补充侦查，人民检察院应当审查有关理由，并做出是否补充侦查的决定。无论是不捕的补充侦查还是审查起诉退回的补充侦查，都要求公安机关进行补充侦查。审查时首先公安机关是否采纳审查逮捕、不逮捕的补充侦查意见，第一次退查的补充侦查提纲公安机关是否已经采纳并且补充侦查完成，且一定要结合补充侦查进行审查。

(三) 结合引导公安机关继续侦查取证意见审查

检察官应及时跟进了解侦查工作进展，提出引导侦查意见，正确、规范适用《逮捕案件继续侦查取证意见书》，防止案件带"病"进入审查起诉环节。逮捕后刑事案件中若存在问题，则需要解决，若有些证据需要取证则要求公安机关在两个月之内继续侦查取证，并对其到诉之前是否调查清楚，是否采纳检察机关的意见进行审查。

(四) 结合起诉意见书的审查

起诉意见书是公安机关侦查人员在发、破案过程中形成的认识，是在案件侦查终结以后形成的报告。侦查终结报告与审查报告一样，审查报告有利于检察人员对案件进行全面地认识。公安机关移送的起诉意见书就是根据侦查终结报告形成的法律文书。要结合公安机关移送的起诉意见书上认定的事实进行审查，如果公安机关认定的事实和检察机关认定的事实，在审查报告上都是复制过来的，这是很草率的，因为肯定有不一样的地方，如果这样复制肯定对案件审查报告没有做到全面了解，对审查的内容不够深入，审查的方式没有用足、用全、用好。

四、审查起诉的完善

（一）充分发挥审查起诉环节程序分流作用

一是扩大酌定不起诉适用范围。依照《刑法》和《刑事诉讼法》的规定，对于属于不需要判处刑罚或者应当免除刑罚处罚条件的案件，无论情节是否轻微，检察机关都有权做出不起诉决定。

二是扩大附条件不起诉的适用范围。针对目前附条件不起诉仅适用于未成年案件的情况，应当扩大附条件不起诉的范围，特别是随着认罪认罚原则的确立和企业合规制度改革的发展，对于可能判处一年以下的自然人犯罪案件和三年以下的企业合规案件，可以适用附条件不起诉。

（二）强化辩护方权利保障

一是加快推进审查起诉阶段律师辩护全覆盖试点。2022 年 11 月，两高两部制定了《关于进一步深化刑事案件律师辩护全覆盖试点工作的意见》，明确在巩固刑事案件审判阶段律师辩护全覆盖试点基础上，启动审查起诉阶段律师辩护全覆盖试点工作。但是目前，试点区域较为有限，试点案件范围较为狭窄，同时，还存在律师资源不均、经费保障不足、工作衔接不畅等问题，有待进一步解决。

二是要真正落实辩护人在审查起诉阶段的诉讼权利。首先，充分保障律师的会见权，通过增设会见室，开展远程会见等方式，解决新时代律师会见难的问题。其次，重要程序事项知悉权。对于人民检察院作出退回补充侦查、延长审查起诉期限、提起公诉、不起诉等重大程序性决定的，应当依法及时告知辩护律师，及时向辩护律师公开案件的流程信息。再次，保障律师阅卷权。辩护律师提出阅卷要求的，人民检察院应当及时安排阅卷，不得限制辩护律师合理的阅卷次数和时间。积极推行电子化阅卷，允许下载、刻录案卷材料。

三是健全程序性制裁制度。相较于实体制裁，程序性制裁是通过宣告程序无效的方式来追究程序违法责任的。对于侵犯犯罪嫌疑人、被告人及其辩护人的辩护权的行为应作为严重程序违法行为对待，并规定相应的法律后果，确保程序性规定得到有效实施和保障。

第十一章　出庭公诉制度

一、出庭公诉的基本理论

（一）基本概念

公诉权是检察机关的重要权力之一。与民事诉讼中私人起诉方式不同，刑事公诉是国家行使追诉权的一种诉讼方式，由检察机关代为行使。[①] 检察机关依据公安机关收集的证据向法院提起公诉，证明被追诉人的犯罪事实，请求法院开庭审理并作出相应刑事制裁。早在中华苏维埃革命时期，临时最高法庭（最高法院）检察长、副检察长、检察员，省、县裁判部检察员，依法对"一切案件"享有公诉权。[②] 此后，1979年《刑事诉讼法》、1996年《刑事诉讼法》均规定了检察机关出庭公诉

---

① 孙谦：《全面依法治国背景下的刑事公诉》，《法学研究》2017年第3期。
② 袁宗评：《中华苏维埃检察制度确立了检察制度基本图谱》，《人民检察》2021年第13期。

制度。《刑事诉讼法（2018）》第 189 条明确规定"人民法院审判公诉案件，人民检察院应当派员出庭支持公诉。"《人民检察院刑事诉讼规则（(2019)》第 390 条规定"提起公诉的案件，人民检察院应当派员以国家公诉人的身份出席第一审法庭，支持公诉。公诉人应当由检察官担任。"

（二）主要内容

检察人员出席法庭支持公诉是刑事公诉工作的核心。出庭公诉的主要流程包括查明当事人身份，宣布被告人涉嫌的罪名，宣布诉讼参加人员名单，告知并询问是否回避，告知当事人和辩护人享有的权利，宣读起诉状，讯问被告人，出示证据，法庭辩论和被告人最后陈述。其中，公诉人的主要工作是宣读起诉状、讯问被告人、出示证据和法庭辩论。宣读起诉状、讯问被告人和出示证据属于法庭调查。刑事诉讼中的法庭调查是案件审理的中心环节，是指在审判人员的主持下，控、辩双方当庭对案件事实和证据进行审查核实的活动过程。法庭辩论是指在审判长或独任审判员的主持下，控诉和辩护双方根据法庭调查的情况，就指控的犯罪事实是否得到证实，被告人的行为是否构成犯罪，构成何种犯罪，罪责轻重，以及如何依法处刑等问题阐述自己的意见，并互相辩驳的活动。① 庭前会议不是公诉人出庭支持公诉的必经程序，但人民法院会根据庭前会议判断案件的审理难度，归纳争议焦点，对正式开庭活动做出基本安排。

---

① 董亚平：《浅谈法庭辩论艺术》，《中国刑事法杂志》1992 年第 2 期。

1.宣读起诉状

起诉状又称起诉书，刑事起诉状是检察机关向法院递交的一种诉讼文书。一般由首部、请求事项、事实和理由、结尾和附项五部分构成。《人民检察院刑事诉讼规则（2019）》第281条，详细规定了起诉状的主要内容：首部包括姓名、性别、出生年月日、出生地、身份证号码、民族、职业职务、工作单位、住址等被告人的基本情况。请求事项后应写明案由和案件来源。

2.讯问被告人

讯问被告人是刑事诉讼的必经程序，主要发生在侦查阶段和法庭调查阶段。法庭调查阶段主要由检察人员对被指控犯罪的人案件事实、情节进行追查和提问。《刑事诉讼法》第191条规定，"公诉人在法庭上宣读起诉书后，被告人、被害人可以就起诉书中指控的犯罪进行陈述，公诉人可以讯问被告人。"

3.举证和质证

公诉人在法庭调查环节的另一重要工作是举证与质证。《刑事诉讼法》第51条明确规定"公诉案件中被告人有罪的举证责任由人民检察院承担"，证据具体包括物证，书证，证人证言，被害人陈述，犯罪嫌疑人、被告人供述和辩解，鉴定意见，勘验、检查、辨认、侦查实验等笔录，视听资料，电子数据。人民检察院出庭公诉时使用的证据必须依照法定程序收集、忠于事实真相。公诉人质证是指当庭对辩护方提交的证据进行质疑和辩驳，质证的结果直接影响法官对证据证明力的判定。

4. 法庭辩论

《刑事诉讼法》第 198 条规定了法庭辩论的相关内容，"法庭审理过程中，对与定罪、量刑有关的事实、证据都应当进行调查、辩论。经审判长许可，公诉人、当事人和辩护人、诉讼代理人可以对证据和案件情况发表意见并且可以互相辩论。"法庭辩论阶段集中辩论的顺序：（1）公诉人宣读公诉意见书；（2）被害人及其诉讼代理人发言；（3）被告人自行辩护；（4）辩护人辩护；（5）控辩双方进行辩论。公诉人作为法庭辩论的控诉方，辩论的目的是向法院揭露犯罪、证实罪行；辩护人作为辩驳方，论辩的目的是反驳公诉人对被告的指控，以证明被告的无罪或为被告减轻刑罚。控辩双方在法庭辩论阶段必须始终坚持"以事实为依据，以法律为准绳"的原则，不得歪曲事实和曲解法律。

（三）出庭公诉的重要意义

我国的公诉制度有自身的独特性，公诉人具有唯一性，并非诉讼当事人，而是集法律监督与公诉权能为一体的检察机关的代表。由检察机关统一代表国家出庭公诉，具有重要意义。

1. 规范追诉秩序。刑事犯罪不仅会对被害人造成伤害，也在一定程度上扰乱社会秩序、危害国家安全，因而有必要以国家的名义对犯罪分子追究责任。由于刑事犯罪形态多样且可能涉及暴力，个人即使受到伤害也难凭"一己之力"保障自身权益，因而需要由检察机关代表国家对造成社会危害性的犯罪分子统一行使追诉权。法律具有专业性，行使追诉权并非所有人都掌握的一项简单技能，而且法律规范的不断更新和司法责任制改革也对检察官出庭公诉提出更高的要求。由公诉人统一行使并向犯罪分子追责可以保证法律规范的统一适用，亦可为审判机关提供合适的定罪量刑建议，规范我国的追诉秩序。

2. 形成权力制衡。刑事案件的处理一般涉及公安机关前期侦查、检察机关中期控诉与法院后期审判三个流程。出庭公诉依赖于公安机关侦查获取的证据，为了保证证据材料的真实性和获取手段的合法性，检察机关需要对侦查活动进行监督，证据不足时也可退回公安机关补充侦查。检察机关出庭支持公诉时，提交法庭的证据和定罪量刑意见均须在法官的主持下，经过控辩双方的论辩，方可作为定案依据。法官审判时不能随意行使自由裁量权，必须立足证据材料和庭审情况。在认罪认罚案件中，检察机关的量刑意见愈发重要，甚至可以左右法官最终的裁判。这样的程序设计可以在各机关之间形成权力制衡，防止某一机关滥用权力、恣意妄为。

3. 实现人权保障。一方面，出庭公诉的根本目的在于通过证明犯罪事实来惩治罪犯，维护社会安定和谐。检察机关通过积极行使追诉权，使侵害他人权利和对社会造成危害性的罪犯得到应有的刑罚，从而保障了被害人的人权。对证人和鉴定人的保护在一定程度上也体现了对人权的保障。另一方面，出庭公诉时并非只有公诉人一方，还有保障被告人人权的辩护方。其存在可以帮助排除通过刑讯逼供获取的证据，筛选出不具真性或关联性的证据，向法庭提供定罪量刑意见，既从法律专业的角度保障了被告人的权利，又有利于促进案件的正确审理。

二、出庭公诉的历史发展

（一）恢复重建与初步发展时期（1978 — 1996 年）

1978 年 3 月，五届全国人大第一次会议通过的《宪法》规定重新设置人民检察院。1979 年 7 月，五届全国人大第二次会议通过《人民检察院组织法》。该法第 20 条规定："最高人民检察院设置刑事、法纪、监所、经济等检察厅，并且可以按照需要，设立其他业务机构。地方各级人民检察院和专门人民检察院可以设置相应的业务机构。"据此，最高人民检察院设刑事检察厅、法纪检察厅、监所检察厅、经济检察厅、信访厅。[1]1979 年的《刑事诉讼法》和《人民检察院组织法》进一步明确规定由检察机关代表国家行使追诉权。1996 年《刑事诉讼法》进行修订，自此形成我国目前正在使用的公诉制度。1988 年之前，检察机关侦查职务犯罪案件的公诉职能主要由机关内部的侦查部门行使。1989年最高人民检察院决定对此类案件实行侦查、批捕、起诉相分离的制度，自此，检察机关内设刑事检察部门全面承担起检察机关的公诉职能。[2] 此时，我国的诉讼观念主要是打击犯罪、惩治罪犯，检察机关充当了该项工作的"排头兵"。

---

[1] 邱学强：《恢复重建以来检察机关内设机构改革的历史经验与启示》，《检察日报》2018 年 11月 13 日第 1 版。

[2] 彭东：《三十年公诉工作回顾与展望》，《人民检察》2008 年第 24 期。

（二）巩固基础与稳步发展时期（1999—2011 年）

1999 年，最高人民检察院刑事检察厅分设为审查批捕厅和审查起诉厅，开启了检察机关的捕诉分离。2000 年，最高人民检察院设职务犯罪预防厅，将控告申诉检察厅分设为控告检察厅和刑事申诉检察厅，审查批捕厅和审查起诉厅分别更名为侦查监督厅和公诉厅，法纪检察厅更名为渎职侵权检察厅。该时期国家检察机关内部设立公诉部门，独立承担公诉职能，着力提升案件办理的质量和效率。通过强化制度建设、创新工作方式、加强队伍培训进一步推进检察工作的完善。其中，备案审查制度、主导检察官办案负责制、提前介入侦查引导取证、不起诉公开审查、多媒体示证等均是该时期创新工作模式的积极探索。检察机关的法律监督职能也在稳步推进。2005 年 5 月全国检察机关第三次公诉工作会议在广州召开，最高人民检察院提出公诉工作的重点应从"以办案为中心"转变为"依法指控犯罪、强化诉讼监督、提高办案质量"。进一步推进公诉改革，强化公诉环节的诉讼监督。

（三）保障人权与多层次发展阶段（2012 年至今）

2014 年，党的十八届四中全会指出，要"健全落实罪刑法定、疑罪从无、非法证据排除等法律原则""健全冤假错案有效防范、及时纠正机制"。我国刑事诉讼制度更加注重人权保障。出庭公诉中的非法证据排除、尊重律师辩护权等正当程序原则愈发受到社会各界的重视。与此同时，在案多人少矛盾的激发下，刑事诉讼体系正向多层次、多元化方向演变。自 21 世纪以来，我国逐渐推行"繁案精审""简案快办"，提高司法效率，已经形成了由普通程序、简易程序、速裁程序和特别程序组成的刑事诉讼体系。2012 年《刑事诉讼法》修订时增设庭前会议制度，旨在充分发挥审前程序的功能。2016 年 9 月 1 日最高人民检察院发布《"十三五"时期检察工作发展规划纲要》，强调"形成简易案件效率导向、疑难案件精准导向、敏感案件效果导向的公诉模式。"2018 年 7 月，最高人民检察院印发《人民检察院公诉人出庭举证质证工作指引》，明确认罪与不认罪案件区别适用不同的公诉模式。2018 年《刑事诉讼法》的修订强化了检察机关在认罪认罚案件中的量刑建议权。为适应多层次诉讼体系的公诉模式，检察机关的法律监督体系也逐步完善。

三、出庭公诉面临的挑战

（一）控辩双方对抗性增强

刑事诉讼开庭时法官、公诉人和辩护律师的三元结构，决定了公诉人与辩护律师天然地处于对抗的地位。[①] 加之传统观念中，犯罪嫌疑人、被告人因对国家和人民造成危害，其社会评价低，公诉人因替国家与人民伸张正义、惩处罪犯而处于道德制高点，导致控辩双方长时间地位不平等且沟通不畅。此外，2018 年《刑事诉讼法》、2017 年《律师法》的修订等进一步完善了辩护制度，拓展了辩护权，辩护形态从传统的无罪

---

① 李天君：《公诉人如何把握与辩护律师的关系》，《中国检察官》2017 年第 9 期。

辩护、量刑辩护不断拓展至程序性辩护、证据辩护。庭审实质化改革要求发挥法庭审理功能，做到事实证据调查在法庭，定罪量刑论辩在法庭。这些都使得控辩双方庭审对抗更加激烈，庭审活动对抗性和不可预测性明显增强，公诉人在庭审中要接受被告人的质疑、律师的辩驳、法院的裁判和公众的监督等多方面考验。

（二）以审判为中心的诉讼制度改革

以审判为中心的刑事诉讼制度改革强调庭审实质化，庭审成为查明事实、认定证据、保护诉权、公正裁判的决定性环节，这使得出庭公诉愈发成为追诉犯罪的关键工作。然而，"捕诉一体"办案机制一定程度上加重了办案检察官的压力。审查逮捕、起诉、公诉、侦查活动与审判活动监督于一体的办案模式使主办检察官在案件办理前期投入大量精力，案件实体内容和定罪量刑情况已在该阶段基本确定。同时，受到重实体、轻程序思想的影响，开庭时公诉人在宣读起诉状时走过场；在法庭调查环节举证、质证说理性不强，以"该证据具有真实性、合法性和关联性"一言以蔽之；法庭辩论时低头念准备好的公诉意见书，未根据庭审情况与律师展开针对性争论，使法庭辩论环节陷于空泛化。

（三）非法证据排除制度的持续完善

公诉人面临着从单纯出示宣读案卷证据向积极说服法庭的转变。证人、鉴定人、有专门知识的人、侦查人员"四类人员"出庭渐成常态，这对公诉人来说庭审风险也随之增大。公诉人在审查核实证据，发现和排除非法证据，有效证明证据合法性，以及应对庭审风险和变化等方面面临更高要求。

（四）司法公开的深度和广度不断深入

当前人民群众参与司法、监督司法的呼声很高，不仅要求司法公正还要求司法公开，不仅要求公诉人讲明事理、释清法理，还要案件处理符合情理。公诉人在法庭上既要履行指控和证明犯罪的职责，又要保障诉讼参与人的合法权利，对法庭审判活动进行法律监督，还要开展法治宣传教育，接受社会和群众监督。出庭公诉标准更高、难度更大、风险更多。公诉人出庭不仅要接受法庭的检验，更要在聚光灯下接受媒体和舆论的评判，庭审直播已成为人民群众评判检察工作乃至国家法治形象的重要窗口。这对出庭公诉工作回应人民群众对民主、法治、公平、正义的新期待提出新要求。公诉人出庭公诉，举证质证，都要注重出庭语言法理性、逻辑性和艺术性的有机结合，增强语言感染力和说服力，增强社会公众的认同感。①

（五）现代科技对出庭公诉的挑战

现代科技在公诉工作中的应用，一方面，改变了传统审查办案模式。智能辅助司法办案系统、智能语音识别系统、电子卷宗等系统的开发和应用，有效辅助公诉案件承办人在法律适用、量刑、非法和瑕疵线

---

① 张相军、侯若英：《〈人民检察院公诉人出庭举证质证工作指引〉理解与适用》，《人民检察》2018 年第 19 期。

索发现、法律文书自动生成、证明力分析、事实认定与模拟推理等方面作出更精准的判断，使得承办人需要具备数字思维、数据能力和算法知识，这对仅具有法律知识的公诉人形成挑战。另一方面，优化了出庭公诉指控方式。庭审中，传统的口头宣读证据方式已被多媒体技术、现代通讯技术以及相关科技手段进行示证所取代，通过出庭一体化平台，将各类证据的内涵信息和证明价值直观、准确、全面地在法庭上予以展示，在增强举证效果、提升指控力度的同时，增加了证据的可信度。①这就要求公诉人掌握现代科技手段善于运用和修正现代证据形式，这对传统办案方式形成了冲击。

四、出庭公诉的完善建议

一是构建与多层次诉讼体系相适应的公诉模式。经过多次司法改革，我国基本构建起了多层次诉讼体系。尤其是认罪认罚从宽制度改革的实施，将全部刑事案件纳入认罪认罚从宽范围，更具有重要的制度价值。这既体现了现代刑事司法发展的趋势，也是宽严相济刑事政策的具体化、制度化。认罪认罚从宽制度下的多层次诉讼体系，推动了案件简繁分流，优化了司法资源配置，提高了诉讼质效，增强了当事人对诉讼结果认同度，促进了对被追诉人的教育改造。为实现与多层次诉讼体系的有效衔接，应当以认罪认罚为基点来构建与多层次诉讼体系相适应的

---

① 黄生林：《强化刑事公诉与现代科技的融合》，《人民检察》2019年第9期。

公诉模式。将认罪认罚作为刑事案件分流筛选的"过滤器",整合各类案件审理程序,建立与层次清晰、贯穿全程的多层次诉讼体系相适应的"三层式"公诉模式。第一层次:适用速裁程序案件,不再有罪名类别限制,凡是可能判处 3 年以下刑罚的案件均可适用。检察机关在 10 日内审查案件,法院在 10 日内审理案件并可以采取独任制审判,庭审上省去法庭调查和法庭辩论环节,在听取控辩双方关于量刑的意见和被告人最后陈述后进行当庭宣判。第二层次:适用简易程序案件,不再有最高刑期限制,凡是可能判处 3 年以上有期徒刑案件均可适用。检察机关在 30 日内审查案件,法院在一个半月内审理案件并可以采取独任或合议庭审理,庭审上在征得控辩双方意见后,可简化法庭调查和法庭辩论环节,重点聚焦量刑问题。第三层次:适用普通程序案件,不再有案件类别限制,凡是可能判处无期徒刑以上刑罚案件均可适用。庭审前,一般应当召开庭前会议,就被追诉人认罪认罚、取证程序、争议焦点等方面达成一致意见,庭审中主要围绕争议焦点展开法庭调查和辩论。①

二是建立控辩合作新模式。公诉人应及时转变自身理念,认识到控辩双方都是为了查明案件事实,为被告人准确定罪量刑服务。双方应以促进实质化庭审为目标,着力构建健康良性的控辩关系。出庭公诉时,公诉人应充分尊重辩护律师的权利,认真听取律师意见。同时,在法律允许的范围内,强化同辩护律师的沟通协作,如刑事和解、庭前会议和认罪协商等方面。此外,还应加强出庭公诉的策略性与技巧性。以审判为中心和庭审实质化的诉讼制度改革要求检察机关重视出庭公诉,即将指控犯罪的证据和理由在法庭上公示,并接受辩护律师的质证和论

---

① 阮建华:《新时代检察机关公诉职责的改革与完善》,《北京政法职业学院学报》2019 年第 1 期。

辩。^① 司法实践中，出庭公诉大都要进行庭审直播，要求公诉人的说理部分不仅要使法官和被告人及其律师信服，还要使法庭外的社会公众信服。

三是推进公诉专业化建设。新类型案件的发展和以审判为中心的改革要求检察机关积极作出应对。一方面，需要增强公诉职业能力建设，面对新类型案件，组建专门的公诉人队伍进行案件研究，形成有效的解决方案，并形成经典案例，指导后续类案的出庭公诉。公诉人可在本院内选取，也可异地调用优秀检察官。^② 另一方面，公诉人也要努力提升自己的个人能力，通过完善知识结构、丰富实践经验，提升庭审说理能力和水平。提前了解辩护对手的庭审特点，有针对性地进行准备，不至于陷于被动。公诉人应积极学习繁简分流下各程序对于出庭的要求，避免犯程序性错误。此外，在捕诉合一背景下，公诉人应树立"侦诉合一"的观念，应以"出庭支持公诉"为庭前逮捕、侦查、收集证据、审查起诉的出发点和落脚点。积极贯彻国家强化法律监督的理念，在出庭公诉的同时加强对审判活动的监督，促进我国法律监督体系的不断完善。

四是推动智慧公诉建设。一方面，积极探索推动建立可数据化证据标准。充分发挥现代科技对证据收集和审查的指引、规范功能，运用大数据、人工智能等新技术，对基本证据完整性及矛盾点进行基础性审查、判断，及时发现需要纠正的常见问题，引导办案人员按照法律规定的证明标准、证据规则、办案程序收集、固定证据，切实解决证据标准适用不统一、办案程序不规范等问题。另一方面，积极探索

① 　庞良文、王占寻：《论新形势下公诉人出庭工作的挑战及应对》，《中国检察官》2017 年第 9 期。
② 　宫鸣：《推动现代科技与公诉工作深度融合》，《人民检察》2017 第 20 期。

完善智能辅助办案系统。积极拓展智能辅助办案系统在更多案件中的适用，尝试研发案件质量评价系统、公诉人评价系统、出庭管理系统等其他智慧辅助系统，逐步构建智慧体系，实现内部管理智慧化。此外，加快推动智慧公诉项目与统一业务应用系统的对接。运用大数据技术，在对案件基本案情进行数据碎片化处理的基础上，推动将类案统计分析工具嵌入到统一业务应用系统，通过关键词检索，高效、准确提取相应类型的案件，进行分析研判、智能关联，为案件正确处理提供参照。最后，探索完善审查和出庭一体化平台。探索将智能辅助办案系统与出庭一体化平台有效对接，推动实现审查暨出庭一体化平台卷宗数据化、过程图谱化、办案智能化。推动大数据办案平台建设。推动公、检、法刑事案件一体化平台的建设完善，努力实现案件程序性信息、法律文书、电子卷宗等信息及时流转、实时共享。①

五是完善公诉业务的考核考评体系。科学合理的业绩考核考评体系，有利于推动公诉人员认真履职，维护法律公正权威，也有利于促进公诉队伍向职业化、专业化方向发展，进而提升办案质量。从检察权的性质来看，对公诉业务的考核，既需要对公诉人员认定案件事实、审查运用证据、适用法律法规、出庭规范等方面进行考核，也要对其

---

① 尽管网络上有反对异地调用检察官的观点，但异地调派检察官有理论支撑，其符合检察一体化的原则。异地调用检察官只是打破检察官履行职务地域限制的临时性措施，当公务执行完毕后，被调用的检察官要回到自己的岗位继续履职，因此并没有因为异地用检就使得被调用的检察官失去对于司法辖区的专门附属性。且异地调用检察官有法律依据，最高人民检察院《关于调配优秀公诉人办理重大公诉案件的规定（试行）》不但遵循了检察一体化原则而且明确亮出这一法理依据。2018年《人民检察院组织法》关于"统一调用辖区的检察人员办理案件"的条款，明确了异地调派检察官的合法性。对于"统一调用"，《人民检察院刑事诉讼规则》第9条第二款将《人民检察院组织法》第二十四条规定具体化："上级人民检察院可以依法统一调用辖区的检察人员办理案件，调用的决定应当以书面形式作出。被调用的检察官可以代表办理案件的人民检察院履行出庭支持公诉等各项检察职责。"

是否遵守执法规范、工作效率、工作作风、司法技能及廉洁、纪律等方面进行全面的评价，从而评选出优秀、良好、合格、不合格等不同等次。对于考核优秀的公诉人，进行奖励；对于考核不合格的公诉人，予以通报批评。其中，对于多次考核不合格的员额检察官，应要求其退出员额。

第十二章　刑事审判监督制度

一、刑事审判监督的基本理论

（一）刑事审判监督的概念

刑事审判监督是指人民检察院为保障人民法院统一正确地行使国家刑事审判权，而依法对人民法院的刑事审判活动是否合法及所作的判决、裁定是否正确所进行的专门法律监督。《人民检察院组织法》第20条规定，人民检察院"对判决、裁定等生效法律文书的执行工作实行法律监督。"

刑事审判监督不同于刑事审判监督程序，但又与刑事审判监督程序密切联系。刑事审判监督程序又称再审程序，本质上属于纠错程序，从启动来源来分为当事人的申请、检察机关的抗诉和人民法院自身启动。从横向上看，不仅一般程序中存在大量的刑事审判监督业务，而且特别程序中的未成年人刑事公诉案件诉讼程序、当事人和解的公诉案件诉讼程序、缺席审判程序，也都存在刑事审判监督业务。

在刑事审判监督方式上，主要包括抗诉、发出纠正违法通知书、发出检察意见函、发出检察建议书、口头监督、联席会议、列席审判委员会等方式。其中，刑事抗诉是法律赋予检察机关刑事审判监督最重要的手段，也是检察机关刑事审判监督的标志性工作。在依法提出抗诉方面，包括一审抗诉和再审抗诉。《刑事诉讼法》第228条规定："地方各级人民检察院认为本级人民法院第一审的判决、裁定确有错误的时候，应当向上一级人民法院提出抗诉。"第254条第3款规定："最高人民检察院对各级人民法院已经发生法律效力的判决和裁定，上级人民检察院对下级人民法院已经发生法律效力的判决和裁定，如果发现确有错误，有权按照审判监督程序向同级人民法院提出抗诉。"在一些不宜提出抗诉的情形中，可以说，纠正违法通知书、检察建议书、口头监督、列席审判委员会等监督方式是对刑事抗诉的一种辅助和补充。其特点在于灵活、便捷，与刑事抗诉一道实现对刑事审判活动的全方位监督，共同构成刑事审判监督格局中不可或缺的重要内容。在依法提出纠正意见方面，《刑事诉讼法》第209条规定："人民检察院发现人民法院审理案件违反法律规定的诉讼程序，有权向人民法院提出纠正意见。"

（二）刑事审判监督的意义

一是落实宪法关于法律监督职责定位的要求。我国《宪法》明确了检察机关国家法律监督机关的定位，由其行使法律监督权。虽然检察机关是专门法律监督机关，但在刑事诉讼中，需要与其他司法机构"分工负责，互相配合，互相制约"。对于刑事审判活动中可能存在的程序错误和裁判错误，检察机关开展刑事审判监督的实质是启动法定纠错程序，通过提出意见建议、发出纠正违法通知、抗诉等手段来发挥监督作用，提醒、督促审判机关重新审视并自我纠错，最后的决定权仍然通过刑事审判活动，由审判机关行使。

二是实现司法公正的要求。首先，刑事审判监督有利于促进法律统一实施。我国的刑事审判监督需要对事实认定和法律适用进行审查，这有利于法律的统一实施。其次，有利于维护司法公正。公正是法治的生命线，是诉讼的生命和灵魂。对生效裁判启动审判监督程序的目的在于纠正错误和实现公正。[1] 最后，有利于保障人权。刑事判决不当轻则处分被告人的财产，重则限制被告人人身自由或剥夺其生命，刑事审判监督发挥纠正错误的职能，有利于保障被告人的合法权益。

三是推动以审判为中心诉讼制度改革的需要。以审判为中心在本质上是以证据为核心，必须在刑事诉讼中贯彻证据裁判规则，健全非法证据排除制度，加强出庭能力建设，实现有效辩护。检察机关还应当对包括刑事审判活动在内的诉讼流程进行监督。刑事诉讼关于"庭后监督"等相关规定，也决定了检察机关刑事审判监督的事后性、救济性特点，其启动有严格限制并遵循法治原则和司法规律，并不影响审判机关的权威或破坏刑事诉讼的整体构造。为了防止极少数法官在此诉讼制度下更加宽泛地运用自由裁量权，更加需要检察机关积极主

---

[1]　卞建林、桂梦美：《启动刑事审判监督程序的困境与出路》，《法学》2016 年第 4 期。

动地发挥刑事审判监督职能，健全以证据为核心的刑事指控体系，进而监督法官谨慎用权、依法公正裁判，确保审查起诉的案件事实证据经得起法律的检验。①

二、刑事审判监督的实践现状

刑事审判监督办案情况（2019—2022）

年份	提出抗诉案件数（件）	针对刑事审判活动中违法行为提出纠正案件数（件）	同期审判机关采纳率
2019	8305	6929	89.10%
2020	8903	8761	93.30%
2021	8850	14000	99.90%
2022	6800	26000	99.50%

（一）程序监督方面

1.整体案件较少。根据广西壮族自治区检察机关的统计来看，一方面，在一审刑事诉判差异案件中，检察机关提出抗诉的占比较低，且呈下降趋势，另一方面，在二审上诉后发回重审、改判案件

---

① 福建省人民检察院课题组：《刑事审判监督的聚合式改革路径》，《人民检察》2019 年第 24 期。

中，检察机关提出抗诉的占比也很低，且整体呈下降趋势。此外，法院审结再审案件中提出抗诉的案件数占比虽整体呈上升趋势，但仍处于较低水平。[①]

2. 刑事程序参与度不足。检察机关对于刑事审判程序的参与多停留在开庭阶段，对于庭审结束后的审判程序缺乏应有的参与和监督，如审理期限的延长程序、审判程序的中止等。从审判活动监督数据反映的情况来看，对保证金收取退还情况，查封、扣押、冻结涉案财物情况，涉案财物保管使用情况等的监督均为0件次，但在司法实践中，一些法院直接将保证金划转为罚金而予以没收等现象时有发生。此外，对于二审、再审案件中不开庭的案件，缺少相关监督机制，监督存在盲区。[②]

（二）实体监督方面

1. 抗诉率和抗诉改判率低。从案件数据看，近年来全国检察机关提出刑事抗诉案件数、抗诉率、法院采纳意见率和改判率整体呈下降趋势。撤回抗诉数、撤回抗诉率大幅上升；二审程序抗诉多，审判监督程序抗诉少；普通刑事犯罪案件抗诉多，经济犯罪、职务犯罪、重罪案件抗诉少。[③]

2. 在监督重点上，对司法改革内容回应较少。我国检察机关刑事审判监督主要强调纠正人民法院的错误裁判，注重对个案监督与对"人"

---

① 黄继平等：《实证分析视野下提高刑事审判监督质效的路径》，《人民检察》2021 年第 16 期。
② 黄继平等：《实证分析视野下提高刑事审判监督质效的路径》，《人民检察》2021 年第 16 期。
③ 张萍、刘凡石：《检察机关刑事审判监督职能研究》，《中国检察官》2021 年第 1 期。

监督相结合，通过对个案明显不合理判决或裁定的审查，一并查找可能存在的权力寻租问题。然而，对于简易程序、速裁程序、认罪认罚从宽制度、值班律师制度等，近年来司法改革内容缺乏监督。[①]

三、刑事审判监督的主要问题

（一）刑事审判监督程序较为模糊

刑事诉讼法以专章形式明确规定了"审判监督程序"，但是对人民检察院审判监督职责并没有设立专章或专节进行具体规定，而是散见于若干法条，且条文表述过于笼统[②]，特别是程序性监督上，在其监督方式、监督时间及监督的效力上不明确。在司法实践中缺乏操作性。根据《刑事诉讼法》第 209 条规定："人民检察院发现人民法院审理案件违反法律规定的诉讼程序，有权向人民法院提出纠正意见。"立法上并没有明确人民检察院是立即提出还是庭审后提出纠正意见，以及审判机关对检察机关提出的纠正意见应该如何处理。

（二）监督机制缺乏规范性

监督机制的不规范可分为内部指导、考核机制、沟通机制的不规

① 荣晓红：《论刑事审判监督检察政策》，《公安学刊》2021 年第 4 期。
② 张萍、刘凡石：《检察机关刑事审判监督职能研究》，《中国检察官》2021 年第 1 期。

范三个方面。一是内部指导机制不规范，表现为下级检察院提出抗诉后，上级检察院支持抗诉率较低，在上下两级检察机关中很难形成抗诉工作合力。二是考核机制不规范，一些地方检察机关抗诉工作评价比重在公诉乃至整个检察业务考评体系中分配不科学，抗诉工作难以居于中心地位，相应激励机制难以奏效。三是沟通与联系机制不规范，以抗诉为中心的刑事审判监督制度体系还没有建立起来，特别是法、检两家增进理解、强化共识的程序性制度还没有得到应有重视，对审判监督中的重点环节、关键节点也没有梳理清楚，审判监督难以规范深入。①

（三）监督内容没有实现全覆盖

从近年来的司法统计来看②，检察机关审判监督的重点始终围绕刑事案件抗诉和刑事审判活动中的违法行为，虽然在案件数量、法院采纳抗诉意见改判和发回重审率方面稳步提升，但是对于刑事附带民事诉讼案件、刑事自诉案件关注较少，也缺乏专门的监督程序和机制。

---

① 陈国庆等：《如何构建以抗诉为中心的刑事审判监督格局》，《人民检察》2017 年第 7 期。

② 2020 年，全国检察机关针对刑事审判活动中违法行为，提出纠正 8761 件次，同比上升 26.5%；同期审判机关已纠正 8174 件，占提出纠正数的 93.3%，同比增加 4.2 个百分点。

2021 年，全国检察机关共提出抗诉 8850 件，同比基本持平；法院改判和发回重审 4330 件，占审结总数的 67.9%，同比增加 1.2 个百分点；2021 年，全国检察机关针对刑事审判活动中违法行为，提出纠正 1.4 万件次，同比上升 58.3%；同期审判机关已纠正 1.4 万件。2022 年，全国检察机关共提出抗诉 6800 余件，法院采纳抗诉意见改判和发回重审 3900 余件，占审结总数的 68.5%；2022 年，全国检察机关针对刑事审判活动中违法行为，提出纠正 2.6 万件次，同期审判机关采纳率 99.5%。

四、刑事审判监督的完善方向

（一）完善刑事审判监督程序

一是更新刑事审判监督程序理念。全面理解检察机关的法律监督功能和以审判为中心的诉讼制度改革要旨。在加强法律监督与推进以审判为中心的诉讼制度改革双重背景下审视刑事审判监督的定位和发展，应当认识到，这两项改革并不冲突，都旨在促进司法公正，确保宪法法律的统一正确实施，防止不敢监督、不会监督、不愿监督，对此，要正确看待审判监督。二是完善刑事审判监督方式方法。刑事审判监督主要通过抗诉和提出纠正意见两种方式予以实现，针对刑事审判特点，要以精准抗诉代替数量抗诉，以合适监督代替广泛监督，注重刑事审判监督的质量和效果。

（二）优化刑事审判监督内容

一是健全监督内容。针对目前刑事审判监督主要限于刑事公诉案件，应当进一步扩大监督范围，将刑事附带民事诉讼、刑事自诉案件纳入监督范围，同时，构建刑事附带民事诉讼、刑事自诉案件监督的专门程序和机制。二是推进监督内容与现代科技的有机融合。依托大数据和人工智能技术，通过数据比对，构建类案预警模型，及时发现重大类案不同判案件。

（三）健全刑事审判监督工作机制

随着刑事审判监督工作的日趋强化，刑事审判监督部门应及时转变观念，除对符合抗诉标准的案件提出抗诉以外，还应站在全局的高度，针对程序瑕疵、同案不同判等问题进行综合监督，有效地运用跨部门检察官联席会、检察建议、纠正审理违法等多种方式，分情况分层次地实现刑事审判监督的整合效应，改善以往不敢监督、不愿监督、不善监督、监督不规范的状况。①

---

① 高岑：《基层刑事审判监督工作存在的难题及对策》，《人民检察》2017 年第 15 期。

第十三章　刑罚执行监督制度

一、刑罚执行监督的基本理论

（一）刑罚执行监督的概念

刑罚执行监督是指人民检察院依法对刑事判决、裁定的执行和执行机关执行刑罚的活动是否合法而进行的监督。刑罚执行监督的概念在学界存在分歧，本文将其分为宏观、中观和微观三个层面。宏观层面的刑罚执行监督从监督主体入手，分为社会监督和国家监督两个层面。[①] 其中，国家监督包括国家司法机关、行政机关和权力机关的刑罚执行监督。社会监督则指各政党、社会团体和人民群众

---

① 张骐：《论完善法治化的法律监督体系》，《中外法学》1998 年第 6 期。

根据宪法和法律的相关规定进行的刑罚执行监督。中观层面的刑罚执行监督是指人民检察院对监狱、未成年犯管教所、公安机关看守所和派出所等刑罚执行机关执行人民法院已经发生法律效力的刑事判决、裁定的活动是否合法所实行的法律监督。[①] 不同于中观层面对所有涉及法律规定的刑事执行活动进行合法性检察监督，微观层面仅指对这些刑事执行活动中的违法违规行为进行专门性的检察监督。[②] 微观层面的刑罚执行监督与中观层面具有相似性，是将该监督范围再次缩小。目前，中观层面的刑罚执行监督概念是学术界较为主流的观点。刑罚执行监督权对于执行主体而言，不具有处分和惩戒的实体性权力，仅是一种体现权力制衡的程序性权力。《人民检察院组织法》第20条明确规定人民检察院"对判决、裁定等生效法律文书的执行工作实行法律监督；对监狱、看守所的执行活动实行法律监督"，这是检察机关刑罚执行监督的法律根据。《刑事诉讼法》第276条规定："人民检察院对执行机关执行刑罚的活动是否合法实行监督。如果发现有违法的情况，应当通知执行机关纠正。"《监狱法》第6条规定："人民检察院对监狱执行刑罚的活动是否合法，依法实行监督。"《看守所条例》第8条规定，"看守所的监管活动受人民检察院的法律监督"。但是，刑罚执行监督的范围远不止刑罚执行监督，还包括对刑罚交付执行、行刑程序、刑罚变更（减刑、假释、暂予监外执行）、刑罚中止执行等方面的监督。

---

① 方明、王振：《刑罚执行监督问题研究》，《河北法学》2009年第12期。
② 周蕴露：《刑事执行检察监督案件标准化若干问题研究》，《人民检察》2019年第15期。

（二）执行监督的重要意义

1.有利于实现刑罚目的

刑罚的目的在于惩罚和预防犯罪，如果生效的刑事裁判法律文书得不到执行，将无法实现预防和惩治罪犯、保障社会稳定和国家安全的根本目的，前期所有的投入都将失去其应有的法律价值。检察机关对于刑罚执行的法律监督，可以有效避免执行违法情况的发生。检察机关一般通过发出纠正违法通知书或检察建议的方式来纠正执行机关的违法行为，以督促被监督机关及时依法履行执行行为，避免应受到惩处的犯罪分子逍遥法外，对社会造成更大的危害。

2.有利于保障被执行人的合法权利

刑事执行活动一定程度上限制和剥夺了罪犯的某些权利，甚至是生命，因而刑事执行活动是否正确执行关系着罪犯的切身利益。2009年2月发生的"躲猫猫"事件中，李某明被殴打时，没有一个监管干警站出来阻止，[①]"牢头狱霸"被推上风口浪尖既反映了刑事执行人员缺乏人权保障意识，也反映了刑事执行监管部门的失职。《世界人权宣言》第9条规定："人人享有自由和人身安全，对任何人不得加以任意逮捕、拘禁或放逐。"[②]《中华人民共和国宪法》第33条规定"国家尊重和保障人权"突出了我国对人权保障的重视。因而通过强化对权

---

① 徐盈雁：《监所检察：向同步监督大步迈进》，《检察日报》2010年2月25日第3版。
② 黎家松：《中国涉外法律及实用规则大全》，人民日报出版社1996年版，第942页。

力的制约与监督，"把权力关进制度的笼子"使其正确行使，保障被执行人的合法权益。

3.有利于实现权力制衡

任何权力都有滥用的可能性，这是权力的本性使然，在我国刑罚执行具有强制性、复杂性的特点，被执行人与刑罚执行机关之间处于支配与被支配的地位。通过法律监督权的介入，限制和制约刑罚执行权的运行，确保其合法合理规范，进而实现对刑罚执行权的制约。

4.顺应司法改革的需要

从职能定位来看，强化刑罚执行监督有利于促进检察机关聚焦法律监督职能、回归主责主业、顺应司法改革实现转型发展。法律监督是一种政治生态，需要检察机关通过行使检察权来实现。[1] 中国的检察权并非传统意义上的刑事追诉权，它具有更广泛意义上的权力约束职能。在以审判为中心的司法诉讼制度改革和监察体制改革的背景下，我国的检察机关需要在国家治理体系中重新定位，真正回归"检察机关是国家的法律监督机关"这一宪法定位，同时为避免法律监督概念泛化，需要用公共利益的标准塑造检察机关权力行使的边界。[2]

---

[1] 谢鹏程、陈磊：《检察监督体系和监督能力现代化的理论探索——2019 年检察理论研究综述》，《人民检察》2020 年第 1 期。

[2] 何勤华、裴仕彬：《19 世纪美国检法关系考——兼论国家治理体系中检察机关之定位》，《河南师范大学学报（哲学社会科学版）》2019 年第 4 期。

二、刑罚执行监督的历史发展

（一）恢复与重建阶段（1978 – 2012 年)

1978 年，全国人大五届一次会议确定重新设置人民检察院，其刑罚执行法律监督的职权同时重新恢复。1979 年 7 月，全国人大五届二次会议通过了《人民检察院组织法》，再次明确检察机关对刑事案件判决、裁定执行以及刑罚执行的法律监督。为确保法律监督权的行使，最高人民检察院决定设立刑事、法纪、监所、经济等检察厅，首次提出"监所检察"的名称。1990 年 3 月 17 日发布的《看守所条例》、1994 年 12 月 29 日通过的《监狱法》、1996 年 3 月 17 日修订的《刑事诉讼法》进一步完善了刑罚执行监督的内容。2001 年最高人民检察院制定的《关于监所检察工作若干问题的规定》和 2007 年《关于加强和改进监所检察工作的决定》全面细化了监所检察工作的内容和程序。[1] 此后，检察机关的刑罚执行监督工作的发展驶入快车道。

（二）2012 年修法后的"监所检察"阶段（2012—2014 年)

随着 2012 年《刑事诉讼法》的再次修改，检察机关的刑罚执行

---

[1]　袁其国：《刑事执行检察业务培训教程》，中国检察出版社 2015 年版，第 25—35 页。

监督职能呈现扩大化趋势。一方面，在原来权力的基础上适度修正监督方式方法，如第 255 条赋予人民检察院事中监督的权力。另一方面，为配合修法后新增加的强制措施或特殊程序的运行，新增与原职责不同的监督内容。为完善刑罚执行监督的工作内容和程序，保障其正确实施，最高人民法院、最高人民检察院先后颁发《关于执行〈中华人民共和国刑事诉讼法〉若干问题的解释》《人民检察院刑事诉讼规则》等一系列的司法解释。但随之而来的新问题是监所检察的名称以监督对象命名，但无法涵盖所有的对象，因此，更名被提上日程。

2012 年修订的《刑事诉讼法》规定检察机关对强制医疗执行活动进行监督。随后修订的《人民检察院刑事诉讼规则》中，人民检察院监所检察部门被赋予对指定居所监视居住执行监督、强制医疗执行监督、社区矫正执行监督、刑罚变更执行同步监督、羁押必要性审查、临场监督执行死刑监督、财产刑执行监督、对在押人员诉讼权利的保障八项新职责。2015 年 12 月，最高人民检察院发布《关于全面加强和规范刑事执行检察工作的决定》，将监所检察厅更名为刑事执行检察厅，同时将该部门的主要职责扩展为十一项，[1] 可概括为七大类：第一

---

① 《关于全面加强和规范刑事执行检察工作的决定》规定：一是对人民法院、公安机关和监狱、看守所、社区矫正机构等执行机关执行刑罚活动和人民法院执行没收违法所得及其他涉案财产的活动是否合法实行监督；二是对减刑、假释、暂予监外执行的提请、审理、裁定、决定、执行活动是否合法实行监督；三是对监管被刑事拘留、逮捕和指定居所监视居住的犯罪嫌疑人、被告人的活动是否合法实行监督；四是对犯罪嫌疑人、被告人的羁押期限是否合法实行监督；五是对被逮捕后的犯罪嫌疑人、被告人进行羁押必要性审查；六是对强制医疗执行活动是否合法实行监督；七是对刑事执行机关的监管活动是否合法实行监督；八是查办和预防刑事执行活动中的职务犯罪；九是对罪犯又犯罪案件审查逮捕、审查起诉、出庭公诉，对罪犯又犯罪案件的立案、侦查、审判活动是否合法实行监督；十是受理刑事被执行人及其法定代理人、近亲属、辩护人、诉讼代理人的控告、举报和申诉；十一是其他事项。

类是对人民法院、公安机关和监狱、看守所、社区矫正机构等执行机关的刑罚执行活动和监管活动的监督；第二类是对刑罚变更执行活动的监督；第三类是对羁押性刑事强制措施的必要性和期限等的监督；第四类是对强制医疗执行活动合法性的监督；第五类是对罪犯又犯罪案件各项诉讼活动的监督；第六类是对刑事执行活动中职务犯罪的监督；第七类是受理执行活动中的申诉、控告和举报。由此可见，刑罚执行监督的范围已被全面扩展。

（三）刑事执行检察部门的办案化阶段（2015—至今）

2014 年 12 月 30 日，最高人民检察院印发《关于最高人民检察院监所检察厅更名为刑事执行检察厅的通知》决定将全国检察机关的监所检察部门改名为"刑事执行检察部门"，自此刑罚执行监督开启新阶段。为改变其长期不受重视，工作处于"边缘化"的窘况，2015 年在最高人民检察院召开的全国刑事执行检察工作会议上，首次提出了刑事执行检察工作模式要从以"办事"为主向以"办案"为主转变。这与 2016 年 9 月最高人民检察院在《"十三五"时期检察工作发展规划纲要》中提出的"重大监督事项案件化"一脉相承，可谓检察改革之先声。此后，检察机关对刑罚执行监督违法违规案件展开办理。2018 年，随着检察机关内设机构改革，刑事执行机构由刑事执行厅改为第五检察厅，负责对监狱、看守所和社区矫正机构等在执法活动中的监督，对刑事判决、裁定执行、强制医疗执行、羁押和办案期限的监督，并负责羁押必要性审查相关工作。

三、刑罚执行监督的主要问题

(一) 一般性问题

1. 刑罚执行监督缺乏刚性

全国检察机关刑事执行活动违法行为纠正情况 (2018—2022)

年份	刑事执行活动违法行为纠正（件）	已经纠正（件）	占比
2018	35272	34566	98%
2019	29135	28847	99%
2020	33597	32450	96.6%
2021	58000	——	——
2022	68000	——	——

长期以来，我国对于刑罚执行的重视程度要低于侦查、起诉、审判，刑罚执行监督较之于侦查监督、审判监督，其地位和作用也远远没有发挥出来。一定程度上说，我国目前的刑罚执行监督尚处在不系统、不具体的待完善状态。[1] 虽然对于检察机关的刑罚执行监督，受监督部门应于主动纠正，但是这种监督仍然缺乏刚性，主要是因为监督方式有赖于纠正违法通知书；监督反馈不健全；未纠正的缺乏进一步监督手段。

---

[1]　侯国云：《刑罚执行问题研究》，中国人民公安大学出版社 2005 年版，第 339 页。

2. 刑事执行主体过于分散

根据我国法律的相关规定，刑事执行主体包括：公安机关、监狱、人民法院、看守所、未成年人管教所、拘役所、社区矫正机构等多个机关。刑事执行主体多且分散，对刑罚执行监督造成一定程度的阻碍。一是刑事执行主体过于多元化，且彼此之间不存在隶属关系，由于各主体经常从自身利益出发考虑问题，往往会导致各自为政和互相推诿。二是由于法律无法面面俱到，在刑事执行主体较多的情况下，容易导致不同机关对同一刑罚的执行标准、尺度不统一，也就不利于总结并形成可推广的执行经验。三是监督对象多元往往会加大作为监督主体的刑事执行检察监督部门的困难。有限的执行监督人员需要克服空间和时间跨度的难题，针对不同的监督对象采取针对性的监督方式，这对刑罚执行监督提出了巨大的挑战。

3. 刑罚执行监督存在滞后性

在法律规定与司法实践中，检察机关大都是在执行行为发生违法情形后才介入监督，这种监督明显具有事后监督的特点。监督机制的相对滞后，增加了刑罚执行监督的复杂性，影响司法效率的提高。如涉及罪犯的减刑监督时，需要检察机关对监狱呈报减刑建议以及人民法院裁定减刑的对象、条件和程序是否合法进行监督。但一般情况下，一旦违法减刑裁定已作出，其纠正的程序将非常复杂。涉及暂予监外执行时，仅需暂予监外执行机关批准，罪犯即可到监狱外执行刑罚。但若批准错误，检察机关事后提出"纠正意见"时罪犯已经在社会上服刑，一定程度上增加了社会危险性。因此由于刑罚执行监督存在滞后性，不能及时对执行机关的活动进行纠正，容易使监督效能缩减，监督的目的难以实现。

4.刑罚执行监督机构设置存在弊端

目前,刑罚执行监督主要通过派驻检察和巡回检察进行。全国96.4%的监管场所已经实现了派驻检察。[①] 为方便监督主体及时对执行机关的违法行为进行纠正,派驻机构往往与执行机关设在同一工作场所。但也正因为派驻检察机构对于执行机关基础设施等方面过于依赖,检察监督人员容易被同化,使其不敢于、不善于监督,导致监督职能弱化、监督不到位问题频发。

5.刑罚执行监督主体综合素质参差不齐

由于历史遗留问题，当前刑罚执行监督办事人员的综合素质参差不齐。据调查，广西某市检察院从事刑罚执行监督的检察官中，只有 2 名是大学本科文凭，占 14%；还有 3 名是中专（高中）以下文化，占 20%。[②] 在北京市部分基层检察院的刑罚执行监督部门年龄大的、体质弱的、患病的干警所占的比例甚至达到 60%。[③] 个别检察院负责监督的人员徇私枉法、玩忽职守，甚至进行权钱交易，包庇刑事执行活动中的违法行为，难以保证刑罚执行监督到位。

---

① 王守安:《新时代刑事执行检察的创新与发展》,《人民检察》2019 年第 19 期。
② 卢萍:《刑罚执行监督工作的调查和思考》,《广西检察理论和实践》2004 年第 3 期。
③ 许海峰:《法律监督的理论与实证研究》,法律出版社 2004 年版，第 310 页。

6.刑罚执行监督工作司法属性不足

由于传统的刑罚执行检察以办事模式为主，不注重证据收集、程序不够规范、时限约束不明确、违法案件构成标准不清晰等问题长期存在。因此，刑罚执行监督部门长期不被认同为司法办案部门。"以办案为中心"的司法改革对刑罚执行监督工作提出了更高的要求，但其工作司法属性不足的问题已经严重阻碍了刑罚执行监督工作的专业化发展。

（二）具体性问题

1.刑罚交付执行监督存在的问题

刑罚交付执行是指负有交付执行职责的机关根据法定程序向负有执行职责的机关交付被执行对象，执行机关依法接收被执行对象的司法活动。[1] 刑罚交付执行监督对象是交付机关与接收交付对象机关，监督内容为两机关是否依照合法程序完成交付，从而使被执行人依法履行人民法院的生效判决。较为典型的问题有二：一是交付执行的期限没有明确规定。死刑交付执行的时间过短，被告人的救济时间与司法机关的纠错时间均不充分；[2] 个别法院也存在执行法律文书送达不及时和交付执行时任意拖延时间等问题。二是执行机关随意扩大拒绝接收罪犯的范围。《监狱法》第 17 条规定对于"患有严重疾病需要保外就医的罪犯，可以

①　徐然：《刑事执行检察监督：法理、现状与路径》，《山东警察学院学报》2019 年第 16 期。

②　陈妍茹：《生与死的距离——论死刑立即执行判决交付执行时间的法律缺陷与改革》，《法治研究》2015 年第 2 期。

暂不收监"。司法实践中，监狱部门在遇到不符合保外就医条件的老弱病残罪犯时，考虑到其无法为监狱部门带来一定的经济利益，随意拒绝收监。非监禁刑交付中，由于"居住地"界定不明，户籍地和暂住地社区矫正机构随意拒收服刑人员。①

2.刑罚执行变更存在的问题

全国检察机关减、假、暂监督情况（2018—2022）

年份	纠正减刑、假释、暂予监外执行不当（人）	已纠正人数	占比
2018	42358	39392	92.8%
2019	40241	38035	94.4%
2020	52422	50598	96.5%
2021	58000	——	——
2022	58000	——	——

刑罚执行变更主要包括减刑、假释和暂予监外执行等。存在的问题主要包括三个方面：一是减刑、假释变更执行监督中存在滞后性问题。由于刑罚执行监督具有事后监督、书面审查的弊端，当检察机关发现减刑或假释错误时，罪犯往往已经被减刑或释放，脱离执行机关的管控使收监工作变得困难。尽管检察机关可以在裁定作出前提前介入，提出检察建议或在开庭时发表意见，但检察建议和开庭意见仅为合议庭审判提供参考，并不具有强制力，监督效能可见一斑。二是暂予监外执行中存在的问题。暂予监外执行的批准主体既包括人民法院

---

① 黄凯东：《刑罚交付执行监督机制研究》，《中国检察官》2017 年第 12 期。

又包括省级监狱管理部门和县级以上公安机关。^①决定权的分散会导致执法标准、尺度不统一，检察机关难以监督。不仅如此，暂予监外执行的相关法律文件对时限的规定比较模糊，^②实践中操作性不强，同时也为执行机关创造了权力寻租的空间。三是犯罪人员在监管活动中的表现评估不统一的问题。由于罪犯的学习生活与劳动改造效果直接影响到减刑与假释，因而意义重大。但目前我国的法律中尚未对如何开展监管改造活动进行详细规定，导致各监管执行机关各自为政，标准不统一，不利于刑罚执行监督活动的开展。

3.监外执行监督存在的问题

全国检察机关监外执行监督情况（2019—2022）

年份	对监外执行活动违法提出纠正人数	已纠正人数	占比
2018	43671	42579	97.5%
2019	40571	39762	98%
2020	60162	58531	97.3%
2021	70000	——	——
2022	102000	——	——

① 对于刑事判决、裁定生效后但尚未交付执行的罪犯，如果符合法定条件需要暂予监外执行的由人民法院决定。针对在刑罚执行期间需要暂予监外执行的，由执行机关决定。这种情况又称为保外就医。

② 如《中华人民共和国监狱法》第28条规定："暂予监外执行的罪犯具有刑事诉讼法规定的应当收监的情形的，社区矫正机构应当及时通知监狱收监；刑期届满，由原关押监狱办理释放手续。罪犯在暂予监外执行期间死亡的，社区矫正机构应当及时通知原关押监狱。"《中华人民共和国刑事诉讼法》第268条规定："对暂予监外执行的罪犯，有下列情形之一的，应当及时收监：……"上述两个法条对涉及到暂予监外执行变更期限的表述均为"及时"，该规定模糊且操作性不强。

目前社区矫正是监外执行的主要形式。社区矫正是指将符合条件的罪犯置于社区内，由专门的国家机关在相关社会团体和民间组织以及社会志愿者的协助下，在确定的期限内矫正其犯罪心理和行为恶习，并促进其顺利回归社会的非监禁刑罚执行活动。① 社区矫正存在的主要问题是各机关协调配合较弱。罪犯进行社区矫正需要司法行政机关、社会基层组织以及公安机关多方的协同配合。但目前由于人民法院与矫正机构缺乏沟通，导致交付执行存在漏洞；检察机关与矫正机构未充分对接，在执行监督期限、条件以及纠正方式相关法律规定缺失的情况下，监督变为"走过场"；公安机关与检察机关同时具有监督职能，权责交叉易出现互相推诿情形和监管漏洞。

4.财产刑执行监督存在的问题

全国检察机关财产刑执行监督情况（2018—2022）

年份	财产性判项执行履职不当提出纠正案件数	已纠正	已纠正占比
2018	——	——	——
2019	23797 件	——	——
2020	34292 件	33205 件	96.8%
2021	43000 件	——	——
2022	58000 件	——	——

---

① 由美国犯罪学家安德鲁·斯卡尔等人于 20 世纪 70 年代中期提出，并在我国被广泛采纳。据 2003 年 7 月 10 日最高人民法院、最高人民检察院、公安部、司法部联合印发《关于开展社区矫正试点工作的通知》的规定，适用对象为被判处管制、被宣告缓刑、被裁定假释、被暂予监外执行和被剥夺政治权利并在社会上服刑的五种罪犯。

一方面，财产刑的执行具有特殊性，其裁定主体与执行主体均为人民法院。刑审执合一的模式导致法院一家独大，影响司法公正。如在实践中先执行后判决或者根据能否执行再决定是否判处财产刑的情形时有发生。同时，财产刑的执行与监督没有衔接机制。河南、重庆等地的调研数据统计表明，80%以上的检察机关与法院并没有就财产刑执行问题进行沟通协调。① 另一方面，财产刑执行监督法律规定不完善。《刑事诉讼法》与《人民检察院刑事诉讼规则（2019)》中只有很小的部分涉及刑事裁判中财产刑的执行监督，《高检规则》中指出对于人民法院和公安机关的不合法执行行为可以调查核实、提出建议和提出纠正意见。尽管监管力度在加大，但对于监督的方式、标准与合法程序均未做详细阐释，这导致检察机关的监督实际上处于停滞的状态。

四、刑罚执行监督的完善建议

（一）健全立法，增强刑罚执行监督的法治化

1. 制定统一的《刑罚执行法》。要加快刑罚执行监督方面的立法。可尽快制定统一的《刑罚执行法》，明确刑罚执行的主体、刑罚执行监督的主体、工作内容、办案程序、办案标准、办案方式与手段等，使刑罚执行监督工作有法可依、有章可循，有法律的强制力保障其实施。

---

① 熊皓、许韵:《财产刑执行检察监督工作之检视》，《行政与法》2018 年第 10 期。

2. 加强刑罚执行监督的案例指导。法律的创立非一日之功，在目前刑罚执行监督相关规定极度不完备的情况下，更加便捷的方法是通过发布指导性案例，为办案提供具备参考价值的实务依据。2020 年 6 月 3 日，最高人民检察院发布的第十九批指导性案例均为刑罚变更执行法律监督的案例，填补了刑罚执行监督领域长期没有指导性案例的空白。①

（二）创新机制，实现刑罚执行监督的实效化

一是实施"派驻 + 巡回"检察监督模式。派驻检察监督可及时对刑罚执行各环节的工作状况进行监督，发现问题时督促其立刻整改。②但长时间固定监督某一执行主体，容易形成"保护主义"，因此以固定时间为周期，将"派驻检察"人员在不同部门、地区进行调换开展"巡回检察"。

二是实施"专项 + 常规"检察监督模式。将"派驻 + 巡回"监督常态化，并将每次的监督结果纳入各单位目标责任制考核内容，以促进执行质效的提升。对于重点监督对象可单独成立专项监督小组，集中发力、整治陋习。

三是实施"上级 + 下级"检察监督模式。检察机关内部的上下级属于领导与被领导的关系，刑罚执行监督可充分借助这一优势，探索实行上下级检察机关信息共通、协作配合的工作模式，保障监督效能的实现。

---

① 何剑：《刑罚执行监督"办案"模式相关问题与完善路径》，《中国监狱学》2021 年第 3 期。
② 陈志林、黄辉灿：《现代治埋背景下完善刑罚执行体系研究》，《中国司法》2021 年第 4 期。

（三）强化监督，完善刑事执行监督配套机制

一是刑罚执行监督人员要及时更新理念，尊重和保障人权，强化监督意识、重视法律监督工作。二是加强队伍建设和人员配置，通过多种方式的培训，提高检察人员的监督办案专业能力，因地制宜安排监督人员。三是通过与公检法、监狱等各机关部门协商，对执行中一些事实认定和法律适用可能存在分歧的"模糊问题"进行释明。捕诉合一的刑事诉讼改革机制促进了机关间的沟通联系，便利了刑罚执行监督。四是充分利用现代科学信息技术。如探索派驻与巡回检察"智慧+"模式，利用高科技扩大监督信息的获取渠道；又如研究优化全国检察机关各类监督案件的统一办案模块，通过系统将办理环节和流程固定化，推进案件办理的程序统一化和繁简分流。

第十四章　检察环节非法证据排除制度

纵观世界上实施非法证据排除规则的国家都没有规定诉前非法证据排除，非法证据排除的主体和程序都是在法院和审判阶段。检察机关能否成为排除非法证据的机关，能否担当非法证据排除制度的使命成为中国理论界关注的焦点。在 2012 年刑事诉讼立法修改之前，部分学者就对此持怀疑态度，因为"案件由公安机关转到检察院后，被告人与检察机关实际上处于对立面，一个是控诉方，一个是被告人，向诉讼的对立面进行申诉从理论上讲难以自圆其说。"[1] 这种怀疑不无道理，尤其是从最高人民检察院的历年的工作报告中可以看出，均把打击罪犯，维护社会秩序放在了突出位置。

---

[1]　杨宇冠：《非法证据排除规则研究》，中国人民公安大学出版社 2002 年版，第 286 页。

一、检察机关非法证据排除程序建构的价值基础

（一）检察制度发展的历史潮流

从历史上看，创设检察官制度的主要目的有三个：一是为废除当时的纠问制度，确立诉讼上的权力分立原则；二是控制警察活动的合法性，摆脱警察国家的梦魇；三是守护法律，使客观的法意贯通整个刑事诉讼程序。[①] 从当代主要国家的法律规范来看，尽管英美法系和大陆法系国家的检察制度和检察职能有所不同，但是其对检察权的客观性强调则是西方检察制度的普遍特征。现代检察制度确立之后就提出了检察官的客观义务问题，要求检察官在追诉犯罪的过程中，客观公正地对待每一个案件和每一个案件当事人，站在法律的立场看待案件的客观事实。[②] 这就决定了检察官在刑事诉讼上，虽然承担追诉犯罪的职能，但其并非一方当事人，具有维护法律实施，保障实体真实正义的职责。联合国《关于检察官作用的准则》第 16 条规定："当检察官根据合理的原因得知或者认为其掌握的不利于嫌疑犯的证据是通过严重侵犯犯罪嫌疑人人权的非法手段，检察官应拒绝使用此类证据来反对采取上述手段者之外的任何人将此事通知法院。"[③] 联合国《禁止酷刑和其他残忍、不人道或者有辱人格待遇或处罚公约》第 15 条规定："每一缔约国应确保在

[①]　林钰雄：《检察官论》，法律出版社 2008 年版，第 7—8 页。

[②]　朱孝清：《检察官客观公正义务及其在中国的发展完善》，《中国法学》2009 年第 2 期。

[③]　张智辉、杨诚：《检察官作用与准则比较研究》，中国检察出版社 2002 年版，第 251 页。

任何诉讼程序中，不得援引任何业经确定系以酷刑取得的口供为证据，但这类口供可用作被控施用酷刑者刑讯逼供的证据。"这里强调的是"任何诉讼程序"，其中当然包括审查逮捕和审查起诉。"尽量避免了法官与非法证据的接触，可以更好地达到排除非法证据的预期效果"。① 所以，检察官在办案中，对于以非法方法收集的证据材料，要严格根据法律规定，要求侦查部门予以补正或做出合理解释，严重侵犯当事人基本权利或违反司法公正的，应予以排除。

（二）法律监督的内在要求

我国《宪法》第 129 条规定："中华人民共和国人民检察院是国家的法律监督机关"。这一规定，从根本大法的角度确认了检察机关作为法律监督机关的宪法地位，赋予了检察机关法律监督权。法律监督作为我国宪法和法律使用中的一个专门术语，主要是指检察机关根据法定职责和程序，检查、督促纠正或提请制裁严重违法行为，预防违法和犯罪，以维护法制统一和司法公正的专门工作②。诉讼监督是法律监督的重要内容和载体，根据诉讼监督的阶段不同，可将诉讼监督分为立案监督、侦查活动监督、起诉监督、审判监督、执行监督五个环节。③ 检察环节非法证据排除则是诉讼监督的具体体现。通过在审查批准逮捕和审查起诉中，主动或依据申请，对非法证据予以排除或提出纠正违法建

---

① 陈光中：《刑事证据制度改革若干理论与实践问题之探讨———以两院三部〈两个证据规定〉之公布为视角》，《中国法学》2010 年第 6 期。
② 孙谦：《中国特色社会主义检察制度》，中国检察出版社 2009 年版，第 38 页。
③ 杨迎泽、薛伟宏：《检察诉讼监督的概念、特点与种类》，《中国刑事法杂志》2012 年第 7 期。

议，不得作为批准逮捕和提起公诉的依据，从而有利于维护法制的统一实施，维护司法的公正、高效和权威。

（三）保障人权的必然要求

对于已经发生的犯罪事实，人们已然无法再次重现，这就需要通过证据材料的重构。而证据材料信息具有一定的时限性，如果不及时收集，或者违反法律程序的收集，将导致证据材料所重构的事实难以完全体现案件的事实，在此方面讲，侦查中所犯的错误往往具有不可弥补性。同时根据刑事程序的顺序和流程，检察机关在相关突发公共事件的程序介入会早于法院，在职务犯罪侦查阶段、普通刑事案件的批捕及公诉阶段就会对案件产生实质影响。根据源头治理的思路，非法证据越早排除越有利，由检察机关来实施非法证据排除有着其他机关无法比拟的优越性。[①] 从目前发生的冤假错案上看，生效的法院判决固然是最直接的原因，但从本源上看，基本都是源自违法侦查和取证。特别是在我国，在侦查中心主义的诉讼传统下，再完美的法院和法官制度，也难以挽救违法取证所造成的恶果。检察环节排除非法证据则有利于及时维护当事人的合法权益，使得当事人及时从刑事追诉的风险中脱离出来。

（四）追诉犯罪的需要

检察环节排除非法证据也是检察机关追诉犯罪，履行控诉职能的必

[①] 　陈永生：《我国刑事误判问题透视》，《中国法学》2007 年第 3 期。

然要求。从诉讼发展的历史来看，检察机关取代个人，承担追诉犯罪的职责是国家追诉主义的必然结果。检察机关通过在检察环节排除非法证据，从而有利于降低起诉风险，及时追诉犯罪。因为如果案件进行到审判阶段，检察机关需要对证据取得的合法性承担证明责任，如果检察人员能在审判之前的阶段就对证据的合法性做出判断，并排除非法证据，可以大大降低公诉不成功的风险。一方面，可以及时发现非法证据，防患于未然，而且不妨碍侦查，把非法证据排除后，可以重新做一份笔录；另一方面，可以有充分的补救的机会，例如刑讯逼供得来的证据在法庭上不能补救，但在开庭前可以补救。

二、检察环节非法证据排除的制度变迁

（一）1996年刑事诉讼法

关于检察机关参与非法证据排除的法律规范，1996年《刑事诉讼法》就已经作出了规定，该法第43条明确，"审判人员、检察人员、侦查人员必须依照法定程序，收集能够证实犯罪嫌疑人、被告人有罪或者无罪、犯罪情节轻重的各种证据。严禁刑讯逼供和以威胁、引诱、欺骗以及其他非法的方法收集证据。"1998年12月16日最高人民检察院修订的《人民检察院刑事诉讼规则》第265条规定："严禁以非法的方法收集证据。以刑讯逼供或者威胁、引诱、欺骗等非法方法收集的犯罪嫌疑人供述、被害人陈述、证人证言，不能作为指控犯罪的根据。

人民检察院审查起诉部门在审查中发现侦查人员以非法方法收集犯罪嫌疑人供述、被害人陈述、证人证言的，应当提出纠正意见，同时应当要求侦查机关另行指派侦查人员重新调查取证，必要时人民检察院也可以自行调查取证。"然而，由于缺乏可操作性的程序规范，再加上实践中检察机关过于偏重追诉犯罪的职能，以至于旨在保障人权和抑制违法的非法证据排除规则并未有效实施。同时，在检察环节，律师的会见权和阅卷权受到很大的限制，也难以有效提出排除非法证据，所以此时的侦查监督和审查起诉的重点主要针对侦查人员实体性违法与否，对于违法方式提取的证据，检察机关通过默示认可的方式使其顺利地进入法庭。

2010年"两高三部"制定的《关于办理刑事案件排除非法证据若干问题的规定》第3条规定，"人民检察院在审查批准逮捕、审查起诉中，对于非法言词证据应当依法予以排除，不能作为批准逮捕、提起公诉的根据"，则将上述规范在一定程度上予以了具体化。一方面，扩大了检察机关的排除阶段，即由原先的在审查起诉阶段不得作为指控犯罪的依据扩大到也不得作为批准逮捕的依据；另一方面，将以刑讯逼供或者威胁、引诱、欺骗等非法方法收集的犯罪嫌疑人供述、被害人陈述、证人证言归纳为非法言词证据，外延更为丰富。

（二）2012年刑事诉讼法

2012年第十一届全国人民代表大会第五次会议审议通过了修正后的《中华人民共和国刑事诉讼法》，该法第54条第2款规定："在侦查、审查起诉、审判时发现有应当排除的证据的，应当依法予以排除，不得作为起诉意见、起诉决定和判决的依据。"同时基于《非法证据排除规定》继续有效，从而明确了检察机关在审查批准逮捕、审查起诉阶段，对于应当非法证据应当排除的，应当依法予以排除，不得作为批准逮捕和审查起诉的依据，使检察机关排除非法证据的内涵由非法言词证据到全部非法证据，同时该法第 55 条规定"人民检察院接到报案、控告、举报或者发现侦查人员以非法方法收集证据的，应当进行调查核实，对于确以非法方法收集证据情形的，应当提出纠正意见；构成犯罪的，依法追究刑事责任。"此举无疑强化了检察机关的法律监督权，也使检警关系更加趋向合理。[①] 正如理论界所言，本次立法的亮点之一就是构建起审判阶段非法证据排除的具体程序，首次规定非法证据排除的证据类型、程序、证明责任和证明标准等。同时，明确了检察环节排除非法证据的要求，使得"将非法证据排除延伸到审前阶段，从而拓宽了非法证据排除规则在刑事司法中的适用范围。"[②] 然而，由于检察阶段非法证据排除程序并无规定，使得本文立法仍有遗憾。

（三）2018 年刑事诉讼法

2018 年《刑事诉讼法》修正案中并无涉及非法证据排除制度的规定，但在此后的人民法院刑事诉讼法解释、人民检察院刑事诉讼规则等司法解释文件中细化了非法证据的重点排除范围、全程排除要求以及检察机关的证明责任。

[①] 詹建红：《检察机关排除非法证据的制度建构》，《法商研究》2012 年第 3 期。
[②] 杨宇冠、孙军：《构建中国特色的非法证据排除规则》，《中国检察官》2010 年第 4 期。

三、检察环节非法证据排除制度的实践现状

（一）检察环节非法证据排除制度的实施情况

良好的制度设计需要通过司法实践的检验和落实。以笔者所在的 H 市为例，2022 年至 2023 年 9 月，全市检察系统共启动非法证据排除程序 65 次，排除非法证据 6 次，排除占启动比例为 9.23%。从基层检察院非法证据排除的总体情况分析，非法证据排除呈现出以下特点：一是在非法证据排除数量方面，非法证据排除总体启动次数较多，排除较少，排除比例仅占 9.23%。二是在非法证据排除阶段方面，审查逮捕环节排除比例较高，共启动 55 次，排除 8 次，排除比例为 14.55%；审查起诉阶段排除较低，仅启动 10 次，排除 1 次，排除比例为 10%，审判阶段没有发生排除的案件；三是在非法证据排除启动主体方面，检察机关办案人员主动发现启动的较多，共有 45 次，犯罪嫌疑人或家属、律师提出启动的较少，共有 20 次；四是在非法证据排除种类方面，犯罪嫌疑人供述、证人证言等言辞证据几乎为 100%。

（二）检察环节非法证据排除制度的主要问题

1.当事人的实质参与权受到限制。侦查阶段是最易发生非法取证的时期，虽然《刑事诉讼法》确立了侦查阶段律师的辩护人地位，但这种辩护权是不全面的。一是律师在此阶段的辩护权不完整。根据《刑事诉

257

讼法》第 36 条的规定："辩护律师在侦查期间可以为犯罪嫌疑人提供法律帮助；代理申诉、控告；申请变更强制措施；向侦查机关了解犯罪嫌疑人涉嫌的罪名和案件有关情况，提出意见。"由此可见，刑诉法以穷尽列举的形式明确了侦查阶段辩护律师的权利范围，由于证据调查权和阅卷权的缺失，以至于大多数辩护律师无法有效获悉涉嫌非法取证的人员、时间、地点、方式或内容材料和线索。二是检察环节对非法证据的调查核实缺乏当事人及其辩护人的有效参与。《人民检察院刑事诉讼规则》虽然规定了检察机关对非法取证行为的调查核实方式，但却主要依赖检察机关的自由裁量，对于犯罪嫌疑人的控诉及其律师的意见并非必须听取，对于没有采纳的，并不承担有效的说理责任，也未给予同等的其向上级检察机关复议复核的机会。三是对依职权调查完毕后的结果没有明确是否告知当事人及其辩护人，从而并未赋予其向上级检察机关复核的机会。四是没有为报案、控告及举报者提供救济途径。如果人民检察院接到报案、控告、举报侦查人员以非法方法收集证据而不进行调查核实的，那么投案人、控告人或举报人可以采取哪些措施予以救济呢？对此，并未规定。

2. 非法证据仍然可以随案移送。非法证据排除的要义就在于依据非法证据所进行的诉讼行为无效，不能取得相应的法律效果。在我国，刑事诉讼实行流水作业的运行方式，倘若在先前的诉讼阶段被认定为非法证据，并予以排除，而仍然将该证据随案移送，势必在后一阶段对该证据进行重复评价，影响其后司法人员的心证且浪费司法资源。根据《人民检察院刑事诉讼规则》第 73 条的规定："对在审查逮捕和审查起诉中经调查核实依法排除的非法证据，仍然要随案移送"，这必然侵蚀着审前排除的制度优势，使得非法证据排除的效果大打折扣。

3.程序回流导致非法证据排除制度难以有效发挥。我国公安司法机关在刑事诉讼采取"分工负责、相互配合、相互制约"的追诉原则,侦查机关与检察机关具有天生的权力亲密性。在司法实践中对于侦查机关报请逮捕或移送审查起诉时,所依据的证据涉嫌非法,检察机关也会通过内部建议允许其撤回逮捕申请或者撤回移送审查起诉请求,从而使程序回溯到侦查阶段,规避了检察机关对非法证据实施的程序性制裁。侦查机关通过另行取证,实现追诉效果,使得非法取证行为犹如没有发生一样得以弥补。

4.非法证据排除的激励机制欠缺。制度的实施,不仅仅依靠该制度的道德性,还必须辅之以相关的激励机制。虽然《宪法》和《刑事诉讼法》赋予了检察机关的法律监督地位,但是受诉讼期限的影响,一旦检察环节启动非法证据排除,则相应的调查核实工作必将占据大量的时间,由于法律对非法证据排除的启动期限是否应当计入批捕和审查起诉期限并未规定,以至于实践中由于办案期间紧张和人少案多矛盾突出,检察机关主动排除非法证据的可能性和积极性必然降低。

四、检察环节非法证据排除制度的完善

(一) 健全检察环节排除非法证据的启动程序

从上述检察环节实施情况可知,当前非法证据排除的启动以主动排除为主,犯罪嫌疑人或被告人申请为辅。检察机关依职权排除虽然具有简便快捷及时的优点。但由于其承担一定的追诉职能，以至于在排除的范围和效果上，不及当事人主动申请更具优势。申请排除非法证据是法律赋予当事人的一项重要诉讼权利，只有权利人知晓自己所享有的权利才能正确使用该权利。由于许多犯罪嫌疑人并不具备法律专业知识，所以检察机关在审查逮捕、审查起诉过程中第一次讯问犯罪嫌疑人时，应当主动告知其享有刑事诉讼法上规定的相关诉讼权利义务。如什么是非法证据、申请排除将会带来什么效果等等，以利于当事人正确行使这项权利，同时告知其如果需要申请应当提供相关材料或线索，以便于检察机关进行查证①。由于当事人的诉讼能力有限，这就需要对于检察环节的辩护人的阅卷权和会见权予以充分保障，从而使其实质性参与到检察环节排除非法证据的程序中来。

（二）完善非法证据排除的调查核实程序

一是检察环节非法证据调查核实的程序要积极听取当事人及其辩护人的意见，确保他们能够实质性地参与到非法证据排除程序中。二是对于调查核实的结果，要及时向当事人及其辩护人告知，并给予其向上级检察机关复议复核的救济机会。三是对于一些复杂案件，在经侦查人员作出合法性说明，以及进行调查核实后，仍然不能排除非法取证嫌疑的，检察机关可以采取一种由侦查人员、犯罪嫌疑人及其辩护人参加的听证程序，以对证据合法性进行审查。② 受司法资源有限和诉讼经济原则的制约，听证程序的适用范围应当限制为当事人对证据合法性存在异

---

① 陶建平：《非法证据的前端治理》，《人民检察》2020 年第 16 期。
② 卞建林：《检察机关与非法证据排除》，《人民检察》2011 年第 12 期。

议而提出听证申请的案件。这里的当事人主要是指犯罪嫌疑人、被害人或其法定代理人，辩护人和诉讼代理人在获得授权后也可以代为提出申请。四是明确调查核实的效果。对于未发现问题的，及时做好答复解释工作；对于侦查违法情形，应当综合行为性质和造成的危害后果，根据情况通过口头或书面方式予以纠正；对于涉嫌犯罪的，移送有管辖权的机关（部门）依法处理。

（三）明确非法证据的排除效果

非法证据排除作为一种程序性控权方式，若仅排除非法证据本身，不使非法证据从案卷中移除，就无法实现从程序上制裁违法行为的法律目的。对此，应当进一步明确，在检察环节，被排除的非法证据不得作为逮捕依据、起诉依据，依法排除该证据后，其他证据不能证明嫌疑人实施犯罪行为的，应当不批准或者决定逮捕，已经移送审查起诉的，可以将案件退回补充侦查或者作出不起诉决定。同时，对于已经排除的非法证据也不得随案移送，从而保持案卷资料的法律纯洁性。此外，可建立检察机关定期非法证据排除分析通报机制，强化案件质量监督。[①]

作为承担约束警察权和裁判权双重使命的检察权，从其诞生之日就承载着客观公正的法律义务，在检察环节排除非法证据对于预防警察违法，维护当事人权利，实现公正司法具有重要意义。然而，检察环节非法证据排除制度也有其相应的边界和限制，对此我们不能过分夸大其功能。特别是检察环节非法证据排除的单方性、秘密性、行政化的运作模

---

① 元明等：《非法证据排除分析通报报告制度的探索与规范》，《人民检察》2022年第14期。

式，其主动排除的效果远远不如审判程序的公开性、参与性和公正性。再加上，检察机关本身是控诉机关，需要控诉证据来支持其打击犯罪的职能，如此则会不会导致检察机关在排除非法证据时有睁一只眼闭一只眼的嫌疑？从世界范围来看，审判中心主义的诉讼构造代表了权力分工的发展趋势，通过公正的程序保障，公开的法庭辩论，公道的法律说理，公平的法律裁决，最大限度地实现司法正义。

第十五章　刑事诉讼与监察证据衔接制度

　　党的十八大以来国家监察体制改革不断深化，从地方试点到立法实施，确保反腐败依法推进。2018 年 3 月，全国人大出台了《中华人民共和国监察法》，首次以基本法律的形式明确了各级监察委员会的工作职责，使得监察机关集监督、调查和处置于一体①。与此同时，党的十八届四中全会通过的《中共中央关于全面推进依法治国若干重大问题的决定》提出，"全面贯彻证据裁判规则，严格依法收集、固定、保存、审查、运用证据，完善证人、鉴定人出庭制度，保证庭审在查明事实、认定证据、保护诉权、公正裁判中发挥决定性作用。"从而揭开了"以审判为中心"的刑事诉讼制度改革序幕。②在此背景下，监察法与刑事诉讼法的证据方面怎么衔接，衔接什么，则成为推进"以审判为中心"诉讼制度改革和反腐败工作法治化的重要内容。

---

① 陈瑞华：《论监察委员会的调查权》，《中国人民大学学报》2018 年第 4 期。
② 潘金贵、王志坚：《以审判为中心背景下监察调查与刑事司法的衔接机制研究——兼评〈刑事诉讼法（修正草案）〉相关条文》，《社会科学研究》2018 年第 6 期。

一、证据衔接的"两种模式"

刑事诉讼常被视为国家对个人的战争,为了保障"战争"中公民个人的权利,法治国家普遍将"程序法定原则和证据裁判原则"作为刑事诉讼的立法基础。程序法定原则不仅注重刑事诉讼程序的法定化,而且还要求程序的合法性,这其中就包括取证主体资格的合法性。而证据裁判原则则强调,认定事实的依据在证据,并且是经过合法取证的证据。这就意味着其他国家机关在执法办案中获取的证据需要经过一定的"转化"才能进入刑事司法程序。这就形成了两种证据转化模式。

(一) 监察体制改革前的"证据转化"模式

刑事诉讼证据是指能够证明刑事案件事实的材料。刑事诉讼活动的特点决定了刑事证据要严格于行政违法证据。在监察体制改革之前,纪检监察与刑事诉讼的程序衔接也同样面临证据转化的问题,其解决方案是通过对实物证据与言词证据的划分,分别通过准入和转化的方式进行。具体而言就是:其一,对于言辞证据一般通过转化。根据《人民检察院刑事诉讼规则(试行)》(2013)第 64 条规定"人民检察院办理直接受理立案侦查的案件,对于有关机关在行政执法和查办案件过程中收集的涉案人员供述或者相关人员的证言、陈述,应当重新收集",即通过侦查讯问或询问来重新获取或固定相关言词证据。也就是说行政执法和查办案件过程中的言词证据不能直接作为刑事司法活动的立案证据，还需要司法机关另行取得。其二，对于实物证据一般通过准入方式进行判别。根据《刑事诉讼法》（2012）第 52 条第 2 款规定"行政机关在行政执法和查办案件过程中收集的物证、书证、视听资料、电子数据等证据材料，在刑事诉讼中可以作为证据使用"，将纪检执纪的性质统一视为行政执法，从而赋予此类实物证据"进入刑事诉讼"的资格。行政违法行为和刑事犯罪具有高度的竞合可能性，证据的调取过程又不能恣意回转，故采取"证据转化"模式，即在确保行政违法和刑事犯罪二元性前提下，行政证据在一定程序的转化之后才可以被刑事诉讼程序所采用[①]。

（二）监察体制改革后的"证据准入"模式

伴随着国家监察体制改革，监察程序不再具有行政执法的性质，检察机关亦不承担收集监察案件证据的职责，因而产生了证据转化的新问题。2018 年制定的《监察法》并未沿袭已有的"证据转化"模式，而是创设性的设置了"证据衔接"模式，并试图在"收集、固定、审查、运用"证据的全过程与刑事诉讼进行有效衔接。根据《监察法》第 33 条第 1 款的规定："监察机关依照本法规定收集的物证、书证、证人证言、被调查人供述和辩解、视听资料、电子数据等证据材料，在刑事诉讼中可以作为证据使用。"

本款规定之目的在于配合《刑事诉讼法》第 50 条取证的法定程序

---

① 张中：《论监察案件的证据标准——以刑事诉讼证据为参照》，《比较法研究》2019 年第 1 期。

规范。该条款中"在刑事诉讼中可以作为证据使用"的表述应是，证据只要"可以用于证明案件事实"且符合法定的证据形式，即"在刑事诉讼中可以作为证据使用"。而此证据是否能够作为定案根据，则应经审判法庭做最终的审查判断。换言之，证据在诉讼中的"使用资格"即为证据进入诉讼的资格，而非对其本身证据能力的要求。《监察法（释义）》中也将"可以作为证据使用"明确解释为"证据具有进入刑事诉讼的资格，不需要刑事侦查机关再次履行取证手续"，而这些证据能否作为定案的根据，还需要根据刑事诉讼法的其他规定进行审查判断。

二、监察法与刑事诉讼法证据衔接的现状

（一）样本选取

《监察法》于 2018 年 3 月正式实施迄今已有五年有余。本研究从中国裁判文书网检索"监察委调查的刑事案件"，时间段选取为 2018 年 4 月 1 日至 2020 年 6 月 1 日，随机抽选了 2000 份一审法院判决书，从而保证样本选取具有代表性、真实性和广泛性。从地域上看，以上 2000 份裁判文书，分布于我国大陆 31 个省、自治区、直辖市以及新疆建设生产兵团。其中湖南、山东、河南、云南、湖北和安徽位列前六名。审理的经监察委调查的职务犯罪案件数量基本上同人口的密集程度成正相关，案件分布也较为均匀，数据样本的可信度较高。

（二）初步分析

1. 罪名分布

在经过监察委调查取证的案件中，贪污贿赂型犯罪占到了绝大多数，挪用公款罪、职务侵占罪的案件数量相较于贪污贿赂稍微少些。在2000份判决书样本中，受贿罪数目最多达到了616件，贪污罪有426件，挪用公款罪和行贿罪的数量分别是154件和131件。这些职务犯罪案件都有着隐蔽性强、定罪过程更多依赖言词证据的特点。除此之外，还有挪用公款罪、滥用职权罪、行贿罪和玩忽职守罪。由此可以看出，贪污贿赂的案件仍是职务犯罪案件的重头戏，并且该类犯罪具有行为隐蔽、证据较为单一、供述易变等特质，导致在案件侦查过程中不利于证据收集。

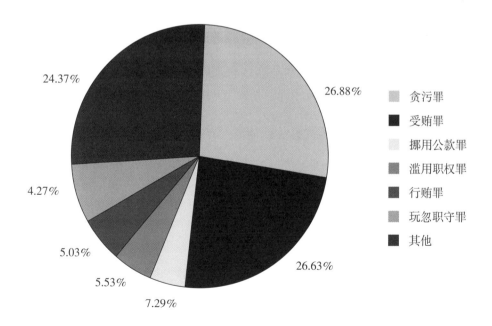

职务犯罪样本罪名分布图

2. 辩护情况

根据中华全国律师协会的数据统计，在我国刑事案件的辩护率大约在 30%左右，也即有将近 70%的刑事被告人没有辩护律师，而且在有辩护律师参与的案件中也存在律师水平不等、辩护效果差等问题。在此次研究的 2000 份样本数据中，有律师参与案件审判工作的有 1621 件，占到了总数的 79.49%，律师参与案件中又分为委托辩护和指定辩护，其中委托辩护占到了 1485 件，占总样本数目的 72.82%。自行辩护的案件总共有 418 件，占到总数的 20.5%。这主要是由于职务犯罪案件中的被告人大多数具有较高的文化程度，能够清楚认识到需要委托律师以维护自身合法权益；另外职务犯罪案件中被告人大多经济条件较好，完全可以负担起律师费等费用。

职务犯罪样本辩护情况

案件分类 辩护种类	委托辩护		指定辩护		自行辩护	
	人数	占比	人数	占比	人数	占比
受贿罪	560	37.70%	50	36.76%	283	67.70%
贪污罪	424	28.55%	27	19.85%	101	24.16%
挪用公款罪	136	9.15%	14	10.29%	12	2.87%
行贿罪	113	7.60%	8	5.88%	7	1.67%
职务侵占罪	77	5.18%	7	5.14%	5	1.19%
其他犯罪	/	/	/	/	/	/
总数	1485	72.82%	136	6.66%	418	20.50%

全案仅有 1 名代理律师的案件占到了 938 件，2 名代理律师的案件有 548 件，由此可见在此类型案件中以 1—2 名代理律师为主，在个别复杂案件中有 3 名及以上律师代理案件。在案件辩护的过程中，主要以量刑辩护为主，对于程序辩护和无罪辩护涉及情形较少，这也是长期辩护理念所导致的结果，认为辩护是对犯罪嫌疑人进行无罪或者是程序方面的辩护作用不大，因此在审判过程中更加注重实体层面的辩护，而会忽略程序方面的辩护。显然这样的整体辩护策略是有失偏颇的，唯有将实体和程序结合起来，才能从各个角度方面保护犯罪嫌疑人的合法权益。

3. 证据情况

关于证据种类，《刑事诉讼法》第 50 条规定，"可以用于证明案件事实的材料，都是证据"。证据包括：物证、书证、证人证言、被害人陈述、犯罪嫌疑人（被告人）供述和辩解、鉴定意见、勘验（检查、辨认、侦查实验）等笔录、视听资料、电子数据等八类。《监察法》第 33 条规定，"监察机关依照本法规定收集的物证、书证、证人证言、被调查人供述和辩解、视听资料、电子数据等证据材料，在刑事诉讼中可以作为证据使用。"由此可知，刑事诉讼法采取法定列举方式明确证据种类，而监察法则采取"列举 + 等"的概括方式确定证据种类，并且在其他条款明确了鉴定意见、笔录类证据材料可以作为证据使用。首先，等之外的证据广泛存在。从办案实践上看，这种方式更具有灵活性，在2000 份数据样本中，证据的种类范围在"等"之外进行了探索，包括了"讯问、询问、留置、搜查、调取、查封、扣押、勘验检查等笔录或者报告"。其次，言辞证据、书证占比较大。以"证人证言、被告人供述"为关键词搜索到 1924 篇裁判文书。书证等间接证据也是重要的证据种类，且种类比较多，主要包括监察机关立案、留置文书；搜查、查封扣押、谈话记录等相关材料；公司销售单、银行交易记录、物品清单及照片；行政机关档案；被告人签订的合同等文书。再次，侧重言辞证据的审查。从样本裁判文书中来看，法庭对于证据的审查，绝大多数案件都对证人证言、被告人供述等言词类证据进行了较为充分的举证、质证，其他种类证据则并未进行实质审查。

4.非法证据排除情况

非法证据排除规则旨在规范取证行为，保障被调查人（被告人）合法权益，促进司法公正。《监察法》第 33 条第 3 款规定，以非法方法收集的证据应当依法予以排除，不得作为案件处置的依据。这意味着，我国监察立法中认可并确立了"非法证据排除规则"。对上述 2000 份裁判文书的分析，以"非法证据排除"为关键词，仅搜索到 5 份裁判文书，占比为 0.25%。然而在仅有的 5 份裁判文书中，1 份是被告人未申请非法证据排除的，1 份为申请非法证据排除后又撤回的，只有 3 份是提起了非法证据排除申请。在（2018）吉 01 刑初 113 号判决书中，"法院认为被告人及其辩护人未能提供侦查机关有刑讯逼供等非法方法收集被告人供述的任何线索和材料，依法不应启动非法证据排除程序"。也即仅有 2 份裁判文书中法院启动了非法证据排除程序。在（2018）皖 1202 刑初 252 号判决书中，"法院根据被告人李某某及其辩护人在诉讼中提出非法证据排除申请，召开庭前会议，并启动非法证据排除程序，……最终决定驳回被告人李奎及其辩护人对本案的非法证据排除申请"；同样在（2018）川 1124 刑初 96 号判决书中，"法院认为，被告人谢某某及其辩护人提出的非法证据排除申请不符合法律规定，相关证据不应排除"。从实际判例中可以看到，在 2000 份裁判文书中，没有一起案件有非法证据被排除的情形，辩护方提出的非法证据排除申请无一不被驳回，存在质疑的证据最终成为了定罪量刑的合法证据。由此我们也可以印证非法证据排除在我国刑事诉讼中的难度，尤其是在职务犯罪案件中，面对监察机关的"位高权重"，辩护人、被告人是否敢于提出非法证据排除的申请，以及检察机关、法院作为审判机关是否依据申请进而启动非法证据排除程序都需要我们去关注，而且在非法证据排除的案件中，大多数也是针对讯问笔录、被告人供述等言词类证据，对于实物类证据鲜有排除非法证据的申请。

5. 监察人员出庭情况

关于监察人员是否应当出庭作证问题，《监察法》对此并没有明确规定。但在理论界认识较为一致，因为一旦辩方对监察机关调查的证据合法性提出质疑，检察机关需要承担合法性证明责任。证明的方法除了出示监察委员会的讯问笔录、讯问录音录像外，最直接的方法就是监察机关的调查人员出庭说明情况，因此"调查人员出庭显然是在庭审实践中难以回避的问题"。从样本数据来看，调查人员的出庭分为三类：一是由辩方申请；二是公诉方提出；三是由审判组织决定。在这三类情形下，辩方申请为 475 起，公诉方主动提出的为 32 起，审判人员依据职权主动要求调查人员出庭的为 0。然而，辩方申请的案件，仅有 30 起案件调查人员出庭，占所有申请案件的 6.3%。

三、监察法与刑事诉讼法证据衔接存在的主要问题

（一）证据衔接的一般规则缺失

虽然《监察法》第 33 条规定了监察证据与刑事证据的衔接规范，但仅仅"与刑事审判证据的要求标准一致"的要求较为抽象，两法衔接因"两元程序"，在证据衔接方面更具有确立一般规范的必要性。

一是证据衔接案件范围有待明确。《监察法》第 33 条规定，"监察机关依照本法规定收集的物证、书证、证人证言、被调查人供述和辩解、视听资料、电子数据等证据材料，在刑事诉讼中可以作为证据使用。"根据《刑事诉讼法》第 54 条，只有行政机关在行政执法和查办案件过程中收集的客观性实物证据，才可以在刑事诉讼中作为证据使用。而这就意味着刑事诉讼法规定的可以进入刑事司法程序的证据范围明显小于监察法第 33 条规定的证据。① 由于监察机关的监察包括"调查职务违法和职务犯罪"，对于"调查职务违法"的证据是否属于刑事诉讼的"准入"范围，存在较大争议。

二是关于《监察法》第 33 条中"等"的理解。对于立法中的"等"字，有等之外和等之内的不同理解，等之内是种类罗列完毕的意思，而等之外则是罗列之后还有其他尚未列明的种类。故此，对于《监察法》第 33 条第 1 款的"等"字就有了上述两种解释。即一是监察机关

---

① 卞建林：《配合与制约：监察调查与刑事诉讼的衔接》，《社会科学文摘》2019 年第 2 期。

收集的在刑事诉讼中可以作为证据使用的仅限于"物证、书证、证人证言、被调查人供述和辩解、视听资料、电子数据",二是说除了上述法律已经明确列举的之外,还包括其他种类。如果不包括,监察办案实践中能否进行证据材料范围的突破?如果包括的话,如何与《刑事诉讼法》第50条法定的证据种类进行衔接?这些问题都需要立法进行明确界定。

(二) 证据审查存在制度盲点

监察程序中收集的证据在经过证据转化后,只是意味着获得刑事诉讼的证据资格,而不代表拥有相应的证据能力。换言之,监察程序中收集的证据在进入司法程序后,仍需经受相应的审查机制:司法机关应当按照刑事诉讼法之规定对移送的证据进行合法性审查。然而,目前来看,《监察法》与《刑事诉讼法》均未对证据转化后如何进行审查加以规定,转化后的证据缺乏相应的审查程序。同时,现有规范似乎也并没有对转化后证据的审查创设制度条件。例如,《监察法》第41条规定,"应当对全过程进行录音录像,留存备查"。其中的"留存备查"实际上赋予了监察机关以绝对的控制权。这一规定基本排除辩方进行核查的可能性,甚至连司法机关都难以接触予以核实,导致证据审查存在制度真空。

一是案件性质不明确加大了审查压力。监察机关立足于调查打击违纪违法案件,自身虽然具有调查程序二元性的属性,但是监察机关的调查不以刑事立案为前提,即在监察委员会调查的初期并不会区分是职务违法行为还是职务犯罪行为,监察案件不具有先验性,监察机关的工作人员在对案件性质进行判断的时候常常会出现分歧。① 案件涉及贪腐职务犯罪移送给检察机关时，由于检察机关前期并没有介入到案件的审查过程中，同样会对案件究竟是违纪行为还是违法犯罪行为产生争议。

二是分辨纪检监察证据加大了审查压力。监察体制改革之后，纪检部门和监察机关同时办公，纪律检查过程中收集的证据难免会自然而然随着监察机关流入到检察院。但要指出的是纪检证据与刑事证据不具有统一性，如果直接将纪律检查活动中获取的证据当作刑事的立案证据，② 显然是有失偏颇的，因此需要检察机关加大对纪律检查证据的分辨，无疑是加大了检察院的工作强度。

三是言词证据合法性审查难度增大。基于职务犯罪案件很大程度上依赖于言词证据，而言词证据又存在有主观性强、容易变动、易受外界影响等特征，同时获取言词类证据往往伴随着限制人身自由的过程，③ 监察机关是享有独立地位的国家专门反腐败机关，拥有更多刑事诉讼法中没有的收集证据的方式。对职务犯罪的调查过程以及证据取得收集的过程更为封闭，对于调查取证更多的依赖于监察机关的内部监督，即便检察机关提前介入也无权干涉具体的调查活动，同时在监察机关调查取证的阶段也不允许律师进行取证，以上种种都不利于被调查人权益的保护。

四是录音录像资料留存备查程序不明。《监察法》第 41 条规定："调查人员进行讯问以及搜查、查封、扣押等重要取证工作，应当对全过程进行录音录像，留存备查。"由此可以看出，监察法不仅关于录音录像的

---

① 陈卫东、聂友伦：《职务犯罪监察证据若干问题研究——以〈监察法〉第 33 条为中心》，《中国人民大学学报》2018 年第 4 期。

② 董坤：《法规范视野下监察与司法程序衔接机制——以〈刑事诉讼法〉第 170 条切入》，《国家检察官学院学报》2019 年 6 期。

③ 纵博：《监察体制改革中的证据制度问题探讨》，《法学》2018 年第 2 期。

范围较广，规定也较为严格，在讯问以及搜查、查封、扣押等工作中一律"应当"进行录音录像。但是监察法对同步录音录像资料的调取、使用等只规定了"留存备查"，并没有具体细化，导致具体实践中产生不同的做法。在 2000 份裁判文书中，以"录音录像"为关键词共搜索到 80 份裁判文书涉及到"录音录像"的调查与使用，占比仅为 4%。在（2018）吉 01 刑初 113 号判决书中，被告人的辩护律师"提出申请证人门某出庭作证，并申请调取刘某某、孟某、门某每次笔录的全程同步录音录像。"法院认为"侦查机关对刘某某的讯问笔录进行了全程同步录音录像，且供述与证言等证据之间能够相互印证，故没有调取上述全部同步录音录像及证人出庭作证的必要"，据此未予采纳辩护人排除非法证据的意见。不仅如此，在（2019）黑 0202 刑初 39 号判决书中，侦查机关提出在某次提审时因执法记录仪发生故障，数据丢失，提审未做同步录音录像。从上述真实判例可以看出，当辩护方提出非法证据排除的申请时，法院未予调取、审查录音录像，而仅以侦查人员的所谓合理解释予以定罪量刑，那么录音录像的实质作用又何在？因此，我们需要明确规定录音录像资料是否应该"随案移送"而非"留存备查"，哪些主体可以申请调取以及如何调取、审查录音录像资料，辩护方是否可以申请查阅等具体操作性措施。

（三）非法证据排除规则存在程序空转

虽然《监察法》中已明确规定了非法证据排除规则[1]，但是并没有规定刑事诉讼中的非法证据排除规则是否适用于监察机关办理的职务犯罪案

---

[1] 《中华人民共和国监察法》第 33 条："以非法方法收集的证据应当依法予以排除，不得作为案件处置的依据。"

件中。在《监察法》释义中明确指出，如果证据不扎实，不合法，"严重者会被司法机关作为非法证据予以排除，影响案件定罪量刑"。由此可见，刑事诉讼中的非法证据排除规则适用于监察机关办理的职务犯罪案件。然而，监察法与刑事诉讼法在非法证据排除规则衔接上存在诸多问题。

一是两法对非法证据排除的规定并不一致。《刑事诉讼法》关于非法证据排除规则分为三种模式：强制性排除、裁量性排除以及瑕疵证据的补正。对于言词类证据，采用的是强制性排除规则，对于实物证据则采取裁量性排除和瑕疵补正规则。① 反观《监察法》则没有明确的表明如何进行非法证据的排除。根据目前的规定，只要是非法方法采集的一律予以排除，存在的问题是如果该份被排除的证据在后续的刑事诉讼活动中属于裁量性排除或者下次证据补正的情形，在监察机关排除使用后是否经检察部门补正而具有效力？如果排除规则简单笼统，导致关键证据的缺失，甚至会出现过度依赖被调查人供述的情形。

二是证据合法性调查启动程序难。在 2000 份样本数据中，仅有 19 件涉及到了非法证据排除的申请。无论是审查起诉还是审判环节，司法机关对监察机关的证据排非都秉持非常谨慎的态度。对于供述类证据合法性审查，更多依赖于在做出供述时的录音录像，但是存在困难。一方面是监察机关调查取证的录音录像并不会随案件一起进入检察机关，而是"留存备查"，② 当事人申请排除非法证据时，也会因为缺少关键的材料、线索而面临难以启动的尴尬局面，检察机关的合法性审查工作也一并受到牵制。另一方面，为了确保非法证据排除规则得以准确、全面严

---

① 张永进：《法律文本与司法实践：瑕疵证据问题研究》，《衡阳师范学院学报》2015 年第 1 期。
② 韩旭：《监察委员会调查收集的证据材料在刑事诉讼中的适用问题》，《湖南科技大学学报（社会科学版）》2018 年第 3 期。

格适用，在 2017 年确立了值班律师制度、收押体检制度等规定保障排除非法证据的顺利推进，[①] 但是是否可以在监察机关的调查程序中适用尚不明确。如果不能适用这些制度，取证的合法性就无法得到保障，证据的证明能力也会随之大打折扣。

三是《监察法》中缺少对重复性供述排除规则的规定。刑事诉讼案件需要遵循《严格排除非法证据规定》等司法解释中关于重复性供述排除规则，倘若犯罪嫌疑人受到刑讯逼供而做出有罪供述和在此情形下做出重复性供述，则一并都要排除。[②] 但是在监察调查活动中没有明确是否适用重复性供述排除规则，在受到刑讯之后是仅对刑讯当次的供述予以排除还是之后受其影响的供述全部予以排除，目前实务中认识不一，处理方式也各有不同。

四、刑事诉讼法与监察法证据衔接的未来改革

（一）完善证据衔接的一般规则

一是明确证据衔接的范围。由于刑事诉讼关涉被追诉人的基本人权，对其证据收集、审查、判断均采取较为严格的标准。故此，在证据

---

① 2017 年 6 月 27 日，由最高人民法院、最高人民检察院、公安部、国家安全部、司法部联合发布《关于办理刑事案件严格排除非法证据若干问题的规定》。

② 同样规定了重复性排除规则的例外情况，即在侦查期间、审查逮捕、审查起诉和审判期间，在刑讯逼供行为发生后更换讯问主体再次讯问犯罪嫌疑人、被告人时，在保证犯罪嫌疑人、被告人的知情权和自愿性的前提下所作的重复性供述具有证据能力。

衔接的范围上，应当区分职务违法和职务犯罪，对于职务违法调查中获取的证据应当采取转化模式，而职务犯罪调查中获取的证据则采取准入模式。如此区分，也符合刑事诉讼法中关于行政机关执法办案证据的衔接要求，从而在体系上形成闭环。

二是对监察法第 33 条第 1 款关于证据范围的"等"字作为"等外等"解释，即只要可以证明案件事实的材料，都可纳入证据的范畴。一方面，从《监察法》整体立法上看，监察调查的证据材料范围不限于"等内等"的种类，还包括"留置、搜查、调取、查封、扣押、勘验检查等调查笔录和报告，以及鉴定意见"。另一方面，从监察办案实践上看，证据资料的范围也不限于"等内等"的种类。故此，无论是立法规定还是办案实践均应当对"等"字进行"等外等"的解释。

（二）推进监察调查证据的实质化审查

一是检察阶段证据审查的实质化。检察阶段证据审查的实质化包括审查逮捕和审查起诉两个环节。在审查逮捕环节，对于经审查认定存在非法取证行为的，对该证据应当予以排除，该证据不得作为批准逮捕的证据。同时，检察机关认为必要的，可以派员介入监察机关办理的职务犯罪案件，需要调取有关录音、录像的，可以要求监察机关提供。在审查起诉环节，应当重点审查：犯罪事实的证据材料是否随案移送；不宜移送的证据的清单、复制件、照片或者其他证明文件是否随案移送；证据是否确实、充分，是否依法收集，有无应当排除非法证据的情形以及采取侦查措施以及技术侦查措施的法律手续和诉讼文书是否完备。

二是审判阶段证据审查的实质化。完善证人出庭制度。职务犯罪中，庭审举证环节往往是控方单方面宣读证据目录及摘要，辩护律师在质证环节也没有了发问对象，无法对于存疑证据进行实质审查。对此，基于职务犯罪言辞证据占比较大，为贯彻直接言辞原则，应当确保证人到庭说明情况。另外，当被告人或辩护人对证据提出合理怀疑时，调查人员应当出庭说明情况，并就这一问题接受控辩双方的质证。只有经过法庭审查认为证据能力无异议的证据，方可作为定案根据，否则便需排除。[①] 只有这样才能更好的坚持审判中心主义，推进庭审实质化改革。

（三）完善录音录像资料留存备查制度

为了规范监察调查工作，《监察法》第41条第2款规定，调查人员进行讯问以及搜查、查封、扣押等重要取证工作都应当进行全程同步录音录像，留存备查"。据《监察法》释义，"监察机关对调查过程的录音录像不随案移送检察机关。检察机关认为需要调取与指控犯罪有关并且需要对证据合法性进行审查的录音录像，可以同监察机关沟通协商后予以调取"。这就说明检察机关可以在审查起诉期间调取调查期间形成的录音录像材料[②]。那么问题在于：如何认定"检察机关认为需要调取与指控犯罪有关并且需要对证据合法性进行审查"的情形？审判机关能否依法调取？对此，应当完善录音录像资料留存备查制度。

一方面，当被告人或辩护人对讯问、取证过程提出质疑或非法证据排除申请时，检察机关在审查起诉阶段对监察机关移送的证据合法性存

---

① 王瑞剑：《监察与司法程序证据衔接的规范性考察》，《北京警察学院学报》2018年第4期。

② 潘金贵、王志坚：《以审判为中心背景下监察调查与刑事司法的衔接机制研究——兼评〈刑事诉讼法（修正草案）〉相关条文》，《社会科学研究》2018年第6期。

在合理怀疑的，都应属于问题一中需要调取录音录像资料的情形。如此才能发挥录音录像在证明调查人员取证工作合法性的作用，消除被告人、辩护人以及检察机关的怀疑，也同时解决了调查阶段因律师无法介入而产生的被告人人权保障弱化的问题，防止非法取证。

另一方面，基于"审判中心主义"的要求，证据应当在法庭出示。当检察机关依法调取录音录像资料后，则该证据已经进入刑事诉讼程序，检察机关如果基于该证据提起公诉也应将录音录像资料提交法院审查，若检察机关未予移送，人民法院在进行非法证据排除审查时，认为确有必要的，应当通知检察机关调取并移送同步录音录像，以保证法院公正作出裁判。

（四）完善证据审查机制，确保非法证据排除

一方面，监察机关在办理职务犯罪案件中涉及到非法取证的，应当根据《监察法》的规定对非法证据予以排除，这是因为《监察法》是监察机关在办理职务犯罪案件时需要完全遵循的法律，不得违反；另一方面，监察机关在办理职务犯罪庭审中涉及非法取证的也应当受到《刑事诉讼法》关于非法证据排除规定的制约，这是因为职务犯罪案件本身就属于刑事案件，而刑事案件的办理当然适用刑事诉讼法的规定。因此，监察机关在办理职务犯罪案件中应当受双重规则的制约。

监察委调查职务犯罪程序中非法证据排除规则的适用存在"非法证据"界定模糊，监察委自行排除和自我监督困难，缺乏程序性操作规范和缺乏律师介入等问题。因此，为了保障监察调查程序中非法证据排除规则的有效运行，必须明确对监察调查程序中"非法证据"的界定，完

善监察委内部权责划分和监督制约机制，完善相关程序性操作规范，保障被调查人获得律师帮助权。

（五）健全职务犯罪领域非法证据排除规则

一是完善《监察法》对于非法证据排除规则的规范，避免"一刀切"过度依赖口供的现象产生。但是又要保证法律自身的简洁性，如果监察证据与刑事证据一致的内容，则不需要再次用法律进行规定。监察机关调查取得的证据欲要顺利进入刑事诉讼程序，必须符合刑事诉讼活动中关于证据的规定。监察法规定不够具体明确的，不详尽部分参照《刑事诉讼法》，但是监察法规定更为严厉的，要跟随监察法的相关内容做出调整。

二是面对《监察法》和《刑事诉讼法》不对等的调查手段引起的困惑，需要通过进一步完善刑事诉讼法中相关的规定，明确从违纪行为到犯罪行为的划分界限，有助于更好的实现监察调查活动与刑事审判活动的衔接。

三是对于监察调查活动中应当适用重复性供述排除规则。因为监察机关在调查违纪（亦或是犯罪）的供述大多在留置的状态下取得，限制人身自由的同时，对非法取证的行为更加难以发现。出于对犯罪嫌疑人人权的保护，应当采用更严格的非法证据排除规则。监察机关没有进行自行排除的情况，检察机关发现犯罪嫌疑人、被告人出现重复性供述，而其中某次供述是通过非法方法获得的，应当将与此相同的供述一并排除，不得作为起诉依据。

第十六章　检察机关远程在线办案制度

　　虽然新冠疫情已经被世卫组织宣布结束，全球已经进入后疫情时代，但是新冠疫情对司法活动的影响仍然持续。疫情防控的常态化举措，也给检察办案带来了重大挑战。一方面，检察机关积极参与当地疫情防控，确保机关和人员自身安全；另一方面，通过信息化技术改变传统办案方式，减少司法机关办案人员之间、司法人员与诉讼参与人之间的直接接触，实现网上"面对面"、远程"零距离"办案，从而保障了办案安全。从法律性质上来看，过去的疫情防控属于法律上的不可抗力，对于不可抗力，我国现行《刑事诉讼法》只是在审判程序中规定了"中止审理、期限耽误、缓交罚金"等规定，并未对检察机关的办案程序和办案方式进行规定。2019 年 12 月 30 日实施的《人民检察院刑事诉讼规则》也仅规定了不可抗力条件下检察机关无法通知指定监视居住人的家属。由此，在面对重大疫情常态化防控，有关检察机关的办案方式规定呈现"法律空白"。然而，"法律空白"并不意味着"法律真空"，在疫情防控常态化之下检察机关普遍采用信息化方式进行远程办案。远程信息化办案是非常时期的"无奈之举"？还是一以贯之的"合理之策"，在疫情结束之后，是否可以继续沿用？其中理论依据是什么？对此，本章将从法律规范层面进行全面梳理，并展开理论分析。

一、检察机关远程办案方式的背景

（一）检察机关办案方式的界定

检察办案与检察职权密不可分，两者互为表里。检察机关的职权是检察机关的职责和权力，具有法定性、专属性和强制性，就刑事诉讼而言，包括侦查、审查批捕、审查起诉、诉讼监督等职权。检察办案则是依据检察职权而进行的具体诉讼行为。根据《现代汉语词典》的解释，将办案通常解释为"办理案件"，《法律文书大词典》则将"办案"限定为"审理案件"，属于动词，具有具体指向性、集程序与实体性为一体①。检察机关作为法律监督机关，并非所有的法律监督行为都归属于办案，只有具备一定形式要件的法律监督行为才能称之为办案。从检察办案的类型上看，则可分为现场办案和远程办案；从检察办案的内容上看，可分为侦查、提讯、接访、出庭、听证等形式。检察办案方式则是检察办案内容和类型的有机组合。据此，可分为现场侦查和远程侦查、现场提讯和远程提讯、现场出庭和远程出庭、现场听证和远程听证等方式。

---

① 刑事案卷在检察机关部门之间、上下级之间的移送和流转属于内部管理的范畴，并非可以称为办案。

（二）检察办案方式的选择

检察机关办案方式的选择并非空中楼阁，而是充满历史规律性和现实必然性。无论历史和中外，现场办案方式均被认为最佳选择，因为其既体现了中国特色社会主义司法原则，也遵循了现代司法规律，同时符合心理学原理。

1.党的群众路线

群众路线被视为党的生命线和根本工作方法，而在检察机关办案中坚持与贯彻群众路线则是党的群众路线在司法领域的具体体现。群众路线包括群众观点和工作方法，既要"站位群众立场"，又要"从群众中来，到群众中去"，同时"反对衙门作风，深入调查研究"。这一原则要求：各级检察工作人员要善于"俯下身子"接地气，亲自接待信访群众、亲自询问诉讼参与人、亲自讯问犯罪嫌疑人、亲自出庭公诉、亲自进行听证等等，从而拉近检察机关与人民群众，特别是诉讼参与人的距离，进而通过"看得见、摸得着"的现场检察办案方式提升检察公信力。[①]

2.直接言辞原则

直接言辞原则由直接与言辞两个原则组成，其中，直接原则又称为在场原则，是指在场和直接采证；言辞原则是指在诉讼中需以口头陈述方式进行[②]。司法亲历性原则虽然主要是指法院和法官而言，但是在我国，检察机关不仅是广义上的司法机关，而且还具有狭义的司法

---

① 陈瑞华：《看得见的正义（第二版）》，北京大学出版社 2013 年版，第 6-7 页。
② 邓子滨：《刑事诉讼原理》，北京大学出版社 2019 年版，第 116 页。

职权，例如审查批捕、审查起诉、诉讼监督等。这就要求在检察办案方式上也应体现司法亲历性原则，检察官应当直接接触并当面以言词的方式讯（询）问人证，直接听取诉讼双方的主张、理由、依据和质辩意见[1]。

3. 有效沟通原则

从心理学研究视角来看，无论是检察官提讯，还是检察官接访，亦或者检察官出庭等办案方式都可归纳为人际沟通的范畴，沟通的内容包括知识、观念和情感。美国心理学家艾伯特·梅拉比安曾提出一个公式：信息的全部表达 =7%的语调 + 38%的声音 + 55%表情。这就意味着在人际沟通中既要注重语言方式，更要注重非语言方法[2]。我国古代司法中的"五听"（辞、色、气、耳、目）制度，即是运用察言观色的方法，通过对当事人的心理活动的考察，达到有效沟通的目的。[3]具体到检察办案方式选择上，现场办案的优势较为明显，检察官不仅可以与诉讼参与人直接进行语言对话，而且还可以综合其声音、表情等变化，进行适度调整和应对，从而实现办案目的。虽然现代人工智能的发展，远程讯问（录音录像）等技术广泛应用司法实践，进而拓展了"亲历性"的时间、空间和形式，但是诉讼当事人的"动作、眼神、表情、语气、语速"等非语言信息，仍然没有实现情景再现，反而更是一种心理上的互动[4]。

---

①　朱孝清：《与司法亲历性有关的两个问题》，《人民检察》2015 年第 19 期。

②　吕鹏、朱文才：《非语言手段在思想工作中的妙用》，《基层政治工作研究》2013 年第 8 期。

③　奚玮、吴小军：《中国古代"五听"制度述评》，《中国刑事法杂志》2005 年第 2 期。

④　李玉华：《同步录音录像下单警讯问的突破》，《法学》2019 年第 4 期。

（三）检察机关办案方式面临的挑战

新冠疫情发生后，2020 年 1 月 22 日，湖北省率先启动二级响应；2020 年 1 月 23 日，湖南、广东、浙江相继启动一级响应；2020 年 1 月 29 日，在西藏自治区宣布启动一级响应后，全国 31 个省份全部启动一级响应[①]。根据预案，各地均采取了限制人员流动和封闭管理措施，这给检察机关现场办案方式的应用提出了重大挑战。

一是监管场所实行封闭管理。面对疫情，为减少人员流动所带来的传播风险，公安部提出了"公安监所标准高于社会面标准"的工作要求，全国看守所进入战时状态，实行封闭管理[②]。封闭管理期间，停止家属会见，一般应当采取远程视频提讯、庭审方式办理案件。而根据《刑事诉讼法》《人民检察院刑事诉讼规则》等规定，检察机关办理审查批准逮捕案件，一般应当讯问犯罪嫌疑人；办理审查起诉案件则应当讯问犯罪嫌疑人；对于未成年犯罪嫌疑人，则应当进行讯问，听取辩护人的意见、告知诉讼权利；犯罪嫌疑人签署认罪认罚具结书时值班律师在场等规定。按照上述规定，讯问犯罪嫌疑人、辩护人（值班律师）在场、成年人在场等要求是法定必经程序，不可省略。因疫情防控，造成现场讯问、相关人员在场难以进行。

二是检察办案窗口实行限制开放。一方面，基于疫情防控需要，多数检察机关暂停开放 12309 检察服务中心来访接待，从而避免人员集聚产生的传播风险。这对于检察机关在办案中听取申诉人或者控告人的意

---

① 陈琴：《全国 31 个省份启动重大突发公共卫生事件 I 级响应》，《人民日报（外海版）》2020 年 1 月 29 日第 1 版。

② 卢志坚：《战斗在高墙内的检察人》，《检察日报》2020 年 3 月 29 日第 1 版。

见等带来挑战。另一方面，检察机关暂停现场询问证人、现场听取律师意见等办案行为。虽然《人民检察院刑事诉讼规则》规定，"直接听取辩护人、被害人及其诉讼代理人的意见有困难的，可以通过电话、视频等方式听取意见并记录在案"[①]，但从规则的立法本意来看，现场听取、讯问应当是基本原则。最后，律师现场阅卷、复印卷宗等诉讼行为受到一定限制。一般而言，律师前往检察机关现场阅卷，而因防控需要，现场阅卷权利受到限制。

三是犯罪嫌疑人易于变相超期羁押。根据《刑事诉讼法》规定，在审查起诉阶段，人民检察院可以通过退回补充侦查（自行侦查）、退回监察机关补充调查等方式合法的延长犯罪嫌疑人的羁押期限。当然，这一要求符合法律规定和精神。除此之外，在审判阶段，遇有法定情形，人民检察院还可以建议人民法院延期审理，从而事实上延长了犯罪嫌疑人的羁押期限。并且随着司法责任制改革，退补、延期审理建议等权力已然下放到员额检察官行使。然而，受到疫情影响，为防案件超期，部分检察办案人员存在滥用退补、延期审理的权力，从而造成变相超期羁押。

二、检察机关远程办案方式的类型

现行《刑事诉讼法》并未规定不可抗力期间检察办案方式的选择和确定。《人民检察院刑事诉讼规则》（2019 年）仅有第 40 条、第 55 条、

---

① 《人民检察院刑事诉讼规则》第 262 条。

第 262 条三个条文规定检察机关可以进行远程办案。分别是：可以电话告知犯罪嫌疑人有权委托辩护人并可以申请法律援助；可以电话告知被害人及其法定代理人或者其近亲属、附带民事诉讼的当事人及其法定代理人有权委托诉讼代理人；可以电话、视频等方式听取辩护人、被害人及其诉讼代理人的意见。疫情防控开始以后，各级检察机关纷纷出台了本地疫情防控期间的办案实施细则，旨在"妥善处理好办案与防控的关系"，从而形成了疫情防控期间检察机关以"远程办案方式为主，其它办案方式为辅"的办案模式。

全国检察机关依法办理涉新冠肺炎疫情防控典型案例

序号	批次	案例
1	全国检察机关依法办理妨害新冠肺炎疫情防控犯罪典型案例（第一批）	湖北竹山刘某某涉嫌妨害公务案
2	全国检察机关依法办理妨害新冠肺炎疫情防控犯罪典型案例（第二批）	四川省仁寿县王某妨害公务案
3	全国检察机关依法办理妨害新冠肺炎疫情防控犯罪典型案例（第四批）	江苏省南京市程某某销售假冒注册商标的商品案
4	全国检察机关依法办理妨害新冠肺炎疫情防控犯罪典型案例（第五批）	江苏省南京市陈某某涉嫌诈骗案
5	全国检察机关依法办理涉新冠肺炎疫情典型案例（第六批）	山东省青岛市桑某某涉嫌诈骗案
6	全国检察机关依法办理涉新冠肺炎疫情防控典型案例（第九批）	江苏省南京市业某某抢劫案

（一）远程办案方式

远程视频办案主要包括远程视频庭审、远程视频讯问、远程视频接访、远程法律援助、远程取证和远程案件研讨等[1]。然而，远程视频办

---

[1] 陈思群：《远程视频办案在检察一体化中的深化应用》，《人民检察》2018 年第 6 期。

案从创设本意上，旨在解决路途不变、案多人少的边远地区基层检察机关办案需要。然而疫情防控期间的远程视频办案则具有鲜明的时代特点。

一是远程办案方式的主体限于犯罪嫌疑人、证人、申诉人等诉讼参与人。最高人民检察院《关于在防控新型冠状病毒肺炎期间刑事案件办理有关问题的指导意见》指出，"在疫情防控期间应以案卷书面审查为主要方式，尽量不采取当面方式讯问犯罪嫌疑人、询问证人等诉讼参与人以及听取辩护律师意见等，可以采取电话或者视频等方式进行，以减少人员流动、聚集、见面交谈"①。此外，各级检察服务中心临时关闭，转而以网络、电话和来信方式接待群众来访。从而确立了"远程办案为主，现场办案为辅"的办案方式。

二是远程办案方式的载体较为广泛。远程办案方式的载体包括网络、多媒体设备、计算机终端等。从实践来看，远程办案方式的载体较为广泛。依据载体不同，可分为：检察专网、互联网和小程序。首先，使用检察工作网进行办案。即依托最高检智慧检务建设中的"三远一网"平台②，利用远程提讯系统将检察院提讯室与看守所提讯室音视频实时联网互通，检察办案人员在本院就可以提讯本地羁押和异地羁押的犯罪嫌疑人（被告人）③。其次，使用互联网进行办案。例如，有的检察机关通过互联网云视频会议系统，听取辩护律师的意见。再次，使用微信小程序进行办案④。例如，苏州市吴中区检察院通过本院微信

---

① 徐日丹：《依法从严从重打击危害疫情防控相关犯罪》，《检察日报》2020年2月3日第1版。
② "三远一网"即：远程多方庭审、远程提讯、远程送达和检察工作专网。
③ 刘立新：《河南："三远一网"平台渐成办案新时尚》，《检察日报》2020年2月19日第2版。
④ 李雷红、高东东：《加强科技引领　打造智慧检务》，《检察日报》2016年10月14日第11版。

公众号"微业务"模块讯问被取保候审的犯罪嫌疑人,操作程序如下:关注"苏州吴中检察"微信公众号,在"微业务"子栏目中找到"吴中检察远程问询"模块,并根据检察官提供的密码进入"讯问室"①。最后,综合使用各种现代化科技进行办案。例如,江西省南昌县检察院在疫情防控期间,综合采取远程视频、电话、网络、微信等方式开展办案。②

(二) 预约办理

预约办理主要涉及辩护人权利保障事宜。为减少律师人员流动,增强律师权利保障针对性,在疫情防控期间实行律师辩护和代理预约制度③。一方面,在预约方式上,既可以通过电话预约,也可以通过12309中国检察网(微信号、APP)进行预约,从而确保预约途径的便利性;另一方面,在预约内容上,辩护人或诉讼代理人可以进行阅卷申请、要求听取意见、提供证据材料、自行收集证据材料申请、调取证据材料申请、强制措施变更申请等辩护(代理)事项的预约。上述预约完成后,可通过邮寄或者到现场进行办理。

(三) 部门协调

从现有公开报道来看,目前全国只有贵州、江苏、上海等少数省份统一搭建了本省政法专用网络和共享服务平台,实现了政法部门刑

---

① 张峻琦:《苏州吴中:"在线讯问"让嫌疑人远离感染威胁》,《检察日报》2020年2月6日第2版。
② 邱烨:《南昌县检察院:疫情防控和执法办案同步推进》,人民网,http://jx.people.com.cn/n2/2020/0316/c186330-33880384.html。
③ 彭波:《律师的权利也是当事人的权利》,《人民日报》2020年3月26日第19版。

事案件网上流转办理①、涉案财物一体化管理和数据共享应用。② 然而，目前我国绝大多数省份还没有开通政法单位共享网络系统平台，对此，相关政法部门之间的案件受理、流转，不能在线上办理，而只能够在线下进行。由于疫情防控，正常的线下工作流程受到影响，作为刑事诉讼的主导部门，多数检察机关通过与公安、法院等司法机关的电话、网络协调沟通，确定通过刻录光盘或者机要方式进行流转。③

（四）特殊办理

特殊办理，即在疫情防控期间仍采取现场办案方式进行的办理活动。从媒体报道来看，主要包括三种类型的案件：一是涉黑涉恶类案件④。涉黑涉恶类案件影响较大，案情复杂，争议较大，需要开庭查明相关事实，但是否现场开庭则由相关办案机关进行评估并征求当事人意见后决定⑤。二是涉及疫情防控类案件。因涉疫情防控类案件的开庭审理，可以对妨害疫情防控的违法犯罪分子形成强大震慑，并引导广大群众增强法治意识，依法支持、配合、参与疫情防控工作，所以有的地方司法机关对此类案件实行现场开庭审理⑥。三是羁押期限即将届满的案件。疫情防控期间为防止对犯罪嫌疑人超期羁押，在做好相关防护工作

---

① 郑赫南、史兆琨：《检察机关大数据建设应用典型案例》，《检察日报》2017年6月13日第2版。

② 苏政法、任松筠：《全省政法专网和共享服务平台开通》，《新华日报》2018年1月12日第2版。

③ 匡雪：《山东：案管战"疫"有担当业务办理不断档》，资料来源：正义网，http://www.jcrb.com/procuratorate/jcpd/202002/t20200220_2116549.html。

④ 《黔东南州法院在疫情防控期间同日开庭审理两起涉黑恶刑事案件和一起刑事案件》，《贵州日报》2020年4月22日第3版。

⑤ 施俊杰、廖丽芳：《疫情防控期间院长带头开庭审理案件》，http://fzzy.chinacourt.gov.cn/article/detail/2020/03/id/4831022.shtml，南城县人民法院网站。

⑥ 刘中全：《吉林全省法院共审结妨害疫情防控刑事案件38件49人》，《检察日报》2020年3月26日第2版。

的前提下，及时开庭审理，检察机关派员出庭支持公诉①。

三、检察机关远程办案方式存在的主要问题

（一）检察机关远程办案方式的适用存在合法性危机

程序法定原则是现代刑事诉讼的基本要求，既要求刑事诉讼程序由法律事先明确规定，也要求刑事诉讼活动应当依据国家法律规定的诉讼程序来进行②。纵观我国 1979、1996、2012、2018 年《刑事诉讼法》，均无检察机关远程办案方式方面的有关规定。现有的关于检察信息化的规定，仅是在《人民检察院组织法》之中，该规定的主要目的在于扩大检察公开和提升办案效率。③

一是与检察信息化技术发展的历史有关。从历史上来看，检察机关信息化的发展是建立在信息化技术的成熟和定型之后。最早关于检察信息化的规定，出现在 2000 年，最高人民检察院就专门召开全国检察机关科技强检工作会议。自此，各级检察机关才开始有关检察网、局域网、互联网等基础网络建设，进而为实施文字、视频、音频等采集工作，这也是现代检察远程办案方式运行的基础。然而，由于检察机关实

---

① "两高两部"印发了《关于依法惩治妨害新型冠状病毒感染肺炎疫情防控违法犯罪的意见》，对于羁押期限即将届满的被告人，谯城区法院变更羁押强制措施为取保候审或监视居住；对于符合开庭条件的，在做好疫情防控措施的前提下开庭审理并及时宣判，尽量缩短审理周期，做到快审快结。

② 宋英辉：《刑事诉讼原理（第二版）》，法律出版社 2007 年版，第 66 页。

③ 《中华人民共和国人民检察院组织法》第 52 条："人民检察院应当加强信息化建设，运用现代信息技术，促进司法公开，提高工作效率"。

行分级财政经费保障，所以各地投入和发展并不平衡。以至于检察信息化建设先从大中城市开始①，然后辐射全国。虽然，我国检察信息化发展经过了检察办公自动化、检察机关网络化、检察业务信息化，进入了当前的检察工作智慧化阶段，但是这种发展各地还很不平衡，没有形成统一标准的系统和互联互通平台。

二是与现代科技应用于检察办案工作的立法滞后有关。通过北大法宝进行法律法规全文关键词检索（视频、远程、信息化）分别有 18 部、29 部、73 部法律。例如，《中华人民共和国国际刑事司法协助法》第 31 条规定，"办案机关需要外国协助安排证人、鉴定人来中华人民共和国作证或者通过视频、音频作证，或者协助调查的，应当制作刑事司法协助请求书并附相关材料，经所属主管机关审核同意后，由对外联系机关及时向外国提出请求"。然而，现有的检察远程办案方式的依据仅是司法解释及最高人民检察院制定的规范性文件。基于程序法定原则的核心要义，检察机关远程办案方式突破法律规范，缺乏法律依据。

（二）检察机关远程办案方式的适用存在恣意无序

检察机关远程办案方式主要规定

序号	标题	主要内容
1	关于跨省异地执行刑罚的黑恶势力罪犯坦白检举构成自首立功若干问题的意见	有条件的地区，可以通过远程视频方式开庭审理。
2	人民检察院办理死刑第二审案件和复核监督工作指引（试行）	远程视频提讯的，应当制作同步录音录像。

---

① 　参见《最高人民检察院关于在大中城市加快科技强检步伐的决定》（2000）。

续表

3	人民法院办理刑事案件第一审普通程序法庭调查规程（试行）	第 14 条对于应当出庭作证的证人，可以通过视频等方式远程作证。
4	关于逐步实行律师代理申诉制度的意见	七、完善申诉立案审查程序。律师接受申诉人委托，可以通过来信、网上申诉平台、远程视频接访系统、律师服务平台等提交申诉材料。
5	未成年人刑事检察工作指引（试行）	第 156 条 犯罪嫌疑人在押的，可以在看守所举行听证，也可以采用远程视频方式进行听证。
6	最高人民检察院关于加强出庭公诉工作的意见	探索运用信息化手段开展简易程序案件远程视频出庭
7	人民检察院公诉人出庭举证质证工作指引	根据案件情况，公诉人可以申请实行证人远程视频作证。
8	关于人民检察院全面深化司法改革情况的报告	三是远程视频接访全覆盖。2016 年建成四级检察机关全联通的远程视频接访系统，
9	关于加强侦查监督、维护司法公正情况的报告	深化侦查监督信息化建设，加强与侦查机关网上信息系统衔接，用好远程视频讯问系统，实现侦查监督手段和方式的现代化。
10	"十三五"时期检察工作发展规划纲要	积极运用远程视频讯问系统，推动有条件的地方每案讯问犯罪嫌疑人和听取律师意见。
11	刑事案件速裁程序试点工作座谈会纪要（二）	要因地制宜地推行网上立案、网上办案、网上评估、电话咨询、电子送达、视频提讯、远程开庭等措施，充分利用信息技术推进试点各项工作。
12	最高人民检察院关于深化检察改革的意见 (2013—2017 年工作规划)	推进网上信访、远程视频接访工作。
13	2014-2018 年基层人民检察院建设规划	以统一业务应用系统为重点实施电子检务工程，建设网上举报、远程视频讯问、案卷材料传输及视频接访等系统，建成检察专线网、局域网等基础网络，实现检察工作数字化目标。
14	2009 – 2013 年全国检察信息化发展规划纲要	逐步建立职务犯罪案件审查逮捕远程提讯系统。

一是检察机关远程办案方式适用的范围存在较大弹性。从现有规定来看，检察机关远程办案的范围已经突破了《人民检察院刑事诉讼规则》所限定的"电话权利告知和视频听取辩护人、被害人及其诉讼代理人的

意见"的范围。从而广泛运用于"检察官远程视频开庭、证人远程视频作证、远程讯问犯罪嫌疑人、举行远程视频听证、远程视频接访"等所有检察办案范围。这就意味着所有检察办案活动都可以采取或者可能采取远程视频方式。如此大范围不加区分的普遍适用，有可能与司法亲历性原则相悖，也违背了司法心理学的基本规律，从而导致上述原则和规律在检察办案上可有可无，进而出现以"技术"取代"现场"的现象。因为远程办案过程中，检察官无法通过其陈述或辩解的神态、语气等微表情以及肢体动作直观探究其真实心理状态。①

二是检察机关远程办案方式选用上存在较大自由裁量权。根据我国《刑事诉讼法》的规定，共有"398 处"包括"应当"的条款，其中，涉及检察机关的"应当"多达 212 处。《人民检察院刑事诉讼规则》则对检察办案方式进行了细化，共有 1119 处规定了"应当"。这就意味着，对于"应当"的规定，检察机关原则上应该通过现场方式进行办案，并且属于必经程序，不可缩减。然而，疫情防控背景下出台的"意见"和"细则"都将远程办案方式的选用与否表述为"可以"。而检察机关对于"可以"的理解和适用则限制为"首选"和"应当"。

三是检察机关远程办案方式所获取材料的证据效力问题。远程办案不同于远程教育和远程培训，不仅关系办案结果，还涉及程序正当性问题。证据裁判原则是现代刑事诉讼法的重要原则。对于通过远程讯问、询问等方式获取的犯罪嫌疑人供述、被害人陈述、证人证言等言辞类证据，是否具有证据能力？其证明力如何审查？是否需要补强等？目前法律及司法解释并无明确规定。同时，远程方式获取的证据与视听资料、

---

① 尹逊航：《刑事速裁程序场域中远程审判的展开》，《人民司法》2019 年第 4 期。

电子数据的如何进行区分，也是值得关注的问题①。此外，远程方式获取的证据与获取证据过程中的同步录音录像之间是什么关系？也需要进行法律规范意义上的回应。

（三）检察机关远程办案方式的适用存在权利保障缺位

一是犯罪嫌疑人（被告人）的诉讼权利保障缺位。远程办案方式虽然提升了办案效率，降低了司法办案成本。然而，却导致部分犯罪嫌疑人（被告人）诉讼权利受损。一方面，犯罪嫌疑人的程序选择权受限。对于检察机关的远程办案方式，犯罪嫌疑人是否具有程序选择权，各地检察机关做法不一：部分地区出台了相关规定，明确要征求犯罪嫌疑人（被告人）的意见，并获得其同意，如果不同意的话，则不能采取②；有的地方，则只是征求意见，犯罪嫌疑人同意与否不具有决定权；还有的地方则完全没有相关规定，适用与否完全由检察机关根据案件情况进行决定。另一方面，见证人在场制度缺失。根据《刑事诉讼法》的规定，对于搜查、勘验、辨认时，应当有无利害关系见证人在场，从而确保检察办案活动的合法性和犯罪嫌疑人权利保障的有效性。然而，远程办案方式的选择，使得见证人在场制度荡然无存，难以监督执法机关的程序合法与否。由此导致，犯罪嫌疑人（被告人）程序主体地位缺失，易于演化为被追诉的"客体"。

二是律师辩护权保障缺位。首先，律师会见权受限。由于疫情防

---

① 陈刚：《大数据时代犯罪新趋势及侦查新思路》，《理论探索》2018 年第 5 期。
② 上海市检察院第二分院制定的《远程检察办案工作规定（试行）》明确规定："远程办案与现场办案，在现场感、仪式感、感受度等方面会有一定的差异，当事人对这一新型办案方式的接受尚有一定过程，应当给予当事人选择权。如果案件当事人、诉讼参与人明确表示不同意接受远程视频办案方式，检察人员应当现场办案"。

控，看守所等羁押场所仅面向人民检察院、人民法院等司法机关视频开放，而律师则因场地、视频会见系统等限制，无法或者不能及时进行视频会见，由此导致律师会见权受限。其次，律师在场权受限。根据法律规定，人民检察院根据辩护律师的申请收集、调取证据时，辩护律师可以在场。然而，远程办案过程中，难以保障律师的"在场权"。再次，律师阅卷权受限。《刑事诉讼法》明确了辩护律师自审查起诉之日起可以查阅、摘抄、复制案卷材料。然而，远程办案方式使得律师的阅卷权简化为"案卷光盘"的阅卷权，从而限制了阅卷权的形式和范围。

三是认罪认罚案件中律师见证权保障缺位。认罪认罚从宽制度是推进国家治理能力现代化水平的重要制度，在 2018 年《刑事诉讼法》修改中正式确立。为保障犯罪嫌疑人（被告人）认罪认罚的自愿性、真实性、明智性和合法性，法律明确规定了辩护人或者值班律师在当事人签署认罪认罚具结书时的在场见证权，并且由犯罪嫌疑人及其辩护人、值班律师签名。即使疫情面前，有的地方仍在坚持线下见证，成为疫情防控过程中的"法律逆行者"[1]。然而，部分检察机关为简化程序，对于辩护人（值班律师）在场权也进行了"远程化"改造，要么辩护人（值班律师）、检察官、犯罪嫌疑人同时在一个系统终端"在场"[2]，要么辩护人（值班律师）、检察官、犯罪嫌疑人同时在不同系统终端"在场"。

---

[1] 吴智尧：《战"疫"前线赣县区线下见证认罪认罚法律援助案件系全国首单 5 例》，http://www.sx.gxcl.gov.cn/bmgkxx/sfj/gzdt/zwdt/202002/t20200218_328098.htm，赣县政府信息公开网。

[2] 彭忠华：《检察官疫情期间灵活办案律师线上"在场"疑犯认罪认罚》，《泉州晚报》2020 年 3 月 27 日第 2 版。

（四）检察远程办案方式的适用面临系统共享衔接不畅

一是检察机关内部系统共享衔接不畅。检察机关的科技强检计划自推出到现在已近 20 多年，并且人工智能的检察应用越加深化。然而，在上下级检察机关之间、不同地域检察机关之间，远程提讯、远程告知、远程出庭等办案系统并没有直接连接。在"人、案、物、场、卷"等要素方面，信息化建设还存在一定短板[1]，从而导致检察机关远程办案方式的适用受到限制。从媒体报道来看，当前疫情期间，很多检察机关都是依托"个案协调"和不同系统之间的"临时对接"，进行远程跨地域办案。[2]

二是检察机关与其它司法机关之间共享衔接不畅。对于人工智能的司法应用，公安、检察、法院等司法机关分别出台了本系统内的智慧警务、智慧检务、智慧法院的发展规划，并且依此开发了适用于本机关的专用办案系统和网络。然而，基于办案安全，又无统一规划，这些系统和专网之间存在着物理上的隔离[3]、数据上的异构、数据标准上的不统一、流程管理上的差异化等问题。在互联互通上，不仅存在着观念认识不一，而且技术上、数据上也难以兼容，从而使得检察机关远程办案方式的应用，很大程度上有赖于各机关的协调配合。即使已经开发使用的跨部门（政法）办案智能辅助办案系统也仅限于通过 OCR 文字识别、语音识别、智能审查等技术，统一证据标准，减少冤假错案。[4] 如何建

---

① 张武举：《疫情防控与检察办案信息化》，《检察日报》2020 年 2 月 20 日第 3 版。

② 湖北松滋县人民检察院：《远程联"沪"协助完成跨省千里提讯》，http://sz.jz.hbjc.gov.cn/jcyw/202004/t20200413_1479352.shtml，松滋县人民检察院网站。

③ 王文德：《保山市检察机关远程提讯系统启动运行》，新华网，http://yn.xinhuanet.com/nets/2020-02/28/c_138827625.htm。

④ 余东明：《上海高院研发"刑事案件智能辅助办案系统"避免冤错案》，《法制日报》2018 年 1 月 25 日第 2 版。

立和完善一个在公检法三机关"互联互通互享"的远程视频办案系统，让其成为办案人员"想用、可用、善用"的"办案利器"，是当前需要解决的迫切问题。①

三是数据挖掘深度不够。数据的挖掘分析应用是智慧检务建设的重点和难点，数据挖掘不仅要有广度，更要有深度，通过对关联数据的规律分析，不断深挖数据宝矿中的有用信息，从而形成有价值的辅助决策。但当前实际应用中，数据挖掘往往浮于表面浅尝辄止，未能与检察工作深度融合，形成精准预判服务检察办案，数据的总体智能含量较低。②

四、检察机关远程办案方式的转型

远程办案与现场办案相比，具有科技性、实时性、多维性和经济性特征③。然而，疫情常态化防控或者结束之后，这一远程办案方式是否会作为常态选择，还是只是一时之需？需要进行理论反思和现实回答。这既是全面深化依法治国的需要，也是提升国家现代治理能力和水平的内在要求。对此，既要把握好当今人工智能的发展趋势，加强检察办案中人工智能的应用，又要遵循程序法定和尊重保障人权原则，不断提升检察办案的科技化、信息化、法治化水平。

---

① 杨勇：《重大疫情期间远程视频在检察办案中的运用》，《人民检察》2020 年第 7 期。

② 何正华、许洁琳：《困境与突围：重大疫情背景下检察办案机制的信息化探索》，《检察日报》2020 年 5 月 11 日第 3 版。

③ 上海市第一中级人民法院课题组：《远程审利的诉讼价值和实践操作》，潘福仁主编：《审判机制的构建与完善》，上海交通大学出版社 2009 年版，第 39 页。

（一）健全检察机关远程办案方式的程序立法

由于受传统司法亲历性原则的约束，司法办案领域的信息化发展受到一定限制。随着近年来人工智能技术的发展，部分国家对于远程办案已经从严格限制到逐渐接纳。在美国，2002 年密歇根州建立了联邦第一个网络虚拟法庭，虚拟法庭的适用需要取得当事人双方同意，且适用于合同纠纷案件、商业纠纷案件和知识产权案件等。[①] 对此，随着人工智能技术的成熟及当前检察办案中普遍适用现状，应当重新审视司法亲历性原则的范围和边界。从司法亲历性原则的发展历史来看，其适用的对象主要是对抗性的案件及重要的司法程序，旨在通过司法现场仪式[②]和程序的推进，准确认定事实，消除内心怀疑，获取内心确信。而对于非对抗性的案件和司法利益较小的程序，其适用的必要性将有所降低。故此，应当将检察办案中涉及"远程讯问、远程询问、远程听取意见"等较为成熟的技术进行立法调整和规范，在刑事诉讼程序法中明确检察机关适用人工智能进行远程办案方式的合法性，并将其确定为刑事诉讼法的基本原则之一。

（二）健全远程办案的规则机制

一是明确限定远程办案方式的适用范围。从程序利益上讲，并非所有的检察办案都可以适用远程办案方式。因受司法亲历性原则约束，对于司法属性检察权的履行，应当遵循直接言辞原则，原则上由承办案件

[①] See Eugene Clark, Michigan Lead the Way in E-government and Cyber Court, http://www.canberra.edu.au/ncf/publications/.

[②] 熊秋红：《远程庭审有哪些优势与不足》，《人民论坛》2016 年第 18 期。

检察官现场亲自办理。而对于控辩双方争议不大、事实清楚的案件，可以经过一定的内部审批程序采取远程办理[1]。考虑到目前的技术发展程度和检察办案效率，远程办案方式主要适用于认罪认罚案件、犯罪嫌疑人（被告人）未被羁押案件以及可能判处三年以下有期徒刑的案件，同时也仅限于工作方式、操作模式、运行形式。[2] 对于特殊群体（盲、聋、哑人）、犯罪嫌疑人（被告人）不认罪、申请非法证据排除、可能判处无期徒刑以上刑罚案件应当绝对排除适用。

二是明确远程办案方式获取证据材料的法律效力。首先，对于检察机关以远程办案方式获取的证据材料，可基于证据材料的内容，确定其分别属于犯罪嫌疑人、被告人供述和辩解、证人证言、被害人陈述等言辞类证据种类。其次，由于上述言辞类证据通过远程方式获取，在审查判断过程中，还应借鉴电子数据的审查判断规则，注重其客观性、关联性和合法性。同时，对于远程办案方式还应进行同步录音录像，并且随案移送。

（三）健全犯罪嫌疑人权利保障机制

尊重和保障人权不仅是我国宪法原则，也是刑事诉讼法的基本原则之一。检察机关在刑事案件办理中应当注重公共安全和犯罪嫌疑人权利保障之间的协调和平衡。故此，远程办案方式的适用在保障公共安全的同时，也需兼顾保障犯罪嫌疑人的基本权利。

一是赋予犯罪嫌疑人的程序同意权。首先，应当履行书面告知程序。检察机关对于拟采取远程办案方式的，应当以书面方式就远程办案

---

[1]　朱孝清：《司法的亲历性》，《中国检察官》2016 年第 3 期。

[2]　闵丰锦：《检察办案与疫情防控须同步推进》，《检察日报》2020 年 2 月 24 日第 3 版。

方式的设备载体、相关权利义务进行告知，从而使得诉讼参与人明晰远程办案方式的法律后果。其次，应当事前获得当事人的书面同意。对于适用远程办案方式的案件，检察机关应当事前获得当事人的书面同意。非经当事人同意，不得适用。为确保这种同意的真实性、自愿性，当事人可以咨询值班律师，征求其意见。

二是保障犯罪嫌疑人的辩护权。犯罪嫌疑人的辩护权分为自行辩护和辩护人辩护。对于自行辩护而言，应当保障其供述和辩解的真实性。特别是被羁押的犯罪嫌疑人，远程讯问时，看守所民警可以进行视频监控，但不得在场，从而确保犯罪嫌疑人（被告人）供述的自愿性。对于辩护人辩护而言，如果现场会见不便，应当保障其远程视频会见权，且会见过程中不被监听，会见次数不受限制。

三是保障认罪认罚案件犯罪嫌疑人具结书的值班律师在场权。现行《刑事诉讼法》明确规定了，犯罪嫌疑人签署认罪认罚具结书时值班律师的在场权。此权利对于保障认罪认罚程序的正当性具有重要意义，不可克减和省略。由于认罪认罚系犯罪嫌疑人重大程序权利处置，既具有程序法意义，也具有实体法意义。此处的"在场"不可以进行类推解释，即"远程在场"不等同于"在场"，不能通过"远程在场"方式见证具结书的签署，而应当现场在场见证。

（四）推进政法机关办案平台的互联互通

随着大数据、人工智能时代的到来，应当加快大数据、人工智能在检察办案中的深度应用，既要推进检察系统内部之间的互联互通，也要推进政法机关之间的互联互通。

一是推进检察系统内部之间的互联互通。首先，积极推进检察大数据中心建设。坚持以省级为单位，积极推进各省检察大数据中心建设，进而在此基础上建设国家检察大数据中心。在此，要建立数据采集、数据处理、数据安全、数据应用、数据共享为一体的检察大数据标准体系。其次，积极推进检察机关统一业务应用体系的升级换代。要逐步整合现有应用系统，融合数据资源，打造典型智能化应用[①]。再次，探索建立面向社会公众的检察机关数据对外开放体系。充分利用多种信息技术手段、多类型数据信息资源，拓展检务公开深度和广度，提升司法公信力。

二是推进政法机关之间的互联互通。[②] 一方面，推进政法机关大数据互联共享。构建政法大数据共享平台、业务协同系统、数据处理支撑系统等。从而保证政法各部门的专网相对隔离，通过政法专网进行数据交换，具有更好的安全性[③]。另一方面，深化人工智能的政法应用。对于政法大数据平台存储的大量非结构化数据，包括视频、电子卷宗、文档等，通过自然语义分析、视频分析、文本建模、音频转译分析等人工智能技术进行二次处理，有效提高政法领域的智能化水平。

---

① 李立峰：《重庆：构建检察大数据资源中心》，《检察日报》2019 年 10 月 23 日第 3 版。

② 无锡市滨湖区检察院：《检察机关与其他政法部门间数据共享交换问题研究》，资料来源：http://wxbh.jsjc.gov.cn/yw/201907/t20190723_846757.shtml。

③ 王明峰：《智慧政法"智"从何来》，《人民日报》2019 年 7 月 18 日第 11 版。

主要参考文献

一、中文参考文献

（一）著作类

1. 孙谦：《中国检察制度论纲》，人民出版社 2004 年版。

2. 蒋德海：《控权型检察制度研究》，人民出版社 2012 年版。

3. 宋英辉：《刑事诉讼原理》（第三版），北京大学出版社 2014 年版。

4. 龙宗智：《论检察》，中国检察出版社 2013 年版。

5. 孙长永：《探索正当程序——比较刑事诉讼法专论》，中国法制出版社 2005 年版。

6. 袁其国：《刑事执行检察业务培训教程》，中国检察出版社 2015 年版。

7. 侯国云：《刑罚执行问题研究》，中国人民公安大学出版社 2005 年版。

8. 许海峰：《法律监督的理论与实证研究》，法律出版社 2004 年版。

9. 杨宇冠：《非法证据排除规则研究》，中国人民公安大学出版社 2002 年版。

10. 孙谦：《中国特色社会主义检察制度》，中国检察出版社 2009 年版。

11. 孙长永：《中国刑事诉讼法制四十年回顾、反思与展望》，中国政法大学出版社 2021 年版。

12. 陈卫东：《程序正义与司法改革要论》，法律出版社 2019 年版。

13. 龙宗智：《刑事程序论》，法律出版社 2021 年版。

14. 左卫民：《实证研究：中国法学的范式转型》，法律出版社 2019 年版。

15. 叶青：《刑事诉讼法学：理论与适用》，法律出版社 2022 年版。

16. 殷宏：《检察理论与实务》，中国检察出版社 2023 年版。

17. 郑青：《诉讼监督的范围与方式》，中国检察出版社 2012 年版。

18. 陈晨：《公诉环节的诉讼监督》，法律出版社 2015 年版。

19. 敬大力、甄贞：《检察改革与刑事诉讼监督"四化"建设》，中国检察出版社 2017 年版。

20. 秦冠英：《诉讼监督程序立法研究》，知识产权出版社 2015 年版。

21. 林钰雄：《检察官论》，法律出版社 2008 年版。

22. 宋英辉：《刑事诉讼法学研究综述》（1978-2008），北京师范大学出版社 2009 年版。

23. 陈瑞华：《刑事辩护的理念》（第二版），法律出版社 2021 年版。

24. 贺恒扬：《新时代检察改革研究》，中国检察出版社 2022 年版。

25. 程相鹏：《新时代检察改革若干问题研究》，中国检察出版社 2022 年版。

26. 朱孝清：《论司法体制改革》，中国检察出版社 2019 年版。

27. 高一飞：《检察改革措施研究》，中国检察出版社 2007 年版。

28. 严然：《检察官办案责任制改革研究》，武汉大学出版社 2020 年版。

29. 敬大力：《刑事诉讼监督案件化办理》，中国检察出版社 2020 年版。

30. 张翠松：《侦查监督制度理论与实践》，中国人民公安大学出版社 2012 年版。

31. 孙应征：《刑事诉讼法律监督理论与实务》，武汉大学出版社 2011 年版。

32. 慕平：《刑事诉讼监督论》，法律出版社 2007 年版。

33. 湖北省人民检察院课题组：《公诉与刑事审判监督前沿问题实证研究》，知识产权出版社 2023 年版。

34. 胡兴东等：《司法改革进程中基层检察院运行实效研究：基于 Y 省的考

察》，人民出版社 2023 年版。

（二）论文类

1. 邱学强：《恢复重建以来检察机关内设机构改革的历史经验与启示》，《检察日报》2018 年 11 月 13 日。

2. 马文静：《刑事检察部门架构问题探究》，《山西省政法管理干部学院学报》2016 年第 4 期。

3. 杨振江：《侦查监督工作三十年回顾与展望》，《人民检察》2008 年第 23 期。

4. 甄贞：《检察机关内部机构设置改革研究》，《河南社会科学》2013 年第 1 期。

5. 张建阳：《未成年人案件"捕、诉、防"合一》，《检察日报》2007 年第 7 月 25 日。

6. 陈凤超：《吉林检察机关司法责任制改革的探索与实践》，《人民检察》2017 年第 2 期。

7. 高一飞、陈恋：《检察改革 40 年的回顾与思考》，《四川理工学院学报（社会科学版）》2018 年第 6 期。

8. 张军：《贯彻落实全面深化司法体制改革推进会部署 在转机中推动新时代检察工作创新发展》，《检察日报》2018 年 7 月 26 日。

9. 陈菲：《新设十大检察厅 最高检内设机构迎来重塑性变革》，《楚天法治》2019 年第 3 期。

10. 陈超然、吴夏一：《捕诉一体办案机制下审查逮捕与审查起诉的衔接》，《中国检察官》2021 年第 15 期。

11. 戴佳：《内设机构改革一年间："四大检察"齐头并进 检察生产力充分释放》，《检察日报》2020 年 4 月 14 日。

12. 祁彪：《百家争鸣：法学专家眼中的"捕诉合一"》，《民主与法制周刊》2018 年第 36 期。

13. 谢小剑：《检察机关"捕诉合一"改革质疑》，《东方法学》2018 年第 6 期。

14. 汪海燕：《检察机关审查逮捕权异化与消解》，《政法论坛》2014 年第 6 期。

15. 张建伟：《"捕诉合一"的改革是一项危险的抉择？——检察机关"捕诉合一"之利弊分析》，《中国刑事法杂志》2018 年第 4 期。

16. 洪浩：《我国"捕诉合一"模式的正当性及其限度》，《中国刑事法杂志》2018 年第 4 期。

17. 王拓：《未成年人"捕、诉、监、防"一体化工作模式初论》，《预防青少年犯罪研究》2013 年第 4 期。

18. 叶青：《关于"捕诉合一"办案模式的理论反思与实践价值》，《中国刑事法杂志》2018 年第 4 期。

19. 童伟华：《谨慎对待"捕诉合一"》，《东方法学》2018 年第 6 期。

20. 韩东成：《司法责任制改革视角下的检察机关"捕诉合一"》，《犯罪研究》2018 年第 5 期。

21. 张正伟等：《捕诉合一：从制度到机制》，《中国刑警学院学报》2020 年第 4 期。

22. 赵祖斌：《论捕诉合一的边界》，《中国人民公安大学学报（社会科学版）》2020 年第 3 期。

23. 陈凤超：《吉林检察机关司法责任制改革的探索与实践》，《人民检察》2017 年第 2 期。

24. 曹建明：《最高人民检察院关于人民检察院全面深化司法改革情况的报告》，《检察日报》2017 年 11 月 3 日。

25. 郭清君等：《湖北宜昌：搭建"捕诉合一"的专业化办案组 以"裁判"标准全面收集审查证据》，《检察日报》2018 年 7 月 16 日。

26. 蒋安杰：《司法改革："案件比"——检察抓住了纲》，《法治日报》2021 年 3 月 8 日。

27. 赵恒：《"认罪认罚从宽"内涵再辨析》，《法学评论》2019 年第 4 期。

28. 王迎龙：《认罪认罚从宽制度基本原则的教义学分析——以"自愿性"和"真实性"为视角》，《湖北社会科学》2020 年第 7 期。

29. 孙长永：《认罪认罚从宽制度的基本内涵》，《中国法学》2019 年第 3 期。

30. 陈卫东：《认罪认罚从宽制度研究》，《中国法学》2016 年第 2 期。

31. 周新：《认罪认罚从宽制度立法化的重点问题研究》，《中国法学》2018

年第 6 期。

32. 吴宏耀：《认罪认罚从宽制度的体系化解读》，《当代法学》2020 年第 4 期。

33. 熊秋红：《认罪认罚从宽的理论审视与制度完善》，《法学》2016 年第 10 期。

34. 赵恒：《论量刑从宽——围绕认罪认罚从宽制度的分析》，《中国刑事法杂志》2018 年第 4 期。

35. 董凯：《认罪认罚从宽制度中的错案风险——以 206 起认罪错案为考察对象》，《北方法学》2021 年第 5 期。

36. 孙长永：《认罪认罚从宽制度实施中的五个矛盾及其化解》，《政治与法律》2021 年第 1 期。

37. 郭松：《认罪认罚从宽制度中的认罪答辩撤回：从法理到实证的考察》，《政法论坛》2020 年第 1 期。

38. 李勇：《认罪认罚案件"程序从简"的路径》，《国家检察官学院学报》2019 年第 6 期。

39. 赵祖斌：《论捕诉合一的边界》，《中国人民公安大学学报（社会科学版）》2020 年第 3 期。

40. 洪浩：《我国"捕诉合一"模式的正当性及其限度》，《中国刑事法杂志》2018 年第 4 期。

41. 叶青：《"捕诉一体"与刑事检察权运行机制改革再思考》，《法学》2020 年第 7 期。

42. 孙道萃：《人工智能辅助精准预测量刑的中国境遇——以认罪认罚案件为适用场域》，《暨南学报（哲学社会科学版）》2020 年第 12 期。

43. 朱孝清：《深入落实认罪认罚从宽制度的几点建议》，《人民检察》2020 年第 18 期。

44. 张智辉：《论检察机关的建议权》，《西南政法大学学报》2007 年第 2 期。

45. 罗欣等：《检察建议做成刚性的内涵及路径》，《人民检察》2019 年第 7 期。

46. 杨书文：《检察建议基本问题研究》，《人民检察》2005 年第 9 期。

47. 张智辉：《法律监督三辨析》，《中国法学》2003 年第 5 期。

48. 戴仲川：《汇聚监督合力增强检察建议刚性》，《检察日报》2020 年 12 月 14 日。

49. 董坤：《检察提前介入监察：历史流变中的法理探寻与机制构建》，《政治与法律》2021 年第 9 期。

50. 冯仁强、张海峰：《检察机关提前介入刑事侦查的思考》，《公安学刊（浙江警察学院学报）》2011 年第 3 期。

51. 武延平、张凤阁：《试论检察机关的提前介入》，《政法论坛》1991 年第 2 期。

52. 梁春程、曹俊梅：《"捕诉合一"背景下检察机关提前介入工作研究》，《犯罪研究》2020 年第 4 期。

53. 徐日丹：《今年起所有涉黑案件检察机关一律提前介入》，《检察日报》2020 年 1 月 21 日。

54. 史万森：《呼市检察机关涉黑涉恶案件提前介入率 100%》，《法治日报》2020 年 10 月 29 日。

55. 陈国庆：《刑事诉讼法修改与刑事检察工作的新发展》，《国家检察官学院学报》2019 年第 1 期。

56. 吴杨泽：《论检察机关的提前介入机制》，《重庆理工大学学报：社会科学》2017 年第 21 期。

57. 万春：《侦查监督制度改革若干问题》，《国家检察官学院学报》2005 年第 4 期。

58. 楼丽：《监察机关移送案件刑事立案相关问题研究》，《法治研究》2020 年第 6 期。

59. 郭珊珊、李国欿：《刑事立案监督制度存在的缺陷及完善路径》，《辽宁公安司法管理干部学院学报》，2020 年第 6 期。

60. 刘方：《论检察机关的侦查监督职能及其完善》，《法学评论》2006 年第 6 期。

61. 石少侠：《我国检察机关的法律监督一元论—对检察权权能的法律监督权解析》，《法制与社会发展》2006 年第 5 期。

62. 刘计划：《侦查监督制度的中国模式及其改革》，《中国法学》2014 年第 1 期。

63. 陈卫东、赵恒：《人权保障理念视角下的侦查监督改革》，《人民检察》

2014 年第 9 期。

64.韩大元、于文豪：《法院、检察院和公安机关的宪法关系》，《法学研究》2011 年第 3 期。

65.龙宗智：《论建立以一审庭审为中心的事实认定机制》，《中国法学》2010 年第 2 期。

66.万毅：《论侦查程序处分权与侦查监督体制转型》，《法学》2008 年第 4 期。

67.龙宗智：《检察机关办案方式的适度司法化改革》，《法学研究》2013 年第 1 期。

68.左卫民：《侦查羁押制度：问题出路——从查证保障的功能分析》，《清华法学》2007 年第 2 期。

69.强世功：《法制的观念与国家治理的转型》，《战略与管理》2000 年第 4 期。

70.李昌林：《强行侦查权之司法制约的比较考察》，《河北法学》2003 年第 1 期。

71.朱孝清：《论诉讼监督》，《国家检察官学院学报》2011 年第 5 期。

72.李华伟：《派驻公安执法办案管理中心检察机制研究——侦查监督的中国路径探索》，《国家检察学院学报》2020 年第 2 期。

73.陈瑞华：《论检察机关的法律职能》，《政法论坛》2018 年第 1 期。

74.苗生明：《更好落实少捕慎诉慎押刑事司法政策》，《检察日报》2022 年 11 月 21 日。

75.孙谦：《全面依法治国背景下的刑事公诉》，《法学研究》2017 年第 3 期。

76.袁宗评：《中华苏维埃检察制度确立了检察制度基本图谱》，《人民检察》2021 年第 13 期。

77.李天君：《公诉人如何把握与辩护律师的关系》，《中国检察官》2017 年第 9 期。

78.黄生林：《强化刑事公诉与现代科技的融合》，《人民检察》2019 年第 9 期。

79.宫鸣：《推动现代科技与公诉工作深度融合》，《人民检察》2017 第 20 期。

80.卞建林、桂梦美：《启动刑事审判监督程序的困境与出路》，《法学》2016 年第 4 期。

81.荣晓红：《论刑事审判监督检察政策》，《公安学刊》2021 年第 4 期。

82.张萍、刘凡石：《检察机关刑事审判监督职能研究》，《中国检察官》2021年第1期。

83.陈国庆等：《如何构建以抗诉为中心的刑事审判监督格局》，《人民检察》2017年第7期。

二、外文参考文献

1.Burton G. procurator.Oxford Research Encyclopedia of Classics. 2016.

2.Burton G P. Provincial procurators and the public provinces. Chiron, 1993, 23.

3.Erik Luna and Marianne L Wade,The Prosecutor in Transnational . Oxford University Press, USA.2012.

4.Woodson J. To Make a New Race: Gurdjieff, Toomer, and the Harlem Renaissance. Univ. Press of Mississippi, 1999.

5.Hogan J J. Judicial advocates and procurators: an historical synopsis and commentary. Beard Books, 2000.

6.Freeze G L. Konstantin Pobedonostsev: chief procurator as chief parishioner. Canadian Slavonic Papers, 2019, 61(3).

7.Dodson M, Jackson D W, O'shaughnessy L. Political will and public trust: El Aalvador's procurator for the defense of human rights and the dilemmas of institution-building[J]. Human Rights Review, 2001, 2(3).